U0689297

以色列格斗全书

修订版

继续者张付◎编著

人民邮电出版社

北京

图书在版编目（CIP）数据

以色列格斗全书：修订版 / 继续者张付编著. -- 2
版. -- 北京：人民邮电出版社，2023.7
ISBN 978-7-115-59564-5

Ⅰ. ①以… Ⅱ. ①继… Ⅲ. ①格斗－介绍－以色列
Ⅳ. ①G853.82

中国版本图书馆CIP数据核字(2022)第118447号

免 责 声 明

本书中的信息针对成人受众，并且仅具娱乐价值。虽然本书中的所有建议都已经过
事实检查，并在可能情况下进行过现场测试，但大部分信息都具有推测性，并且要取决
于实际情况。出版商和作者对任何错误或遗漏不承担任何责任，并且对包括在这本书中
的信息适用于所有个人、情况或目的不作任何明示或暗示的保证。在尝试这些页面中所
列举的任何活动之前，确保了解自己的局限，并充分研究所有相关风险。书中提及的某
些行为，在不同地区受到不同法律、法规限制，请务必遵守当地相关法律、法规。读者
为自己的行为承担所有风险和责任，出版商和作者对此处所提供信息可能导致的任何损
失或任何一种损害（间接的、连带的、特殊的等）概不负责。

内 容 提 要

本书首先介绍了以色列格斗术的起源和特点，随后对以色列格斗术的攻击手段、应
对站立缠斗的方法、应对站立打击技的方法、地面格斗技术、徒手对武器策略与技术五
部分内容进行了讲解。此外，本书中的格斗动作均配有真人示范图、步骤说明、技术点
评、要点提示和训练方法，可以有效帮助练习者明确格斗动作的技术特点、运用场景及
效果。不论是希望学习防身技能的初学者，还是希望提升格斗技能的格斗爱好者、军警
安保人员和运动员，都将从本书中获得帮助。

◆ 编　　著　继续者张付
　　责任编辑　刘　蕊
　　责任印制　彭志环

人民邮电出版社出版发行　　北京市丰台区成寿寺路 11 号
邮编　100164　电子邮件　315@ptpress.com.cn
网址　https://www.ptpress.com.cn
北京捷迅佳彩印刷有限公司印刷

◆ 开本：700×1000　1/16
印张：25　　　　　　　　　　2023 年 7 月第 2 版
字数：420 千字　　　　　　　2024 年 10 月北京第 2 次印刷

定价：99.00 元

读者服务热线：(010)81055296　印装质量热线：(010)81055316
反盗版热线：(010)81055315
广告经营许可证：京东市监广登字 20170147 号

前　言

　　本书是由多年从事多种以色列格斗术体系交叉研究，曾在多个精英军警部门和国际保镖公司进行战术格斗教学，同时在北京大学开展了"继续者战术格斗与体能训练营"实地教学的继续者张付老师写作的。本书集成并重新整合了世界上较为流行和实用的多个体系的以色列格斗术，例如传统马伽术（KravMaga）、突击队马伽术（Commando KravMaga）、以色列防卫体系马伽术（IDS KravMaga）和以色列卡帕术（KAPAP）等。武技研究者可以根据本书内容找到不同体系的以色列格斗术的共同规律及各自的侧重点，达到集成化学习的效果。

　　本书中的部分技术来自继续者张付在中国人民解放军某特种警侦连、某部防暴处突大队和中国人民公安大学授课时的教学内容，并且继续者张付老师曾在北京大学向大学生和北大教职员工教授过同样的内容。所以，这些技术既适合一些军警部门选择和应用于战术格斗，也适合普通人用以防身自卫、锻炼身体及进行武学研究。

　　本书给出了针对同一种攻击的不同应对与反击技术，练习者可以根据体能和体型特点，选择适合自己的反击策略，例如力量相对较大的武者可以选择直接打击、摔投或关节技控制，力量相对较小且身体灵活的武者可以选择快速打击要害与关节技摆脱，普通人可以选择攻击要害、摆脱技与逃脱技等。

　　本书给出了各种技术的适用范围，以便竞技格斗的教练与武者进行选择性运用。此外，本书总结并指出了一些以色列格斗术的不足，有待相关专业人士进一步发展和改进。

　　本书参考了世界上流行的多种体系的以色列格斗术的中高级技术，同时结合了继续者张付老师多年的军警格斗、自卫防身术的教学、研究和实践经验。可以说，有本书在手，能够更全面地学习以色列格斗术。

致 谢

感谢中国人民解放军某机动突击队原中士班长陈林，以及北京大学医学部临床医学骨科及康复方向实习医生王安邦在本书出版过程中提供的帮助。

感谢解放军出版社总编室副编审余彦隆老师，北京大学体育部教授张锐老师，中国人民公安大学警体战训学院指挥战术系技能教研室副主任刘建立老师等对本书的推荐与支持。

感谢人民邮电出版社有限公司出版团队，国家体育报业总社《健与美》杂志资深摄影师刘忠豪为本书付出的劳动。

感谢各位读者对本书的支持与认可！

推荐语

　　武术之精，贵在融合；武术之要，贵在变化。继续者张付教官博采诸种以色列格斗术，整合不同流派的武技和中国军警格斗术，在教学实践中积累了大量经验。望继续者张付教官把所学武技融会贯通，创造出适合特战部队的实战化格斗体系。

余彦隆

解放军出版社总编室副编审

　　这本书全面整合了以色列格斗术训练方法，其中的许多方法适合普通人在危急情况下进行自卫防身。这本书还呈现了北京大学继续者战术格斗社社长的风采，其中的高难度动作由专业人士参与演示，集普及性和专业性于一体。感谢继续者张付能够将在国外习得的格斗技术、训练方法与中国的搏击智慧结合，开发出可用于实战的实用训练方法体系。

张锐

北京大学体育部教授

　　继续者张付老师曾在中国人民公安大学为在校预备警员讲授警用格斗技术课程，受到了学生们的欢迎，课程中的部分内容就源于以色列格斗术。这本书整合了不同体系的以色列格斗术，内容丰富，可供不同体能与性格特点的练习者选择。书中的一些技术在民用自卫防身与军警格斗技能方面具有较强的借鉴价值。

刘建立

中国人民公安大学警体战训学院指挥战术系技能教研室副主任

作者介绍

　　继续者张付早年赴美学习过多个体系的以色列格斗术，获得了突击队马伽术国际导师认证。回国后，他进行了多年以色列格斗术教学工作，并在此基础上对不同体系的以色列格斗术进行了梳理、整合、改进，最终写作出版了《以色列格斗全书》。

　　继续者张付曾先后为 2016 年里约奥运会男子双人 10 米台、单人 10 米台双料冠军陈艾森，国家七人制橄榄球队队员，以及国家散打队队员提供体能训练指导服务。他还曾先后在某特种警侦部队、中国人民解放军某机动突击队、北京特警总队、中国人民公安大学、广东省某武警支队、中国人民解放军特种作战学院进行军事格斗及体能教学，获得了认可和欢迎。

　　此外，继续者张付参与广东省体育局课题一项，著有《以色列防身术》《终结膝痛》《打造格斗的肌肉》等图书，在北京大学组织举办了第一届"继续者战术擒摔比赛""继续者有护具战术格斗比赛"，在中国人民解放军某防暴处突突击队举办了第二届"继续者战术擒摔比赛"。

模特介绍

陈林

　　中国人民解放军某机动突击队原中士班长，曾获"优秀士兵"称号，曾荣获个人三等功。

王安邦

　　北京大学医学部临床医学骨科及康复方向实习医生，曾承担北京大学继续者战术格斗训练营部分工作。

摄影师介绍

刘忠豪

　　国家体育报业总社《健与美》杂志资深摄影师。

目 录

目 录

第四章　整合版以色列格斗术应对站立打击技的方法

第五章　整合版以色列格斗术的地面格斗技术

目 录

第一章

以色列格斗术的历史、现状和未来

以色列格斗术是对以色列军警及民间本土格斗技术类群的一个统称。以色列格斗术发展下来，产生了不同的门类和分支，其创始人都是以色列人。这其中比较有影响力的是伊米·利希腾费尔德（Imi Lichtenfeld）创立的传统马伽术及在此基础上发展起来的一些分支流派。另外，比较独立的以色列卡帕术也是以色列格斗术中比较有代表性的流派。

对于以色列格斗术，要想从整体上有所领悟，必须对其中比较有代表性的流派进行整合性的研究、学习与训练。本书选取了国际上较有影响力的几个门类，即传统马伽术，以及由传统马伽术发展出来的两个新门类——突击队马伽术［莫尼·艾兹克（Moni Aizik）创立］和以色列防卫体系马伽术［阿兰·科昂（Alain cohen）创立］，同时加入了以色列卡帕术［阿维·纳迪亚（Avi Nardia）发展］，形成了对以色列格斗术的格斗技术层面的全面展示。武者和教练通过学习本书，会对以色列格斗术的整体的技术方式、格斗方法和训练途径有所领悟。同时，本书汇集了横跨多个流派的以色列格斗术的海量格斗技术，将成为习武者扩充自身格斗技术资源库的重要途径，也会成为格斗教练们获得丰富教学资源的便捷渠道。

第一节　不同体系以色列格斗术的历史、现状与未来

一、传统马伽术的历史与现状

Krav Maga，可直译为"接触式格斗"或"近身格斗"（contact-combat），人们常常将其翻译成马伽术。马伽术名称并不具有技术性类型特点，其本质是对近身武术的希伯来语表述，又被音译成了英文。

马伽术是以色列国防军采用的一种自卫格斗体系，其最初的传统门类马伽术是一种拳击加摔跤的格斗系统，后来发展出的其他门类融合了另外的格斗流派技术。传统马伽术以真实情景训练和实战对抗训练而著称，这是该技术体系追求的目标，而非实际训练效果。

传统马伽术的创始人是 Imi Lichtenfeld。Lichtenfeld 于 1910 年出生在匈牙利的布达佩斯，成长于斯洛伐克的布拉迪斯拉发。Lichtenfeld 从小对运动涉猎广泛，曾学习过体操、拳击和摔跤。

渐渐地，Lichtenfeld 发现街头格斗完全不同于拳击和摔跤这样的运动项目，因为街头格斗的攻击更加猛烈和直接。Lichtenfeld 开始重新整合原有的格斗技巧，使其更加适用于街头自卫。

20 世纪 40 年代，Lichtenfeld 把自己在拳击和摔跤基础上提升和改进而来的格斗术命名为 Krav Maga。

20 世纪 60 年代，柔道和合气道先后由 Lichtenfeld 的学生引入马伽术。

总之，从马伽术的历史看，其技术体系的基础是拳击与摔跤，这已经具有了格斗交叉训练和综合格斗的理念。后来加入的一些柔道训练和合气道训练主要是由 Lichtenfeld 的学生们完成的。同时，Lichtenfeld 把刀术和徒手对刀技术融合进现代格斗的思路也有很大的创新性。

1981 年，一个由马伽术辅导员组成的六人小组从以色列旅行到美国，并开始在美国传授这种格斗术。随后陆续有美国人去以色列学习马伽术，他们回国后建立了以色列格斗术训练基地，以致美国联邦调查局（FBI）的部分办事处的工作人员也学习了该种武技。1985 年后，美国部分地区的警察也开始学习这种武技。以色列国防军及美国的一些军队、警察乃至保镖都开始学习该种武技，进行自卫和安保。

传统马伽术鼓励练习者避免对抗。如果遇到无法避免的危险，强调攻击需要一招制敌，要求攻击方法快速而有效。

具体原则如下：

A.先发制人或快速反击；

B.攻击要害，如眼睛、颈部、喉咙、脸部、腹股沟、肋骨、膝部、足部、手指、肝区等；

C.快速瓦解对方的攻击；

D. 攻击与防守同时进行；

E. 注意保持环境意识，辅助攻防，始终观察环境中的逃跑路线、潜在攻击者或其他目标。

在马伽术的发展历程中，也出现了很多在 Imi Lichtenfeld 创立的传统马伽术基础上有所建树、有所发展的格斗名家，这些人创立了自己的马伽术门类，并在传统的马伽术基础上加入了自己的经历和创新。本书将介绍 3 位在国际上获得认可的以色列格斗术名家。他们分别是 Moni Aizik（创立突击队马伽术）、Alain Cohen（创立以色列防卫体系马伽术）和 Avi Nardia（创立以色列卡帕术）。

二、突击队马伽术的历史与现状

突击队以色列格斗术起源于 1919 年。Moni Aizik 对其进行改进和提炼后，创立了突击队马伽术。

Moni Aizik 是土生土长的以色列格斗家，8 岁开始学习柔道和柔术。他在 20 世纪 70 年代开始改进军事近身格斗系统（Military Close Quarter Combat System），并成功开发出了在高压力、不可预测性的全天候情况下，高效实用的战术格斗系统——突击队马伽术。20 世纪 80 年代，Moni Aizik 开始在北美教授突击队马伽术。他的学生亚伊尔·阿拉德（Yael Arad）曾获 1992 年奥运会柔道银牌，另一个学生卡洛斯·牛顿（Carlos Newton）曾获得过 UFC 次中量级冠军。突击队马伽术不是传统的运动型格斗流派（sport-based martial art），没有竞赛和规则。突击队马伽术包括摆脱、击打要害、关节技制服和武器攻击等技术系统。突击队马伽术的特点在于大量实用的摆脱技术、徒手控制武器技术、站立关节技术、要害击打技术等，与此同时吸收了很多综合格斗（Mixed Martial Arts，MMA）的技术理念。

三、以色列防卫体系马伽术的历史与现状

该以色列防卫体系创始人是 Alain Cohen。Alain Cohen 是著名的以色列马伽术专家及近身格斗专家。Alain Cohen 创立的以色列防卫体系马伽术中引入了大量改良的日本柔术技法并进行了进一步改进，在夺武器部分有其鲜明的特点，

一些地面打击技与绞锁技组合的内容和综合格斗有很多相通点。

四、以色列卡帕术的历史与现状

以色列卡帕术是另一种源于战术格斗技的自卫格斗体系，也可被翻译成面对面搏击或以色列近身自卫系统。以色列卡帕术格斗系统产生于 20 世纪 30 年代，其在徒手防卫和攻击原则与技术的基础上，还着重于身体力量、耐力、体能及精神意志品质的训练，并融入了拳击、柔道和巴西柔术等方面的内容。以色列卡帕术在攻防上的特点是大量引入站立关节技，加强地面抓捕控制技术系统，同时将战术棍与战术刀加入到了其格斗体系之中。以色列卡帕术中的很多打击技与控制技受到了专业人士的青睐。

五、《以色列防身术》与本书的关系

《以色列防身术》是笔者于 2012 年完成、2014 年出版的以色列格斗术技术著作，书中的全身格斗单体技术与组合技术超过 150 个，综合了传统马伽术的大量格斗原则与技术，其中穿插了一部分突击队马伽术和综合格斗的技术，例如突击队马伽术的一些站立摆脱技术，以及综合格斗中常用的地面砸拳、抱双腿摔及常用的四个地面绞锁技［十字固，断头台，外侧臂锁（木村锁、腕缄），裸绞］。显然这些格斗技术不能全面阐述整个以色列格斗技术的现状。

本书是一本以色列格斗术在民用防身领域的技术全书，书中包含了至少 4 个不同门类的以色列格斗技术，包括传统马伽术、突击队马伽术、以色列防卫体系马伽术和以色列卡帕术；超过 300 个格斗单体技术与组合技术。因而本书是《以色列防身术》的全面升级版。本书是格斗教练和格斗爱好者的实用教学手册，参照本书，教练们的课程将更加丰富而实用，可满足不同类型学员的需要。

本书解决了一种格斗技术不能适用于所有类型对手的难题，读者在本书中将学习到更多的站立控制性关节技，更实用的徒手对武器技术，更多鲜为人知的特殊攻击法，更加丰富的地面关节技和绞技，更加多样的利用环境攻击与摆脱逃跑技……应对对手的同一种攻击，本书给出了不同体系以色列格斗术的应对与反击技术，同时本书对于不同体系以色列格斗术的应对技术进行了整合、点评和实战分析，读者可以根据自身特点，选择一款适合自身生理体能特点的反击或逃脱策略。本书的反击策略涵盖了所有体能、体型特点的人群。本书介绍了各种技术的适用场合范围，使得竞技格斗的教练与武者可以综合应用相关技术。

另外，继续者张付结合自身的教学和研究经验及结果，指出了一些以色列格斗术的不足，并将在其相关著作中进行深入探讨、改进和进一步发展。

第二节 以色列格斗术的综合特点

1. 作为军人的补充技术

以色列格斗术作为军人的一种补充技术，在抓捕、徒手对付无武器的攻击或冷兵器攻击等领域都有很多运用。

2. 在警用抓捕上有一定的迁移性

当警察进行抓捕时，总有近身搏斗的过程，最后还需要完成上铐的动作。近身抓捕上铐过程中，对方最容易进行攻击和挣脱抓捕，此时运用一些以色列格斗术的相应技术，可以增加控制的效果。但是以色列格斗术的很多技术和现今的铐术、喷雾器、警棍等警用器械结合不紧密，所以实用性大幅度下降。

3. 在街头实战环境中，以色列格斗术的特点

街头自卫，更多情况是暴力冲突状态下的自我保护、保护家人或危险逃脱。在街头的暴力侵害中，施暴者通常使用工具或武器，例如匕首、棍子和椅子等，一般的竞技格斗术没有如何应对这些武器的格斗技术，尤其在自身徒手状态时应对这些武器威胁和攻击的技术更是缺乏。以色列格斗术从传统马伽术开始就有徒手控刀的技术，后来的以色列卡帕术等加入了棍术，突击队马伽术和以色列防卫体系马伽术加入了徒手对棍等技术，使得以色列格斗术可应对的暴力侵袭范围更

大。各种门类的以色列格斗术中，对于徒手对武器和武器的使用技术各有侧重，都不尽全面，所以将各种门类以色列格斗术整合，实际训练效果才能更全面、更有效。此外，对于一人遭到围攻的情况，以色列格斗术也有所涉及，这对于街头自卫也是十分有用的训练方法。同时，以色列格斗术的一些技术可以增加自我保护及逃脱的成功率。其直击要害与逃跑原则、格斗环境意识也是一般竞技类格斗技较少考虑的。

4. 以色列格斗术的竞技性

突击队马伽术创始人 Moni Aizik 的学生 Carlos Newton 曾参加 UFC，并且获得过轻中量级冠军；以色列防卫体系马伽术借鉴应用了很多综合格斗中的格斗技术，并把地面缠斗的情形引入以色列格斗术中；以色列卡帕术中引入了巴西柔术的一些技术。这些都是一种和综合格斗的互动。而实际上，由于以色列格斗术相对综合格斗，禁用技较多，并且没有实现哪个门类的以色列格斗术完全竞技化，没有建立规则体系，所以离直接的竞技应用还有很大的距离。

5. 以色列格斗术的专项体能问题

以色列格斗术在格斗技术方面比较全面，如果把不同门类的以色列格斗术重新整合，可以整合出涵盖裸拳打击技、绞击、关节技、徒手对武器技术，以及单人对多人技术的格斗技术集合。而对于格斗的专项体能训练，以色列格斗术却没有像一些体育竞技项目那样，有着更深的探究，尤其是在和运动生理学、运动解剖学、运动训练学和运动生物力学的结合上有所不足。针对力量素质、速度素质、耐力素质、柔韧素质、应激素质与平衡素质等基本的体能素质，如果有专项的与以色列格斗术相对应的体能素质训练体系，相信对以色列格斗术的训练会更加具有科学性和有效性。

由于格斗技术数量众多，本书没有篇幅进行格斗专项体能的介绍，读者可以参考格斗体能训练著作进行相关的格斗体能训练，以增加所有格斗技术的攻击力。目前，运动生理学、运动解剖学、运动生物化学、运动生物力学、神经科学、运动心理学、军事心理学和统计学等学科并没有和以色列格斗术形成良好的学科交叉。笔者相信，建立在基础科学的基础上，和先进科学领域进行知识借鉴与学习，将是现代格斗进一步发展的有效方式。

以色列格斗术的攻击手段

第二章

以色列格斗术的攻击手段既包括各种不同体系以色列格斗术的通用技和其他格斗流派的通用技，也包括以色列格斗术自身所特别强调的特殊攻击手段。以下攻击手段中，一些特殊的攻击手段可能造成受击者受伤，所以训练时要特别注意安全。

第一节 以色列格斗术通用站立打击技攻击手段

不同门类的以色列格斗术普遍涉及打击技攻击手段。很多其他流派的格斗技也会有类似的打击技，但是由于以色列格斗术中纯正的拳法是裸拳攻击，所以在攻击细节和机理上与其他流派格斗技有很大区别。

预备知识 1 以色列格斗术站立格斗架势

站立格斗架势左势 Standing stance for combat (left)（图 2-1）：右手习惯者一般选用的架势；左手和左脚在前，右手和右脚在后，两脚叉开，身体以左半侧面面向目标；双手呈拳或微张开的手型举至肩高，右手护住右下颌，两肘夹紧双肋。

图 2-1

站立格斗架势右势 Standing stance for combat（right）（图 2-2）：左手习惯者一般选用的架势；右手和右脚在前，左手和左脚在后，两脚叉开，身体以右半侧面面向目标；双手呈拳或微张开的手型举至肩高，左手护住左下颌，两肘夹紧双肋。

以色列格斗术站立格斗架势的作用：使全身关节微屈，肌肉绷紧，以对外力冲撞产生更好的平衡应激。

（1）站立格斗架势下肢动作分析

重心下沉，两腿呈浅弓步微蹲，两脚尖微向内扣或朝前。腿部肌肉呈随时启动状态，可有效防止被撞倒或失去平衡。

图 2-2

（2）站立格斗架势上肢动作分析

图 2-3

前手可以攻击、抓擒或控制距离，后手重拳伺机攻击。两手在腮部两侧握拳，可以随时防御对方攻击下巴的拳法或腿法。

两肘在肋部两侧夹紧，将腹部和胸部控制在两手臂的包围保护中。右肘防御对方对胸部右侧的扫腿或肘击，左手防御对方对左侧肋的攻击。

如果对方冲过来，可以用双手或前臂顶住向外推，同时身体后撤步。

以色列格斗术站立格斗架势的变形（图 2-3）：由站立格斗架势开始伺机躬身，重心下降，双手下垂，两手张开并前伸，变成低位以色列格斗术防守架势，以防备对方的主动抱摔。

预备知识2　格斗架势的基本移动

（1）前滑步 Step in front

动作：格斗架势站立，后脚发力前推，前脚上步，然后后脚跟步。

作用：用以配合各种前冲类攻击。

（2）后滑步 Step back

动作：格斗架势站立，前脚向后推，后脚向后撤一小步，前脚立刻跟步。

作用：用以配合各种后撤步闪身。

（3）侧滑步 Step side

动作：格斗架势站立，右脚向右蹬推，左脚向左侧跨一小步，右脚立刻向左跟步——完成左侧滑步；也可以左脚向左蹬推，右脚向右侧跨一小步，左脚立刻向右跟步——完成右侧滑步。

作用：完成各种侧向闪躲或闪身。

（4）90 度上转步 Forward-turn dodge（图 2-4a~b）

动作：以左上转步为例。由格斗架势（左势、右势均可）开始，右脚蹬推地面，左脚上前迈一步并将身体右转 90 度，同时抬左臂，由上至下做下劈动作并向外旋腕。完成后可接撤步回归起始位。

图 2-4a

图 2-4b

作用：对付前方直线的拳法或匕首直线攻击，走外侧边路避开对方的直线攻击，为从侧面攻击对方创造条件的步伐；同时可作为关节技的步伐，把转身上步的腰腿发力作用在对方的腕关节或肘关节。在对付前方直拳，对付前方匕首直线攻击，对付前方双手掐脖颈，对付前方单手掐脖颈或抓衣领等定势时可以用上该步伐。步伐分为左上转步和右上转步，可依对方出手方向而适时选用。

上转步的训练：由于这是以色列格斗术中有特点的步伐，所以要平时加强训练。

训练（1）： 连续上转步绕杆或绕胸靶旋转，每1次上转步都转90度，4步正好围着杆或胸靶转一周。要求每组训练顺时针转至少4周，冉逆时针转至少4周。

训练（2）： 绕人连续上转步。方法与训练（1）类似，但旋转的过程中要求进行各种适当的空击，以训练不同角度、不同站位、不同运动形式中的复合攻击能力。

一、以色列格斗术通用裸拳攻击手段

在街头遇袭时或军警执行任务时，通常不会出现佩戴拳击手套或 MMA 竞技分指手套的情况，使用的拳法攻击几乎都是裸拳。裸拳的攻击威力远大于戴拳套的攻击（裸拳更容易造成人体面部损伤），但是不当的裸拳攻击也增大了自己的掌骨、指骨及腕关节的受伤概率。以下的裸拳正确出拳方法及训练方法可以最大限度保留裸拳强大的攻击威力，并减小不当使用裸拳造成的自损概率。

1. 裸拳直拳 Straight punches without gloves

攻击目标： 攻击头面部，击打下巴可以造成对方晕眩或脑震荡。由于采用裸拳攻击，攻击效果大于戴拳击手套直拳和戴 MMA 竞技分指手套直拳。但是裸拳直拳不宜攻击对方额头和顶骨，以免造成攻击者自身指关节受伤。

（1）前手直拳 Jab（图 2-5）

图 2-5

我方格斗架势站立（以左手为前手，右手为后手为例）。蹬左腿（左腿股四头肌），左侧踝关节内扣并脚尖点地（左腿小腿三头肌发力），向右微转腰（腹外斜肌和腹内斜肌发力），收腹，送左肩（左侧三角肌发力），伸左臂（左侧肱三头肌发力），左腕旋前（由拳眼向上转为拳眼向右——旋前圆肌和旋前方肌发力），打出强有力的一记左直拳。整个过程一气呵成，每一个细节动作都在上一个细节动作的力量和速度的基础上加成新的力量和速度，就像甩出去的鞭子一样，威力最大的鞭梢即为你的拳锋。

（2）后手直拳 Cross（图 2-6）

图 2-6

我方格斗架势站立（以左手为前手，右手为后手为例）。蹬右腿（右腿股四头肌），右侧踝关节内扣并脚尖点地（右腿小腿三头肌发力），向左微转腰（腹外斜肌和腹内斜肌发力），收腹，送右肩（右侧三角肌发力），伸右臂（右侧肱三头肌发力），右腕旋前（由拳眼向上转为拳眼向左——旋前圆肌和旋前方肌发力），打出强有力的一记右直拳。整个过程一气呵成，每一个细节动作都在上一个细节动作的力量和速度的基础上加成新的力量和速度，就像甩出去的鞭子一样，威力最大的鞭梢即为你的拳锋。

（3）左右直拳连击 Two punches

按照以上前手或后手直拳的出拳方法，出左拳，击打完成后迅速收左拳；蹬右腿，右脚脚踝内扣，向左微转腰，收腹，送右肩，伸右臂，向内旋腕，打出强有力的一记右直拳。左、右直拳交替进行，形成 2 直拳连击、4 直拳连击、6 直拳连击，乃至连续 1 分钟直拳连击。

训练方法：

（1）直拳空击训练，即向空中连续进行左、右直拳训练。

（2）击打沙袋、人偶或胸靶。

（3）口令直拳训练，即交叉出直拳、前进、后退、左侧移、右侧移，随教练口令而改变攻击方向。

（4）直拳击手靶训练，即一人正持手靶，发号命令 1、2 或 3，我方听到指令后出相应数字的拳，交叉拳击靶。

（5）混合击靶训练（图 2-7），即单击、双击、三击、四击、击移动靶、口令击靶。

图 2-7

击靶训练加强版——击移动靶：持靶者可变换身体位置，同时用手靶攻击出拳者；我方一边击打移动手靶，一边练习躲闪。持靶者应尽量破坏距离和位置，使我方尤法正常发力；我方调整步伐，尽可能正常发力。

击靶训练之持靶者前冲攻击：持靶者可突然前冲，我方要就势出拳将持靶者打回，若我方力量或攻击力道不够，需退后继续攻击。

提示：

（1）如果连续左、右直拳攻击同一目标 1 分钟以上，可以明显感觉到两侧肩膀三角肌前束酸痛。这说明在直拳攻击时，三角肌前束的发力非常显著。

（2）如果身体不协调，直拳发力肌肉链无法实现，可以进行专业直拳肌肉链加强训练。

（3）如果腕关节强度不够，击打重沙袋容易损伤腕关节。

（4）直拳打到最大位置时，肘关节微屈，以免对方躲闪打空后，直拳惯性扭伤肘关节鹰嘴或拉伤韧带。

（5）裸拳直拳击打手靶时，要"点打"，避免摩擦伤及指关节外皮肤。

2. 裸拳摆拳与平勾拳

攻击目标：攻击头面部，击打下巴侧面可以造成对方晕眩。裸拳摆拳尽量用食指和中指掌指关节攻击目标，避免用小指掌指关节攻击，防止出现小指侧掌骨骨折的意外。

不宜攻击对方额头和顶骨，以免造成自身指关节受伤。

裸拳摆拳 Hook（图 2-8）：以发左摆拳为例。左势格斗架势开始，双手握拳护于下巴两侧。蹬左腿，左脚踝外旋，左脚跟离地；腰向右微转，向左肩，左臂大范围水平内收，用拳锋对准目标摆击，左腕始终挺直，打出左摆拳。要求蹬腿、胸椎扭转、送肩摆击一气呵成，通过摆拳动力链发出强力一拳。

图 2-8

提示：裸拳摆拳击靶注意点打，防止挫伤指关节外皮肤表面。

平勾拳 Flat hook（图 2-9）：我方站立，格斗架势开始，左脚在前，右脚在后，两手握拳护住下颌侧面。蹬右腿（股四头肌发力），向左微转腰（腹外斜肌与腹内斜肌发力），右臂抬至与肩平齐（三角肌发力），肩关节做水平内收动作（由三角肌中束向

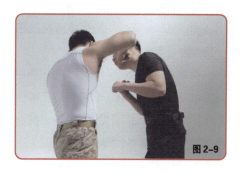

图 2-9

前束过渡发力，同时胸大肌外侧部分参与发力），使前臂向内画圆，打出一记右平勾拳。动作过程中，拳眼始终朝向自己，握拳后掌心向下。完成右平勾拳后，可接左平勾拳。

摆拳和平勾拳的区别：二者都是手臂从侧面抡摆加速后攻击对方，而各自又有其特点。摆拳攻击距离长，力量大，但造成的空当也大；平勾拳适宜近战，力量略小，但出拳后的空当小，便于快速连击。

摆拳和平勾拳训练：

（1）空击训练；

（2）击打沙袋、人偶或胸靶；

（3）击打手靶（图 2-10a~b）：持靶者的手靶面朝身体中轴线，以便于我方进行训练。图 2-10a 为摆拳击手靶；图 2-10b 为平勾拳击手靶。

图 2-10a　　　　　　　　　　图 2-10b

3. 裸拳勾拳 Uppercut

攻击目标：下巴，对方躬身时的面部正面；MMA 竞技中地面拿背位的腋下掏拳也是勾拳的变形。

裸拳勾拳（图 2-11）：我方格斗架势站立，左脚在前，右脚在后，两手握拳护住下颌侧面。以发右勾拳为例。身体可微下蹲蓄力，蹬右腿（股四头肌发力），身体向上挺，右脚踝外旋，右

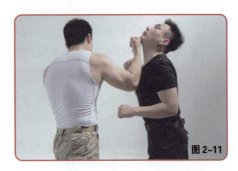

图 2-11

脚跟离地（小腿三头肌发力）；腰向左微转（腹外斜肌和腹内斜肌发力），向上送右肩（三角肌发力），右臂向上勾击（肱二头肌等长收缩发力），右腕始终挺直，打出右勾拳。要求蹬腿、拧腰、送肩、勾击一气呵成，通过链式发力传导效应打出强力一拳，然后迅速接左勾拳。

裸拳勾拳的训练：

（1）空击或击打沙袋；

（2）击打向下倾斜的胸靶或者手靶（图2-12）。

图2-12

4. 裸拳下位拳 Ribs punch

攻击目标： 胸部或腹部。

裸拳下位拳（Low punch）

下位拳包括： 下位直拳（图2-13），下位摆拳（图2-14），下位勾拳（图2-15）。

下位拳是专门击打对方腰腹部和肋部的拳法。发动攻击时，我方需先蹲身，再进行相应攻击，以击打对方胸腹。

图2-13

图2-14

下位拳训练：

（1）空击或击打沙袋训练。

（2）击打胸靶训练：持靶者也要相应蹲身以适应我方的高度。

提示：

（1）裸拳的四种基本拳法包括裸拳直拳、裸拳摆拳和平勾拳、裸拳勾拳和裸拳下位拳。

图2-15

（2）握拳注意事项（图2-16a~c）：食指、中指、无名指、小拇指从掌指关节开始依次向掌心卷曲，拇指横在食指与中指第二指节侧面。

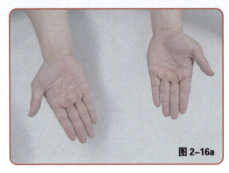

图 2-16a

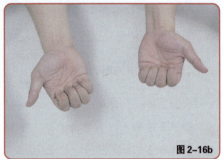

图 2-16b

（3）裸拳的攻击点：使用拳面攻击，尤其尽量使用靠近食指与中指掌指关节的拳面攻击，因为此处的拳面最强，指关节被打伤的概率也最低。

（4）裸拳击靶时要"点打"靶面，以免磨伤拳面皮肤。

（5）裸拳的实战攻击要尽量避免攻击额头，以免手指或掌骨受伤；主

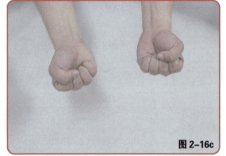

图 2-16c

要攻击下巴，可以向对方的下巴或颈部进行瞄准出拳，如果对方使用低头躲闪，即使是攻击位置向上也通常会攻击对方的鼻眼，减小攻击到额头的概率。

（6）加强出拳的击打力训练、动力链训练及裸拳拳面的硬度训练。

（7）初级训练者可以循序渐进地练习裸拳击靶，初级用分指手套击靶训练 10 次以上，然后升级到护手带裸拳击靶训练 10 次以上，最后进行纯裸拳击靶训练。

二、以色列格斗术通用穿鞋腿法攻击手段

在街头遇袭时或军警执行任务时，通常不会出现光脚格斗的情况，使用的腿法攻击几乎都是穿鞋腿法。穿鞋腿法的攻击威力远大于光脚腿法的攻击（穿鞋腿法的鞋底及军靴的前头起到了攻击武器的作用），但是不当的穿鞋腿法攻击也增大了在复杂地面滑倒的概率，因为穿鞋后人体对地面的细节感知不如光脚触地。以下是正确穿鞋腿法，可以最大限度地保留穿鞋腿法强大的攻击威力，并减小滑倒的概率。

1. 正蹬攻击 Push kick

攻击目标： 蹬击位于身体前侧的对方的小腹及裆部，同时可控制双方距离，为进一步攻击或逃跑创造条件。

图2-17

正蹬腿（图2-17）： 我方格斗架势站立，右腿提膝蓄力并向前爆发性伸膝伸髋，用前脚掌（脚底）快速推击目标——完成一击右腿正蹬；正蹬右腿的同时，右臂向下摆臂，左手微向上抬，继续护住左侧下颌。同理可以完成左腿的正蹬攻击。蹬击时呼气。

正蹬腿训练：

（1）正蹬腿空踢或踢沙袋。

（2）正蹬腿蹬踢胸靶（图2-18）：持靶者持胸靶呈前弓步，胸靶紧贴大腿，全神贯注保持好被攻击时的身体平衡，当被攻击时可自行后退以减轻冲击力。

图2-18

胸靶握法： 一只手臂从胸靶背侧两条中间弹力绳穿出，另一只手正握住胸靶上方手柄。当受到攻击时，持上方手柄的手用力向外推，以抵消强大的冲击力。

2. 侧踹攻击 Side kick

攻击目标： 踹击侧方对手的裆部或小腹；拉开双方距离，为我方选择撤离或继续攻击创造机会。

图2-19

（1）侧踹（图2-19）

我方侧向提膝蓄力并外展髋关节，再迅速向体侧爆发性伸膝展髋，用脚底攻击对方——完成一击侧踹，踹击时呼气。侧踹后迅速收腿，以免被对方接腿。侧踹时目光始终紧盯侧向对方。

（2）上步侧踹（图 2-20a~b）：

右脚向左移动一小步，使右脚位于左脚左前侧，双脚成交叉步。借助右脚侧移步产生的惯性，抬左腿，完成左脚侧踹。

图 2-20a

图 2-20b

侧踹的训练：

（1）侧踹攻击胸靶训练（图 2-21）。

（2）转身侧踹，即以左脚为轴身体左转，使身体右侧朝向对方，同时使用侧踹的技术。

图 2-21

3. 扫腿攻击

（1）低扫腿 Low round kick

攻击目标：膝关节外侧、膝关节内侧、腘窝、跟腱。

低扫腿（图 2-22）：我方格斗架势站立（以左扫腿为例），右脚尖向右侧外旋并踏实地面，左腿提膝，左髋微外展，向内翻胯，向内低位挥摆左腿并伸膝，用胫骨末端攻击目标——打出一击低扫腿；左扫腿时右

图 2-22

手上扬护住右下巴或右脸，左手向下摆动以增加惯性加成，整个过程一气呵成。然后收腿，完成第二次扫腿。扫腿时呼气。

低扫腿训练：

a. 空击或击沙袋。

b. 击打胸靶：持靶者双手持胸靶，呈前弓步状，并将靶子放于自己腿部外侧或顶在胫骨前端，注意始终使靶子紧贴腿部。当受到攻击时，腿部可顺攻击方向后撤以减小打击力——此方法适合为力量大者持靶（图 2-23）。也可单手持靶，将胸靶紧贴于大腿后侧，当受到攻击时，紧贴靶子的那条腿可向前摆动以增大缓冲效果——此方法适合为力量小者持靶（图 2-24）。

图 2-23

图 2-24

（2）中段扫腿 Middle round kick

攻击目标：胸部、腹部、大腿。

中段扫腿（图 2-25）：支撑腿用力蹬地，拧腰，攻击腿髋关节外展成大腿与地面平行；伸小腿，从身体外侧中段位置画弧，以小腿胫骨下方攻击对方。踢击时呼气。

图 2-25

中段扫腿训练：

a. 空击或击打沙袋。

b. 攻击双脚靶训练：持靶者两个前臂均固定一只脚靶，两手平行抬起脚靶，靶面 45 度角朝下。攻击者用中段扫腿连续攻击双脚靶。

c. 攻击大胸靶训练（图 2-26）：持靶者纵向持靶，双手掏入靶后的纵向控带，并向上伸，抓住靶上端的横向控带。双手掌心向外抓牢横向控带以避免受攻击时手腕受伤。我方可在扫腿前加直拳攻击，然后持靶者侧身，我方根据持靶者侧身方向立即选择合适的中段扫腿对其进行攻击。

图 2-26

（3）高扫腿 High round kick

攻击目标：颈部、面部、下颌、头侧。

高扫腿（图 2-27）：我方格斗架势站立（以左扫腿为例），右脚尖向右侧外旋并踏实地面，左腿提膝，左髋大角度外展，向内翻胯，向内高位挥摆左腿并伸膝，用胫骨末端或脚背攻击目标——打出一击左腿高扫腿；左高扫腿时右手上扬护住右下巴或右脸，左手向下摆动以增加惯性加成，

图 2-27

整个过程一气呵成。然后收腿完成第二次扫踢。扫腿时呼气。

高扫腿训练：

a. 空击或击打沙袋。

b. 攻击双脚靶训练：持靶者两个前臂均固定一只脚靶，两手平行抬起脚靶于胸部高度，靶面与地面垂直。我方用高扫腿连续攻击双脚靶。

c. 攻击单手靶训练（图 2-28）：持靶者纵向持手靶，置靶面于胸部的高度。我方用高扫腿攻击靶面，持靶者感觉到攻击的刹那手部同向顺移以缓冲高扫腿打击力。

图 2-28

4. 后蹬攻击 Back kick

攻击目标：主要攻击对方（位于我方后侧）的小腹、裆部或膝盖并拉大双方距离。

后蹬腿（以右腿攻击为例）（图 2-29a~b）：左腿为支撑腿，右腿伸髋，向后快速伸膝蹬出，当脚掌或脚跟击打到对方时快速收回。攻击时头向后看以确定攻击部位，并顺时针旋胯以增加踢击力度。后蹬时呼气。

图 2-29a

图 2-29b

后蹬腿训练：后踹腿击胸靶训练（图 2-30）。

技术补充：

转身后踹腿（以右转身出右腿为例）（图 2-31a~c）：面向对方站立，突然以左脚为轴身体顺时针旋转 180度，借旋转的力量向后蹬出右腿，以右脚脚底攻击对方小腹或裆部。

图 2-30

图 2-31a

图 2-31b

图 2-31c

5. 军靴尖踢 Tactical boot kick

攻击目标：对方胫骨、腘窝。在近身时出其不意攻击。

军靴尖踢（图 2-32）：在穿军靴时，提膝并迅速伸膝，以脚尖处军靴直接踢击对方胫骨前侧。攻击时呼气。

图 2-32

提示：

（1）穿鞋腿法的四种基本腿法包括正蹬、侧踹、扫腿和后蹬，外加一种特殊攻击——军靴尖踢。

（2）穿鞋腿法的攻击点：胫骨下端、脚背、鞋底和军靴尖端。

（3）不宜使用穿鞋扫腿的环境包括：有水地面、有沙地面、有油地面及有不固定遗洒物的地面（例如落叶）。在以上环境中使用大力扫腿，会增加使用者滑倒及扭伤支撑腿的概率。

（4）正蹬、侧踹与后蹬这些直线型腿法，攻击到最大距离时要保持膝关节微屈。膝关节在爆发性攻击时伸得过直或超伸，当对方躲闪而击空时，可能会拉伤膝关节前交叉韧带。

（5）初级训练者可以循序渐进地练习腿法击靶，初级用光脚垫上腿法击靶训练至少 10 次，再尝试穿鞋腿法击靶的训练。

三、以色列格斗术通用肘击攻击

1. 平击肘 Elbow

攻击目标：脸部、下颌侧面、头侧、后脑。

平击肘（图 2-33）：我方格斗架势站立，左脚在前，右脚在后，两手护住下颌侧面。以右平击肘为例，蹬右腿，胸椎左转，送肩，右前臂抬平，用右肘外侧前臂端尺骨向前攻击，攻击时呼气。也可以交替进行左、右平击肘。

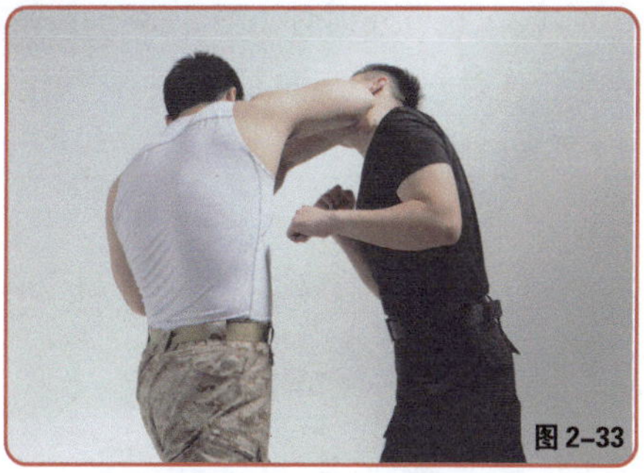

图2-33

战术格斗平击肘训练：

（1）平击肘击手靶、脚靶或胸靶（图2-34）；

（2）拉对方右臂的平击肘攻击（图2-35）；

（3）左手抱对方头右侧部的右平击肘攻击。

图2-34

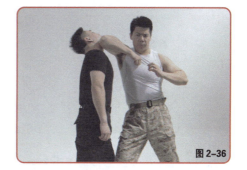

图2-35

2. 外顶肘 Side elbow

攻击目标：主要攻击对方（位于我方侧面）的面部或头部。

外顶肘（图2-36）：我方格斗架势站立，左脚在前，右脚在后，两手护住下颌侧面。右脚微向右跨一小步，肩向右送，抬右臂，用肘部向右顶击。右顶肘时可以加入腰部微向左后转的动作。左侧外顶肘的动力链类似。肘击时呼气。

图2-36

战术格斗外顶肘训练：

（1）外顶肘击脚靶或胸靶（图2-37）。

（2）拉臂外顶肘（图2-38）：站在对方左侧或左前方，双方呈L型站位，左手拉住对方左手腕向左猛拉，同时用右顶肘攻击对方头部或胸部。

图2-37

图2-38

3. 后摆肘 Back-round elbow

图2-39

攻击目标：主要攻击对方（位于我方后侧）的头面部。

后摆肘（图2-39）：我方格斗架势站立，左脚在前，右脚在后，两手护住下颌侧面。腰顺时针向后转，左脚蹬地发力，左脚脚跟离地；右肩关节水平外展，向后送肩，抬上臂，用肘部上臂侧借身体旋转惯性向后攻击。肘击时呼气。

战术格斗后摆肘训练：后摆肘击手靶、脚靶或大胸靶（图2-40a~b）。

图2-40a

图2-40b

4. 后顶肘 Back elbow

攻击目标： 后侧对方（近身）的胸部和头部。

后顶肘（图2-41）： 我方格斗架势站立，左脚在前，右脚在后，两手护住下颌侧面。右臂屈肘，肩关节猛力后伸，用肘部向后顶击。可以利用身体的右转增加击打效果。肘击时呼气。

图 2-41

战术格斗后顶肘训练：

（1）后顶肘击胸靶（图2-42）。

（2）在对方从后面连臂熊抱时，使用后顶肘辅助解脱。

提示：

（1）以色列格斗术肘法的四种基本攻击包括平击肘、外顶肘、后摆肘和后顶肘。

（2）基本肘法的攻击点：肘部、肘部前臂侧尺骨、肘部上臂侧。

图 2-42

（3）肘击的攻击范围原则：近身后打击技，能用肘不用拳。

（4）肘击时可以把整个体重惯性加到肘击攻击中，攻击效果更好。穿作战服时的肘击，也是打碎玻璃窗的重要手段。

（5）初级训练者可以循序渐进地练习肘法击靶，初级用戴护肘的肘击击靶训练至少4次，再尝试裸肘肘法击靶的训练。

5. 转身后摆肘 Pivot back-round elbow

攻击目标： 头面部

技术点评 本技术通过转身蓄力得到更大的攻击速度，所以威力比一般肘击大。但是因为动作幅度大，在狭窄环境不易使出；同时对身体协调性要求高，攻击成功率较低。

动作技术：以右转身出右后摆肘为例，面向对方站立，我方突然以左脚为轴身体顺时针旋转 180 度，借旋转的力量右肩关节外展，右臂屈肘，用右肘上臂侧攻击对方头面部。

转身后摆肘的训练：

（1）步伐训练：（90+180）度撤步上步步伐训练。

（2）转身后摆肘击打沙袋或大胸靶。

实战应用——应对前方双手掐颈大力猛推（图 2-43a~d）

当对方从前方双手掐颈并用力前推时，向前发力的反击受到阻碍。

图 2-43a

于是我方利用"引进落空"思维，向后退，并左撤步逆时针转身 90 度，同时高举右臂并向左下方砸，目的是用右腋下对敌左腕产生反关节的锁腕效果以迫使对方松手。

图 2-43b

然后右脚上步，身体逆时针旋转大于 180 度，同时进行左后摆肘，用左肘部攻击对方头部。

对方掐住我方并前推产生的惯性，会使其前冲到我方身侧或者更远。而我方转身摆肘旨在利用对方前冲惯性产生的有利位置对其进行打击。

图 2-43c

图 2-43d

6. 上挑肘 Elbow up

攻击目标：下巴、口、鼻。

技术点评　本技术可作为近身时出其不意的攻击，也可以作为挑肘防御冲撞攻击与"心形防御"冲撞攻击的前导技术。

动作技术（图2-44）：格斗架势站立，身体微蹲蓄力，挺身的同时肩关节快速屈曲，用上挑肘肘部（或肘部前臂侧）攻击对方下巴。在与对方距离过近而无法用上勾拳攻击对方下巴时，可用上挑肘攻击。

上挑肘的训练（图2-45）：攻击手靶或者大胸靶训练。

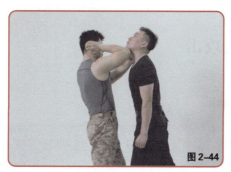

图 2-44

图 2-45

7. 下砸肘 Elbow down

攻击目标：头部后侧、背部。

技术点评　本技术的攻击强度和效果巨大，竞技格斗禁用。

动作技术（图2-46a~b）：当对方呈向前躬身姿势时，可以用左臂自下至上夹住对方右臂，再用右臂的下砸肘砸击对方头部后侧。下砸肘主要攻击部位为躬身后对方头部后侧和背部或躺倒在地面上的对方的面部和头部。

图 2-46a

图 2-46b

下砸肘训练（图2-47a~b）：持靶者双手持脑靶的下砸肘训练。

图2-47a

图2-47b

四、以色列格斗术通用膝击攻击

1. 箍颈膝击 Grab neck and knee attack

攻击目标：抱住前侧对方头部，拉对方头部使其前躬身，膝击对方面部或下巴。

箍颈膝击（图2-48）：我方用双手箍住对方后颈或后脑，用力下拉并向上膝击。

图2-48

战术格斗箍颈膝击训练：持靶者持大胸靶在脸前，我方箍颈下拉其头部，并用膝击其挡在面前的大胸靶（图2-49a~b）。

图2-49a

图2-49b

2. 捋肩膝击腹股沟 Grab shoulder-arm and knee to groin

攻击目标： 非竞技类格斗技术，主要攻击对方腹股沟。

捋肩膝击（图2-50）： 以右侧膝击为例，用左手拉对方右上臂后侧，同时用右手拉对方右肩后侧，两手一起用力，爆发性下拉并向上膝击对方腹股沟。攻击时呼气。可以交替进行左、右捋肩膝击。

图2-50

战术格斗捋肩膝击训练： 持靶者竖持靶置于体前或体侧，我方拉臂、拉肩完成捋肩膝击大胸靶（图2-51a~b）。

图2-51a

图2-51b

3. 拉臂膝击 Grab arm and knee attack

攻击目标： 腹部。

技术点评 本技术需要的攻击精准度高，在偷袭攻击或者拉臂防守反击时有使用效果，而在对方有防备时刻意使用的成功率有限。

动作技术（图2-52）： 左手抓对方右手腕，右手抓对方上臂肘弯处，向右拉；同时右膝向左攻击对方躯干

图2-52

正中的腹部。

拉臂膝击的训练（图 2-53a~b）：持靶者左臂持脚靶，我方双手拉持靶者左臂完成拉臂膝击，持靶者用左手上的脚靶横向下推，辅助我方完成膝击击靶。

图 2-53a　　　　　图 2-53b

4. 摆膝攻击 L-position knee attack

攻击目标：L 型或 T 型站位，对方的腹部或裆部；或者面对对方时攻击胸部。

摆膝攻击（图 2-54a~b）：像扫踢那样使髋关节先外展，再自外向内弧线转动并用膝击攻击敌人。当与对方面对面时，我方用该膝法攻击对方胸部；当与对方呈 L 型或 T 型站位时，我方用该膝法攻击对方裆部或腹部。

图 2-54a　　　　　图 2-54b

摆膝攻击训练（图 2-55a~b）：对方竖持靶置于体前，我方和对方呈 L 型站位或者 T 型站位，我方左手拉对方右臂，右手拉对方后颈，两手一同用力向右下拉，同时右摆膝攻击大胸靶中部。

图2-55a 图2-55b

提示：

（1）以色列格斗术的三种基本膝法包括箍颈膝击、捋肩膝击和摆膝攻击。

（2）膝法的攻击点：膝关节髌骨。

（3）膝法攻击发力时，要把抓对方上肢（或头部）的下拉力量与膝部向上顶撞的力量形成合力，攻击威力才能保证。

第二节　以色列格斗术特殊站立攻击手段

1. 翻背摆拳 Back-palm hook

攻击目标： 头面部。

技术点评　本技术比普通摆拳攻击速度慢，但是其在摆拳过程中增加了前臂旋前的力量加成，所以攻击威力大。同时该技术对于拳锋不平、指关节不坚固的训练者，可以避开用指关节撞击对手的疼痛感。所以训练者的摆拳习惯，要根据训练者的自身特点而定，教练切不可对于学员千人一面，不论多少人都用一种技术来教学。本技术适合柔韧性好的训练者使用。

动作技术（图2-56）： 以发右翻背摆拳为例。左势格斗架势开始，双手握拳护于下巴两侧。蹬右腿，右脚踝外旋，右脚跟离地；腰向左微转，向左送右肩，右臂大范围水平内收，肘关节伸至微屈并使前臂旋前，用握拳后的掌背对准

图 2-56

目标摆击，右腕始终伸直，打出右翻背摆拳。要求蹬腿、胸椎扭转、送肩与前臂旋前摆击一气呵成，通过翻背摆拳动力链发出强力一拳。

翻背摆拳的训练（图 2-57）： 翻背摆拳击靶手臂训练或脚靶训练。

图 2-57

2. 踢击腹股沟 Kick groin

攻击目标： 利用胫骨末端垂直向上攻击腹部薄弱区域，很小力量即可产生很强的攻击效果。也可以在对方前躬身时攻击其面部，或者在对方站立时攻击其下巴。

技术点评 本技术为竞技格斗禁用技术。

动作技术：

踢击胸靶（图 2-58a~b）： 持靶者横持胸靶，即双手将胸靶横过来，双手从两端手柄穿出，抓紧胸靶边沿。胸靶面微朝下以便于我方踢打并模拟腹股沟结构。

以右腿踢击为例： 我方左势格斗架势站立。蹬右脚，右腿快速曲髋，绷直右脚背，膝关节微屈，同时右手向后摆臂，左手微上抬防护左脸，用小腿胫骨末端快速攻击胸靶。

图 2-58a

图 2-58b

提示：

（1）胫骨末端攻击，攻击威力更大。如果用脚背攻击，会使踝关节前侧韧带产生拉伤；如果用脚趾勾踢，会戳伤脚趾。

（2）前踢腹股沟抬腿摆臂发力模式符合人体走跑动力模式，该动作可训练人体走跑动力模式的协调性。

实战运用：前踢腹股沟（图 2-59）和后踢腹股沟（图 2-60）。

图 2-59

图 2-60

3. 搓推鼻软骨 Nasal septum push & rub

攻击目标：鼻软骨。

技术点评 本技术为竞技格斗禁用技术。

动作技术（图 2-61）：用掌根正面由鼻孔处，自下而斜向上搓推。搓推时要配合蹬腿、送胯、脊椎爆发性扭转、送肩、伸臂一系列动力链发力。攻击同时可以伸开攻击手的手指搓击对方的眼睛。搓推鼻软骨攻击时也可以加入另一只手的拉拽动作（详解见第三章的实战运用）。

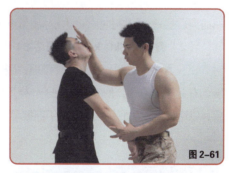
图 2-61

搓推鼻软骨训练：

（1）搓推空击训练。

（2）搓推击靶训练（图 2-62）：

图 2-62

使用手靶进行搓推鼻软骨训练。要求靶面朝前，微向下倾斜，攻击时手的轨迹是向斜上划圆，而非直线攻击。

4. 抖击 knock

攻击目标：对方（只限男性）裆部。

技术点评

（1）本技术为竞技格斗禁用技术。

（2）抖击是极近距离与对方贴靠时使用的格斗技术，动作启动征兆小，靠身体快速爆发性动力链在极近距离产生巨大攻击力。从外观上看，并没有大开大合的攻击动作，只有动力链发力过程中的身体抖动。为了便于记忆，笔者将这些近身打击男性裆部的技术总结为"抖击"。

（3）抖击要求在危险情况下一招制敌，第一击攻击成功率较高，重复攻击的效果会递减。

动作技术：

（1）**前抖击 Front knock（图 2-63）：**与对方近身正面贴靠时，我方使用右脚蹬地，躯干微左转，右臂屈曲甩动，使右手像鞭子一样甩向对方腹部；同时左臂屈肘向后摆臂，以增加惯性加成。攻击点是掌面或者半拳的第二指关节。

（2）**侧抖击 Side knock（图 2-64）：**与对方近身贴靠，对方在我方侧面，以对方在我方右侧为例。我方左脚蹬地，腰部向右送，右脚脚尖点地，右肩关节微外展，右臂屈曲甩动，使右手像鞭子一样甩向右侧腹部高度；同时左臂屈肘向上微摆臂，以增加惯性加成。攻击点是手部握拳后的小鱼际（与拳锤攻击相同）。

图 2-63

图 2-64

（3）**后抖击 Back knock（图 2-65）：**与对方近身贴靠，对方在我方后面，以我方右侧后抖击为例。我方左脚蹬地，腰部向右微转，右脚脚尖点地，右肩关节爆发性微伸，右臂甩动，使右手像鞭子一样甩向后侧腹部高度；同时左臂向前微摆臂，以增加惯性加成。攻击点是手部握拳后的小鱼际（与拳锤攻击相同）。

图2-65

　　抖击的训练（图2-66a~c）：使用抖击攻击大胸靶的训练，包括前抖击大胸靶、侧抖击大胸靶和后抖击大胸靶。

图2-66a

图2-66b

图2-66c

5. 推击面部 Push & rub face

　　攻击目标：面部。

技术点评

　　（1）本技术为竞技格斗禁用技术。

　　（2）实战中远距离手指插击面部的成功率很低，而且一旦攻击失手手指插到对方额头，即会造成手指戳伤。戳伤后的手指很难完成握拳和抓握，会造成后续的拳法、摔法、关节技甚至抄起武器等攻击都无法进行。以色列格斗术在近身时使用拇指搓推技术，避免了手指戳伤，增加了攻击成功率。

　　动作技术（图2-67）：与对方近身正面贴靠时，我方双手抬起，用拇指向上压对方下眼睑，同时快速向上向前搓推，对方一般会受迫性后仰。之后我方可进行抓头头槌或者抱头肘击动作。

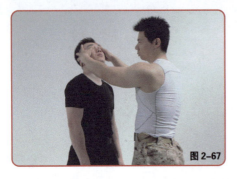

图 2-67

6. 拉臂直拳 Grab arm and blow

攻击目标： 控制对方一只手臂的同时，直拳攻击对方头面部（尤其是下巴侧面）。

技术点评　一般地，本技术在拳击和 kickboxing 中无法使用。在 MMA 竞技中，有些运动员在笼边或围绳边也会采用。此技术可运用到对方持刀直线捅刺的防御中。

动作技术（图 2-68）： 我方左手抓住对方右腕，控制住对方右臂，同时用右直拳连续击打对方下巴侧面。在 L 型站位时，攻击效果会更加明显。

拉臂直拳的训练（图 2-69）： 对方双手持靶，伸出右手靶时，我方快速上转步外侧格挡并抓其手腕，接右直拳攻击对方右肩上侧；此时对方用左手手靶挡于自己右脸前或者右肩上迎接我方的拉臂直拳。反方向拉臂直拳同上。

图 2-68

图 2-69

7. 站立拳锤攻击 Hammer punch

攻击目标： 前躬身对手的后脑，倒地对手的面部。

技术点评　本技术如果在站立位击打前躬身的对方的后脑，属于竞技类格斗禁用技；如果使用拳锤砸击地面四方位下位对方的面部，在 MMA 竞技比赛中经常见到。

动作技术：

（1）砸拳攻击前躬身对手的后脑（图 2-70a~b）：双手箍颈，下拉对方的后颈，使对方成前躬身位，然后左手压对方后脑（或揪对方头发下压），上转步抬右臂蓄力，使用握拳后的右手小鱼际砸击对方后脑。注意攻击时也要蹬腿、转腰、送肩，以增加砸拳的速度与威力。

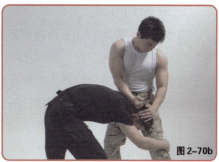

图2-70a　图2-70b

（2）砸拳攻击倒地者的面部（图2-71a~b）：与对方呈地面四方位，我方在上位。我方一手按住对方手臂，一手用拳锤砸击对方鼻子或者下颌。注意高抬手蓄力，以增加攻击威力。

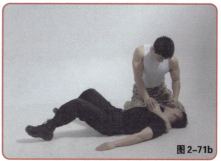

图2-71a　图2-71b

砸拳的训练（图2-72a~b）：砸拳击打胸靶，可左右砸拳连续攻击胸靶。

图2-72a　图2-72b

8. 躬身后顶肘 Arch elbow up

攻击目标： 当对方从前方锁颈我方时，用躬身后顶肘攻击对方的下巴。

技术点评　本技术可在特殊情况下在 MMA 竞技中使用。

动作技术（图 2-73）： 身体前躬身和对方抱缠在一起，对方可以正好用手臂从前方锁住我方颈部（类似于前方断头台），我方在前躬身位，肩关节爆发性伸展并用肘部自下而上攻击对方下巴。

图 2-73

躬身后顶肘训练：

（1）躬身后顶肘攻击手靶或脚靶。

（2）躬身后顶肘在破解断头台时的使用（摆脱技术中将详细阐述）。

9. 点压攻击 Thumb press attack

攻击目标： 耳垂后窝疼痛薄弱点。

技术点评　本技术在近身时对方前躬身位情况下可以使用，通过使对方产生难以忍受的剧烈疼痛，为后续摆脱技、打击技或摔投技创造条件。单独使用该技术的攻击效果不佳。

动作技术（图 2-74a~b）： 当对方下潜抱腰或抱腿时，我方同时伸双手用两根拇指向前顺时针压拧对方耳后下颌根部与脖颈衔接凹陷处，同时双臂前推对方头部迫使其前扑。

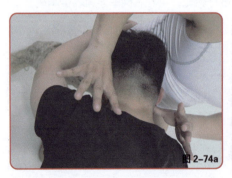

图 2-74a

图 2-74b

点压攻击的训练：

a. 单人训练：用双手拇指按照点压攻击手法点压自己的大腿前侧，开始时不会觉得疼痛，训练一段时间，至自己的大腿无法忍受疼痛为止，然后进行指力硬训练。

b. 双人训练：对方下潜抱摔，我方快速控制其头部并以最快速用拇指找到对方耳下后窝，并轻触。训练时不可用猛力，以免造成对方受伤。

10. 指节拳 Knuckle fist

攻击目标：裸手的掌背、腹部等。

技术点评 本技术为利用近端指关节或掌指关节打砸对方特殊部位的拳法，属于精细攻击，攻击精准性要求高，一般在极近身时使用，通常要配合其他技术使用。

动作技术（图 2-75a~c）：使用指节拳式握拳，四指卷握，拇指卷贴于食指近端指骨侧面。例如指节拳打掌背。

案例：后方不连臂熊抱并被举起的摆脱方法。

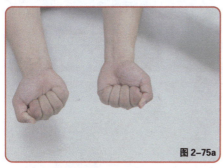

图 2-75a

图 2-75b

图 2-75c

指节拳连环砸掌背（3 ~ 4 次连击）+ 后摆肘 + 转身直拳：

当对方从我方身后不连臂熊抱并将我方双腿抬离地面时，我方迅速在空中握拳并用两手中指近端指关节连续砸击对方掌背 3 ~ 4 次；待对方双手松手后，我方后摆肘，接转身直拳攻击。

指节拳的训练： 近端指关节敲打大胸靶的训练。使用指节拳式握拳，四指卷握，拇指卷贴于食指近端指骨侧面。持靶者持大胸靶，站于我方的 L 侧位。我方使用指节拳近端指关节击打大胸靶。

11. 砍掌攻击 Hand chop

攻击目标： 颈部，或者肘关节肘窝。

图 2-76a

技术点评 攻击颈部属于竞技格斗禁用技。攻击肘关节肘窝是为站立关节技使用创造条件的前序攻击。

动作技术（1）——攻击颈部后侧（图 2-76a~b）

我方单手扬起蓄力，然后蹬腿，送胯，胸椎扭转，肩关节内收并内旋，屈肘，用手掌小鱼际进行劈砍。

图 2-76b

动作技术（2）——攻击颈部左侧或右侧（图 2-77）

以右手劈击为例，我方右手扬起蓄力，然后蹬腿，送胯，胸椎扭转，肩关节 45 度角内收并外旋，伸肘，掌心向上用手掌小鱼际劈砍对方颈部左侧 45 度位置。

砍掌的训练： 砍掌攻击大胸靶或者泡沫轴。

图 2-77

12. 掌跟攻击 Chop attack

攻击目标： 下腰背。

技术点评 本技术属精细攻击，需要对医学解剖知识有很好的了解才能准确击打。本技术对力量要求高，力量小者攻击效果有限，力量大者攻击效果巨大，须谨慎使用。

动作技术（图 2-78a~b）： 当对方从前方不连臂熊抱时，我方迅速抬双手，双手成砍掌，掌心斜朝上，双臂先向上做侧平举蓄力，再突然用掌跟向内发力，砍击对方腰椎两侧腰窝位置。

掌跟攻击的训练： 和砍掌攻击训练相同。

图 2-78a

图 2-78b

13. 正向头槌 Headbutt to nose

攻击目标： 鼻子。

技术点评 　头槌的使用条件是当双方距离过近而无法实施拳腿打击，而膝、肘攻击又不便使用时，例如被对方推到死角，此时摔法也会失去一定效果，我方则可以选择用额头或头顶坚硬处撞击敌人脆弱的鼻子，因为额头颅骨远比拳头坚硬，稍加训练后效果会更好。尤其是矮个子对付高个子的近身战，头槌会有出奇的效果。

动作技术（图 2-79a~b）： 格斗架势站立，可先微下蹲蓄力，再蹬起发力，同时双手抱住对方颈后猛力回拉，并向前微弓腰，伸脖子，用额头撞击对方鼻子。

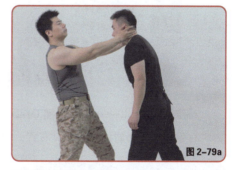
图 2-79a

图 2-79b

正向头槌的训练（图 2-80）：攻击大胸靶训练或者攻击真人后背训练。

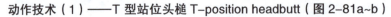

图 2-80

14. 甩头头槌 Side headbutt

攻击目标：面部。

技术点评 在 T 型站位的内侧位可以不转身直接发动攻击，或者在平移面对位直接发动攻击，攻击征兆不易被察觉，有一招制敌的效果。

动作技术（1）——T 型站位头槌 T-position headbutt（图 2-81a~b）

我方在 T 型站位的内侧，通过向右或向左甩头，用额头的左右两侧攻击对方面部。

图 2-81a

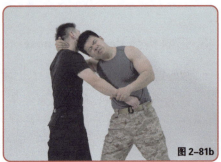
图 2-81b

动作技术（2）——抓肩头槌 Grab shoulder and headbutt（图 2-82a~b）

右手抓对方右肩，左手抓其右臂，向右甩头撞击对方头部右侧。

图 2-82a

图 2-82b

甩头头槌的训练（图2-83）：攻击大胸靶训练或者攻击真人后背训练。

图2-83

15. 半拳攻击 Half fist

攻击目标：鼻梁。

技术点评 鼻砸的攻击也叫作半拳攻击，是专门用近端指关节砸击鼻梁的技术。由于鼻梁在人体站立时是与水平面有交角的斜面，与地面平行的直拳攻击到鼻梁，斜面的分散力作用，使得击断鼻梁需要直拳更大的力量。而如果可以垂直于鼻梁进行打击，只需使用很小的力量就可以达到攻击效果。半拳攻击形成的鼻砸正是这种垂直于鼻梁的攻击，以更小的力量即可达成更好的攻击效果。

动作技术：

半拳握法（图2-84a~b）：食指、中指、无名指、小指向内卷，拇指贴于食指近端指节的侧面，使用近端指关节攻击目标。

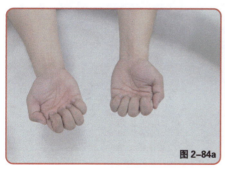

图2-84a

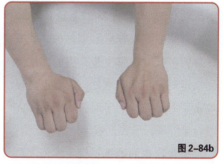

图2-84b

（1）**半拳下砸鼻梁**（图2-85a~b）：用半拳自上而下砸击对方鼻梁。

图2-85a

（2）**半拳攻击人中（图2-86）：**用半拳的近端指关节直线攻击对方人中。

半拳攻击的训练：与指节拳攻击的训练通用。

16. 桡骨击喉 Radius attack to throat

攻击目标：喉部。

技术点评　本技术在近身正面平移位或者L型站位时使用，利用桡骨的攻击可以使对方喉部剧痛而在2秒钟内丧失反抗能力，为我方进一步攻击创造条件。本技术为竞技格斗禁用技术。本技术一般在偷袭时使用。

动作技术（图2-87）：我方站在对方侧面，双方呈L型站位，我方在外侧。我方右脚上步，用前臂桡骨侧快击对方正面咽喉处。我方也可在攻击同时将右脚别于对方右腿后，完成后接绊摔，形成打喉绊摔。

桡骨攻击的训练：桡骨攻击大胸靶或泡沫轴训练。

桡骨攻击的后接技术：桡骨攻击＋站立裸绞（图2-88a~c）

我方站在对方侧面成功完成桡骨打喉攻击后，迅速转到对方身后用攻击对方的右臂勒住对方脖子，伸左手到对方左肩处，把自身右手压于左臂

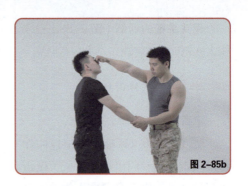

图2-85b

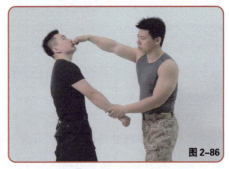

图2-86

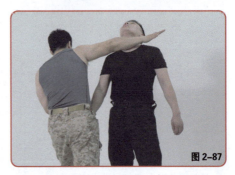

图2-87

图2-88a

图 2-88b

图 2-88c

肱二头肌下方，两臂内合发力并用左手向前力推对方后脑，完成裸绞。我方可蹲身、坐下或躺下以加强裸绞效果。

提示：标准裸绞要尽可能使对方喉部对准我方右臂肘窝处，使得我方上臂肱二头肌与前臂肱桡肌对对方颈部双侧颈动脉都有压迫效果，从而使攻击效果更明显。

17. Mask 攻击

图 2-89

攻击目标：鼻软骨。

技术点评　本技术通过手指牵拉鼻软骨使对方因疼痛而仰头进而失去重心。本技术为各种特殊摔法创造条件，也可以作为偷袭并放倒对方的一种方法。

动作技术（图 2-89）：我方在对方身后，用右手横向挡住对方的脸，利用指缝勾住对方的鼻子然后向后拉。横在对方脸上的手就像一个面具，所以本技术起名 Mask，实际是战术格斗中鼻推式绊摔中鼻推技术的变种。

使用本技术时，可以左手拉对方左臂加强控制，也可以双手一同完成该技术。

Mask 技术的训练：和对方轻快力完成，不要用太大的力，以免训练时受伤。

18. 侧位 Mask

攻击目标：鼻软骨。

技术点评　Mask 技术的侧位用法，单独使用效果有限，后来该技术在战术格斗中以 L 型站位鼻推式绊摔组合技术而存在。

实战运用中的动作技术（图 2-90）：

拉臂鼻推法：双方呈 L 型站位，我方在敌右侧。我方用左手小鱼际卡住对方鼻软骨，右手抓住对方右腕，身体逆时针旋转 90 度，左手掌向左切推，右臂边旋转边上推对方右臂，两力同时发出，利用对方鼻软骨的疼痛将对方摔倒。

图 2-90

提示：侧位 Mask 的衍生技术

掐颈鼻推法（图 2-91a~d）：双方呈 L 型站位，我方在对方右侧。我方用左手掐住对方后颈（或者揪对方脑后头发），右手虎口卡对方鼻软骨，身体逆时针旋转 90 度，左手后拉对方头发，右手斜上推对方鼻软骨，两力同时发出，左脚撤步转身，将对方摔倒。

侧位 Mask 的训练：和对方进行侧位 Mask 等技术的轻快训练。

图 2-91a

图 2-91b

图 2-91c

图 2-91d

19. 足球踢 Soccer kick

攻击目标: 对方倒地时的头部。

技术点评 竞技格斗禁止使用足球踢攻击头部。

动作技术(图2-92a~b): 我方格斗架势站立(以左足球踢为例),右脚尖向右侧外旋并踏实地面,左腿微提膝,左髋微外展,向内翻胯,向内低位挥摆左腿并伸膝,用胫骨末端或者脚背攻击目标,就像踢足球抽射那样——打出一击球踢,左腿球踢时右手上扬护住右下巴或右脸,左手向下摆动以增加惯性加成,整个过程一气呵成。然后收腿完成第二次左腿球踢。球踢时呼气。

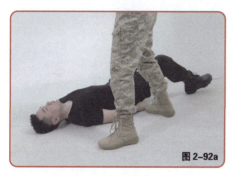 

图2-92a 图2-92b

足球踢的训练:

a. 踢足球训练。

b. 击打沙人头部的球踢训练。

20. 后跟磕击 Heel attack

攻击目标: 对方近身位于我方后侧时的胫骨。我方穿着军靴那种后跟很硬的鞋才有攻击力。也可以在地面下位封闭式防守过程中攻击对方的腹部。

技术点评 在应对近身后方对手时,本技术有一定牵制作用,需要和其他格斗技术配合使用。

动作技术(图2-93a~d):

当对方从后方不连臂熊抱时,我

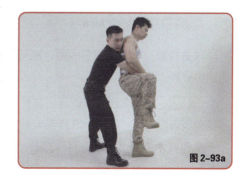

图2-93a

图 2-93b

图 2-93c

图 2-93d

方抬右脚，脚尖向右微转，猛力向下踩踏对方右脚面（踩打后，右脚向外继续转动以产生旋碾伤害）。之后接右脚跟向后磕击对方右腿迎面骨（或膝盖）。

后面接"侧移抖裆＋面部攻击"（详细演示见第三章）。

然后身体左侧移并用右手向后抖击对方。

接身体向后躬身，右手向上从对方头部右侧绕过抓对方脑后头发向前拉拽对方头部；接左手四指与拇指同时插击对方面部（右手的前拉与左手的插击形成相向发力）。

后跟磕击的训练（图 2-94）：后跟磕击大胸靶。

图 2-94

21. 截腿攻击 Block kick

攻击目标：对方膝关节内侧，胫骨前端（我方穿军靴效果更佳），截击对方的踢击腹股沟的攻击。

技术点评 本技术为近身可攻可防的腿法。攻可直接攻击支撑腿，造成对方膝关节韧带拉伤；防可以直接截击对方的踢击腹股沟的攻击。

动作技术（图 2-95）：我方以左势格斗架势站立（以右脚截腿为例），左

图 2-95

脚踏实地面，右腿提膝，右髋关节外展并外旋，脚底内侧与地面平行；然后爆发性用力向前向下踩击。攻击高度是对方膝关节高度即可。

截腿的训练（图 2-96a~b）： 截腿攻击大胸靶，持靶者要把大胸靶提至大腿高度让我方攻击。

提示： 膝关节高度的攻击，即使用大胸靶防御也极易造成持靶者膝关节韧带拉伤。

图 2-96a

图 2-96b

第三节　以色列格斗术的格挡技术

1. 直拳的外侧格挡技术 Outside rolling–push parry

防御目标： 对方直拳攻击的前臂外侧。

技术点评

（1）此技术为被动防御技，是为后续的攻防创造条件的中间技术。

（2）应对直拳的防御思路包括后闪、下潜摇闪、侧闪、侧闪拍击以及侧闪滚推式格挡。以色列格斗术会突出训练侧闪滚推式格挡技术。

（3）这种格挡的优势在于利用滚推技术的滚动摩擦取代单纯撞击，可以以低围度的手臂防御高围度的手臂，防御效果更好；缺点在于完成动作速度慢，只对对方第一次手部直线攻击防御成功率高，对于连续直线攻击的防御成功率迅速下降。

（4）建议在掌握侧闪滚推式格挡技术的同时，掌握应对直拳的后闪、下潜摇闪、侧闪、侧闪拍击技术并学会综合运用。

动作技术（图2-97）：

对方直拳打来，我方左上转步，并用左臂尺骨侧棱处撞击对方腕关节外侧棱处，撞击的同时我方要将左腕在接触对方腕部同时进行顺时针旋转（要将上转步腰腿旋转的力量传递给腕部并共同施加给对方腕部），并使我方尺骨棱处在对方前臂上有滚动和向内推的动作。滚推动作增加了打击

图2-97

碰撞时间，在碰撞冲量不变的情况下减小了碰撞冲击力。这样我方既可成功完成格挡动作，又可避免尺骨撞伤。

我方滚推格挡的同时，顺势抓住对方手腕，可接拉臂直拳反击或拉臂踢击腹部攻击。

训练组次数安排：

学习阶段：4 ~ 8组，每组左右各15次。

熟练阶段：4 ~ 8组，每组随机训练3 ~ 5分钟。

提示： 由慢速开始训练，待我方动作形成娴熟的神经肌肉条件反射后，逐渐加快速度。对方用裸拳直拳直接攻击我方胸口或者快速轻击额头，使训练尽可能接近实战环境。

2. 360 度防御手法 360° all-direction blocks

防御目标： 此技术为纯被动防御技，防御对方手部各种弧线攻击。

技术点评 本技术是通过上臂在矢状面上不同角度的运动，利用前臂尺骨进行格挡的综合运用防御组合，不但在防御弧线形徒手手部攻击时有用，也可以

迁移。

动作技术（图2-98a~g）：

（1）顶位格挡：手臂举起，两前臂叠放，上臂与地面垂直，前臂与地面平行。

顶位格挡目的：防御劈拳或自上而下的砸击、劈击，也可防御自上而下的举臂下刺。

（2）上位45度格挡：手臂举起，上臂平行于地面，肘关节呈45度。

上位45度格挡目的：防御带有角度的斜劈或抡拳。

（3）上位直臂格挡：手臂举起，上臂平行于地面，肘关节呈90度，前臂垂直于地面。

上位直臂格挡目的：防御扇掌、摆拳、平勾拳及其他侧向摆击或水平划刀。

（4）下位直臂格挡：手臂下放，上臂平行于地面，前臂指向地面并与地面垂直。

下位直臂格挡目的：防御低位对我方软肋的摆击，配合上转步步伐格挡正蹬腿。

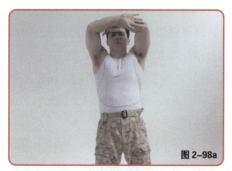
图 2-98a

图 2-98b

图 2-98c

图 2-98d

图 2-98e

图 2-98f

图 2-98g

（5）下位 45 度格挡：上臂在身体两侧夹紧护住两肋，前臂向外伸。

下位 45 度格挡目的：防御低位勾拳，配合步伐和搓挡技术防御扫腿。

（6）躬身位 45 度格挡：身体向前躬身，两手向下伸，肘关节呈 45 度角。

躬身位 45 度格挡目的：格挡下勾拳，即下位捅刺的手腕。

（7）躬身位底位格挡：身体向前躬身，两手叠放，尺骨向下格挡。

躬身位 45 度格挡目的：格挡下位捅刺及前踢腹部攻击。

提示：躬身位 45 度格挡前踢腹部时，因为尺骨通常没有胫骨硬，所以不要用尺骨外侧格挡，要用手掌向下拍击。又由于手掌和胫骨接触面积大，减小了对方胫骨踢击的攻击压强，所以要使用手掌向下拍击。

360 度防御手法的训练：对方用以上提到的攻击技单向攻击，我方使用相应格挡进行防御训练。要求先单向训练 4 次以上，再进行复合攻击的防御。完全掌握 360 度防御手法需要至少 28 课时。

3. 对摆拳的挡打结合 Parry and punch for hook

攻击目标：防御对方摆拳（或扇掌），同时进行直拳击打。

技术点评　本技术兼具攻击与防御作用。在裸拳格斗中实用性更强。因为拳击手套和 MMA 竞技分指手套对手腕有保护，格挡威力会降低，所以在有拳套格斗中实用性不强。

动作技术:

a.对方使用45度角下抡拳攻击我方头部或颈部,我方掌心向前,同侧前臂举过头顶,肘关节呈45度,用前臂尺骨侧防斜上方的斜劈攻击。用以格挡斜劈抡拳或斜位举臂下刺的腕部(图2-99)。

图2-99

b.对方使用摆拳或平勾拳攻击我方头侧或脸部时,我方同侧手上举,掌心向前,做举手投降状,肘关节呈90度,用前臂尺骨侧防横向的摆击。用以格挡大摆拳、平勾拳或水平划刀的腕部(图2-100)。

提示:训练可能会造成对方腕部瘀青,但在训练熟练后,对方就可以轻快攻击,降低瘀青出现概率和严重程度。

图2-100

对摆拳的挡打结合训练:对方随机使用左手抡拳、右手抡拳、左手摆拳(或平勾拳)和右手摆拳(或平勾拳)攻击我方,我方随机应对,充分训练应激状态下的反应速度。

4. 对勾拳的挡打结合 Parry and punch for uppercut

攻击目标:防御对方下勾拳或者肋击,同时进行直拳击打。

技术点评　本技术兼具攻击与防御作用,在裸拳格斗中实用性更强。由于拳击手套和MMA竞技分指手套对手腕有保护,格挡威力会降低,所以在有拳套格斗中实用性不强。

动作技术(图2-101):对方使

图2-101

用右手下勾拳攻击我方下巴，我方左手掌心朝后，用左前臂尺骨向下砸击对方勾拳的手腕内侧，同时出右直拳攻击对方面部，下格挡与直拳同时发出。

对勾拳挡打结合的训练：双方可戴护腕训练，要求对方发出勾拳时不要让我方看出规律和预兆，尽可能接近实战。

5. 反雁形手格挡 Reverse eaglewings-hands parry

攻击目标：拦截对方下位捅刺持刀手的手腕。

技术点评　本技术旨在拦截下位捅刺持刀手的手腕，为后续侧位直肘卷腕关节技创造条件。同时本技术和雁形手格挡形成拦截下位捅刺关节技的对称技术。

动作技术（图 2-102a~b）：

我方呈左脚和左手都在前的格斗势站立，当对方右手持刀向我方左下腹捅刺时，我方右脚迅速后撤步同时前躬身，用左手下搪手格挡对方右手腕脉搏处及手腕内侧，同时伸右手从我方左手上面交叉穿过，从对方手腕外侧牢牢贴住其右手腕背侧（右手在上，左手在下，两腕靠紧，掌背向内，双掌形成大雁的形状，但手位与雁形手相反）——形成反式雁形手，对对方持刀手腕进行粘连控制。

图 2-102a

后续关节技夺刀技术请参见本书第六章。

反雁形手格挡的训练：对方持橡胶刀下位捅刺攻击，我方使用反雁形手进行格挡训练；对方可以背后换刀，我方使用相应方向的反雁形手格挡。

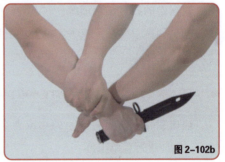

图 2-102b

6. 地面雁形手格挡 Eaglewings-hands on the ground parvy

技术目的：在地面位防御足球踢。雁形手在站立位防御刀法或者腿法也可以使用。

技术点评 该技术作为仰卧位对防守失利的补救方法。倒地仰卧后，我方应尽量用双脚对准对方正面，试图用仰躺踹击防守。但若对方抢先绕到我方身侧并使用足球踢，我方要立刻做出反应，用交叉手位进行防御并使用反向踝锁破解足球踢。

动作技术（图2-103a~d）：

我方仰躺于地，对方呈站姿在我方身体左侧向我方头部左侧发动右脚足球踢。

我方左臂在下，右臂在上，成交叉手位，用交叉手位的夹角阻挡对方的踢击。

然后我方右手抓对方右腿跟腱处下压，使对方右脚脚尖点地，左前臂向上弯用肘窝夹住对方踝关节前端，同时右手抓住左手腕形成锁技（此时对方右脚脚面在我方左上臂外侧，小腿胫骨末端处被我方左臂肘窝夹住）。

然后我方抬左腿用小腿横向压住对方右腿腘窝，接着右腿腘窝压住左腿脚尖处形成三角锁技。

地面雁形手格挡的训练：轻快训练法，此处不做详述。

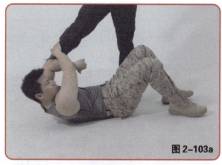

图2-103a

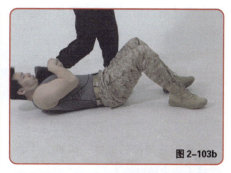

图2-103b

图2-103c

图2-103d

第四节　以色列格斗术的摔投技

1. 肩胛背负投 Hold-scapula hip throw

攻击目标： 通过摔投将对方身体摔到地面上。

> **技术点评** 摔投对方（近身侧位），为后续攻击或者抓捕创造条件。但是当轻体重者应对重体重者时，使用成功率不高。

实战应用中动作技术：

对付近距离侧向双手掐颈——反掌抖击＋肩胛背负投（图 2-104a~e）

特点： 利用特殊攻击和摔投法对付近身双手掐颈的对手。

当对方双手从我方右侧近身掐我方脖颈时，我方先用右手反掌抖击对方，然后右手从对方背侧大开掌抓其右侧肩胛骨，左手抓其右臂肘后。

图 2-104a

伸右腿上步别于对方右腿前侧，然后右腿向后绊并用右臀上挑对方躯干，同时右臂向前带，左臂向前拉，使对方从我方右背和右臀上滚过。

肩胛背负投的训练： 按照上文动作技术要求摔投沙人。

图 2-104b

图 2-104c

图 2-104d

图 2-104e

2. 铲斗投 Scooping throw

攻击目标：通过铲斗投抄腿砸摔，使对方后背着地以受伤。

技术点评　对方近身并在我方后方，同时我方可以将一条腿绕到对方两腿之后时，可使用本技术。

实战应用中的动作技术——摆脱后方双手抓双肘（图 2-105a~e）

当被对方从后方抓住双肘时，我方左脚迅速向斜后撤步，右脚转过对方左侧大腿并插入对方腿后；同时我方半蹲弓身双手向后伸（右手从对方身前向后伸，左手顺势向后伸），抓住对方大腿后侧腘窝（膝盖后侧），然后蹬地挺身（像挺举那样）将对方双腿举起向后砸摔。

铲斗投的训练：铲斗投砸摔沙人。

图 2-105a

图 2-105b

图 2-105c

图 2-105d

图 2-105e

3. 前锁颈舍身滚地投 Guillotine，back roll and takedown

攻击目标：通过摔投使对方背部着地而受伤，同时使对方处于格斗不利位置。

技术点评　我方在近身且可以从前侧锁对方头颈的位置时，可使用本技术。

实战应用中的动作技术——应对对方前方锁颈（图 2-106a~j）

该技术是"右左连续抖击 + 舍身滚地投 + 骑乘位攻击"的组合。

图 2-106a

图 2-106b

图 2-106c

图 2-106d

图 2-106e

图 2-106f

图 2-106g

图 2-106h

图 2-106i

图 2-106j

以对方从前方用右臂断头台锁颈为例，我方右左手连击抖击对方，然后右臂对其进行断头台锁颈。

同时我方右脚上步插入对方两腿之间，左手抓对方右大腿前裤子（或指尖向下按住对方大腿），左臀下蹲到最低点时顺势向后倒地并后滚翻。

同时手臂锁对方颈部向后抛，左手推对方右大腿前侧向后挑再向后抛。最终，在我方后倒的同时，成功将对方从我方头上向后投摔。

与对方一同倒地后，我方迅速翻身呈骑乘上位压制对方。

后面可以接骑乘上位对对方砸拳、肘击等。

前锁颈舍身滚地投的训练：舍身滚地投摔沙人。

4. 山谷砸摔 Valley thrower falls

攻击目标：通过摔投使对方背部着地而受伤，同时使对方处于格斗不利位置。利用我方身体的体重追加砸摔，攻击威力更大。

> **技术点评** 本技术适用于对方位于近身前方的情况，我方可利用主动后倒产生的力量完成投摔。

动作技术（图 2-107a~e）：我方在对方左侧左后方，紧贴对方身体并将右腿别于对方双腿后侧，同时我方伸右臂从对方颈前掠过并向后拉对方颈部（也可以进行鼻推技术），左手抄起对方左腿腘窝；两手一同向后用力，主动后倒舍身，使我方身体体

图 2-107a

图 2-107b

图 2-107c

图 2-107d

图 2-107e

重追加砸到对方身上。

提示：如果敌人呈前躬身位时该技术很难成功，需要用右手进行鼻推技术迫使对方仰头，从而使对方从前躬身位转换成仰头并后躬身位。鼻推技术，在下文的整合版以色列格斗术特殊摔投技术中将有所介绍。

山谷砸摔的训练：摔沙人训练。

5. 背人后跳砸摔 Rear breakfall with loading person

攻击目标：舍身砸摔并追加我方的体重使对方后背着地受伤。

技术点评 本技术对使用者的力量要求很高，如果后方攻击者体重远大于使用者，则成功率会有所下降。

实战应用中的动作技术——对付后方连臂熊抱（图2-108a~e）

当对方从后方连臂熊抱时，我方迅速下蹲，手向后抓对方大腿后侧或

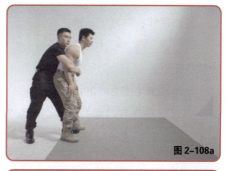

图2-108a

图2-108b

图2-108c

图2-108d

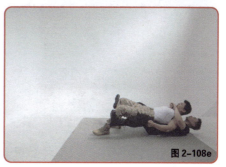

图2-108e

臀部下侧，然后前躬身并拉紧对方进而将对方背起来；跳起并逆时针转身180度，同时向身后再次跳跃舍身躺倒，将对方压砸于我方身下。

提示：

（1）向后跳起时可身体鱼跃跳起，就像跳高运动员的背越式起跳，这样将增加砸摔效果。

（2）整个动作过程通过两连跳完成。

背人后跳砸摔的训练：背沙人砸摔训练。

6. 颈椎锁绊摔 Takedown with wrench neck lock

攻击目标：对方的颈椎。

技术点评 本技术通过给对方颈椎施加扭转力造成摔投效果，在竞技格斗中禁止使用。

动作技术（图2-109a~d）：

当对方在我方前面并近身时，我方伸左臂抓其头后头发（或抓其头左侧耳朵），同时右手成掌推对方面部，要求掌根向上对对方两鼻孔间的软骨发力，同

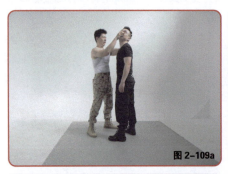

图2-109a

图2-109b

图2-109c

图2-109d

时可以用拇指、无名指和小指分别抓击对方的面部；左右手同时快速逆时针发力，同时我方身体左转 90 度，左脚左后撤步使对方头被我方控制；最终将对方摔倒在地。

颈椎锁绊摔的训练：禁止拿真人训练。

7. 外侧腕锁投摔 Outside wrist lock and throw

技术目的：利用腕关节技投摔对方。

技术点评 合气道中将本技术称为小手反。但是在以色列格斗术中使用本技术时结合了打击技与站立控制等前导技术，比合气道单独使用的成功率更高，且放在应对直拳控臂后使用，或者在夺武器中使用本技术，效果更好。

动作技术（图 2-110a~d）：我方左手抓对方右手腕外侧，用力向我方左后方拉拽对方，使对方身体失去平衡。伸右手滚推对方右手掌背使其手腕向内卷折，同时我方左腿后撤步左转身 180 度，利用卷腕转身投使对方摔倒。

然后双手抓对方手腕，顺时针悬拧对方手腕，同时右手继续用力向下卷折对方右手腕，左手抓牢对方右手腕。

图 2-110a

图 2-110b

图 2-110c

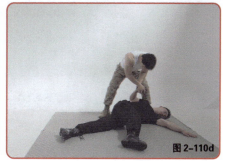

图 2-110d

后面可接拉臂踩踏或足球踢。

提示： 要点是拉对方一个手腕，尽可能让其手臂伸直，身体前倾，并向下压其手腕，然后接我方右手滚推其手背时才能增加摔投效果。简单来说，让对方向前倾并失去重心，同时利用扭转腕关节的疼痛效果完成摔投动作。

外侧腕锁投摔的训练： 我方和对方进行小发力加受身的训练。

8. 入身摔 Close and throw

技术目的： 利用对方移动时重心不稳的条件实施摔投。

技术点评　合气道中也有相同技术，实战中成功率有限，尤其是力量小者应对力量大同时不喜欢移动重心的对手，成功率更有限。

动作技术（图 2-111a~f）： 我方双手拉住对方右臂并向后拉拽，同时右脚后撤步并使身体 90 度右转牵引对方；右前臂桡骨侧抵住对方咽喉，左脚后撤步并身体左转 180 度将对方带倒。

图 2-111a

图 2-111b

图 2-111c

图 2-111d

图2-111e

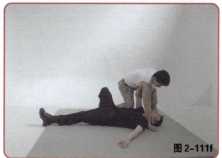

图2-111f

提示：

（1）作为旋转轴的那条支撑腿要微调与对方的距离以使动作完成充分。

（2）拉臂动作如果无法产生使对方被牵引移步的效果，入身投的成功率将大大下降。

（3）利用上文的桡骨击喉技术进行入身投攻击，会有效提高技术成功率。

入身摔的训练：小发力加受身的训练。

9. 夹颈臀投 Hold-neck hip throw

技术目的：背摔对方。

技术点评　若对方过矮过胖，夹颈臀投的成功率会下降。

动作技术（图2-112a~f）：当我方和对方成双手抓双肩的摔跤架势时，我右臂摆脱对方左臂的纠缠且右脚上步到对方右脚右侧，以右脚为轴身体左转，同时撤左腿。同时左手拉住对方右手腕并向下拉，右臂从左至右搂缠住对方脖子并抓其右肩，向前躬身，臀向后顶，将对方从背后摔投而出。

图2-112a

图2-112b

图 2-112c

图 2-112d

图 2-112e

图 2-112f

要求：上步转身、搂颈、拉臂、躬身、顶臀一气呵成，完成此动作。

夹颈臀投的训练：摔投沙人训练。

10. 拉臂臀投 Double-grab hip throw

技术目的：背摔对方。

技术点评 若对方过矮或过胖，拉臂臀投的成功率会下降。

动作技术（图 2-113a~f）：我方右脚上步到对方右脚右侧，以右脚为轴身

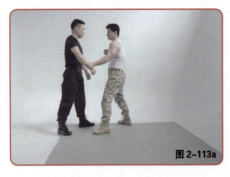

图 2-113a

图 2-113b

图 2-113c

图 2-113d

图 2-113e

图 2-113f

体左转，同时撤左腿；左手拉住对方右手腕并向下拉，将右臂搂缠对方脖子改成右臂从对方右腋下掏入并从对方右肩外侧抓住其右肩，向前躬身，臀向后顶，左手和右手同时下拉对方臂部将其从背后摔投而出。

拉臂臀投的训练：摔投沙人训练。

11. 大腰臀投 Hold-waist hip throw

技术目的：背摔对方。

技术点评 大腰臀投比夹颈臀投及拉臂臀投使用成功率更低，尤其是对方腰围过大时。

动作技术（图 2-114a~e）：

我方右脚上步到对方右脚右侧，以右脚为轴身体左转，同时撤左腿；左手拉住对方右手腕并向下拉，右臂从左至右抱对方腰部，向前躬身，臀

图 2-114a

图 2-114b

图 2-114c

图 2-114d

图 2-114e

向后顶，左手下拉对方手臂，右手抱腰，一同发力，将对方从背后摔投而出。

大腰臀投的训练： 摔投沙人训练。

提示： 三种臀投的要点。

（1）我方右腿在对方右腿右侧。

（2）拉对方右臂的手向地面上摸，以增加动作完成的幅度。

（3）臀部向后顶。

（4）臀投后要接后续攻击才有实战效果，例如拉臂踩踏、十字固、地面砸拳等。

12. 外侧臂锁转身投 Turn and takedown with outside arm lock

技术目的： 通过肩关节技完成站立投摔。

技术点评 本技术如果和前导的打击技或摔投技结合，效果更佳。本技术在早期的 MMA 竞技国际赛事中屡有使用。

动作技术（图 2-115a~d）： 我方左手抓对方右上臂外侧，右手抓对方右肩上侧。

　　然后右手从对方右上臂外侧自上而下掏入对方上臂内侧并抓住我方左手手腕形成外侧臂锁；以左脚为轴，身体顺时针旋转大于 90 度，同时顺时针扭转对方右臂使对方肩关节过度旋转；与此同时我方向下前躬身以增加对对方右肩关节的伤害，甚至使对方被投摔倒地。

　　对方倒地后，我方可继续扭转其手臂，以最终迫使其就范。

图 2-115a

图 2-115b

图 2-115c

图 2-115d

提示：

　　（1）外侧臂锁时，如果我方左手抓住对方前臂末端，则施展外侧臂锁，这样不但可以对其肩关节造成伤害，也可同时对其肘关节造成伤害。

　　（2）如果我方左手抓对方右手腕或手背，施展腕挫外侧臂锁，则会增加对对方腕关节的伤害。具体做法是，在臂锁成型并迫使对方躬身受控时，用左手下压对方右手背产生向内卷腕的效果——以形成战术格斗中的侧位直肘卷腕定势关节技。

　　（3）在使用外侧臂锁时，调整对方右肘关节的曲直程度，可形成曲臂外侧臂锁和直臂外侧臂锁。曲臂外侧臂锁和直臂外侧臂锁的区别在于，前者对肘关节没有伤害，只攻击肩关节；后者对肩关节、肘关节均造成伤害。

（4）夹臂外侧臂锁即我方不用右手抓自身左手腕形成闭合的锁，而是利用步伐和全身整体发力直接对对方肩关节造成伤害的外侧臂锁。此技术在不便抓握的情况下也可以使用。

动作详解： 我方右臂从对方右上臂外侧向内掏入后，顺势用自身右肘窝和腋下夹住对方右上臂，然后我用左臂外侧向上挑起对方右臂，最终使对方右臂在其背后被高高举起。

同时，以左脚为轴，身体顺时针旋转大于90度，同时顺时针扭转对方右臂使对方肩关节过度旋转；与此同时我方向下前躬身并用左肘窝夹住对方右前臂，同时用我方前胸下压对方右前臂以增加对其右肩关节和肘关节的伤害，甚至对方被投摔倒地。

外侧臂锁转身投的训练： 摔投沙人训练或者双人轻力快速训练。

13. 接腿绊摔 Hold-leg sweepdown

技术目的： 当对方扫腿攻击时，接腿并投摔对方。

技术点评　本技术只对中段扫腿有效，高段扫腿可以部分运用此技术。而对于对方攻击我方膝关节及以下区域的低扫腿，由于很难接到，所以很难使用本技术。

动作技术（图 2-116a~c）： 对方右鞭腿或右扫腿攻击我方左身侧

图 2-116a

图 2-116b

图 2-116c

（攻击区域为大腿到肋段），我方右脚迅速向右跨出一步向右闪身并用左前臂向下搓挡对方右鞭腿小腿外侧并顺势将对方右腿抱住，同时我方伸右手抓住对方右肩控制双方距离。然后我方伸右腿于对方左腿后，向后绊摔并用右手向前、向下推对方右肩，同时左臂上拉对方右腿，使对方倒地。

对方倒地后，我方接直拳击打对方腹股沟。

接腿绊摔的训练：摔投沙人训练。

14. 窝式插掌绊摔 Sweepdown with insert throat-down

技术目的：攻击对方喉部，利用对方喉部疼痛完成摔投。

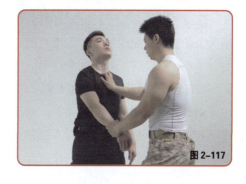

图2-117

技术点评　本技术为攻击喉部的特殊摔投技，在竞技格斗中通常禁止使用，但实战中比较好用。

动作技术：

（1）窝式插掌（图2-117）：手呈掌形，四指微向内抠，手掌像倒扣的碗一样。用向内抠的四指向下、向前插击对方喉下窝，使对方因咳嗽或作呕而向后躺倒。

（2）窝式插掌+绊摔（图2-118a~c）：可在窝式插掌插击对方喉下窝的同时辅以左手拉对方右臂和

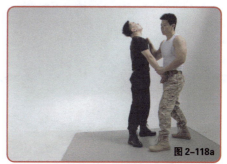

图2-118a

图2-118b

图2-118c

右脚别于对方右脚后的绊摔，同时辅以我方腰部的左转，以加强迫使对方躺倒的效果。

提示： 窝式插掌绊摔时要尽可能贴近对方，左手要拉住对方，后绊的腿要用力向后爆发性绊踢。否则技术很难成型。

窝式插掌绊摔的训练： 沙人训练。

15. 腋下技控制与摔投 Takedown with oxter lock

技术目的： 利用肩关节反关节位完成控制与摔投。

图 2-119a

技术点评 本技术利用对对方肩关节的控制，完成摔投。需要有前导技术相配合，实战效果才会明显。该技术可以作为关节技控刀的技术。

动作技术（图 2-119a~e）： 双手下位抓对方手腕（左手抓对方腕背侧，右手抓对方腕内侧），向左前方

图 2-119b

图 2-119c

图 2-119d

图 2-119e

上右步，从对方右腋下钻过，并转身 180 度，使对方处于背侧卷肘卷腕状态。我方右手顺势拉对方右肘窝内侧，在站立位用双手将对方控制住。然后伸左脚绊摔于对方右脚前侧，同时扭动对方右臂，即可将其扭倒摔投。

腋下技控制与摔投的训练：双人轻力训练。

16. 肩上直角锁摔投 Right angle lock–throw on the shoulder

技术目的：利用肩关节和肘关节反关节效果，完成摔投。

技术点评　本技术仍然需要前导技术配合才有更好的实战效果。本技术可以作为控刀的关节技技术。

动作技术（图 2-120a~d）：双手下位抓对方手腕（左手抓对方腕背侧，右手抓对方腕内侧），然后向左前方上右步，向左转身，同时右臂从对方右腋下钻过，逆时针旋对方手臂并举其手臂，使对方右臂肘关节在其肩上成直角位，我方拉臂背负投，即可产生反关节位摔投效果。

肩上直角锁摔投的训练：右臂沙人训练。

图 2-120a

图 2-120b

图 2-120c

图 2-120d

第五节　以色列格斗术的地面技基础

一、以色列格斗术的地面打击技

1. 地面直拳 Ground punch

攻击目标：对方（地面下位）的头面部。

技术点评　地面直拳在 MMA 竞技中也经常使用，裸拳地面直拳攻击威力更大。

动作技术（图 2-121a~b）：我方呈骑乘上位或者横四方位的上位，一手压住对方，另一手高高抬起，肩关节内旋并内收，爆发性用力向下直拳攻击对方的面部。攻击时身体可以略起身，利用上半身重力的加成使地面直拳威力更大。

地面直拳的训练：击打摔投沙人训练。

图 2-121a

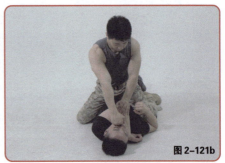
图 2-121b

2. 肘击腹股沟 Elbow to groin

攻击目标：腹股沟。

技术点评　本技术为竞技格斗禁用技。在摔投技完成上位压制后（对方为躺倒位），以色列格斗术首选的打击要点不是头面部，而是腹股沟；同时首选的攻击方式是威力更大的肘击，以达到一招制敌的效果。

动作技术（图 2-122a~b）：双方为四方位压制，我方在上位并在对方身体中段。我方首选起右肘，全范围肩关节内旋并内收，用肘部击打对方腹股沟。

本技术在南北位压制时使用更加方便。

本技术的训练：攻击地面的摔投沙人。

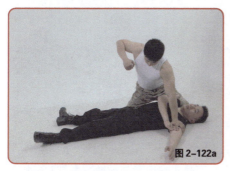

图 2-122a

图 2-122b

3. 对地攻击砸肘 Ground elbow

攻击目标：头面部。

技术点评 只要对方处于地面被压制位，打击技的攻击除了攻击眼球和喉部的特殊攻击外，首选肘击，这在实战中意义重大。此技术在MMA竞技中迁移效果很好。

动作技术：我方处于蹲位或跪位，对方处于仰躺位、俯卧位或侧卧位时，我方用自上而下的砸肘对对方进行攻击。注意发动地面攻击砸肘时也要借助蹬腿转腰的全身发力，同时可以把自身体重施加到肘部以增加攻击威力。

对地攻击砸肘：

（1）对地攻击的平击肘 Ground parallel elbow（图 2-123a~b）：用

图 2-123a

图 2-123b

于骑乘上位、横四方位上位或南北位上位。

（2）对地攻击的下砸肘 Ground vertical elbow（图 2-124a~b）：用于横四方位上位。

图 2-124a

图 2-124b

（3）对地攻击的碾压砸肘 Rolling elbow（图 2-125a~b）：所谓碾压砸肘，即不需要地面平击肘那样的抬臂蓄力，而是直接用肘部前臂端击打并碾搓的肘法。多在横四方位上位使用。

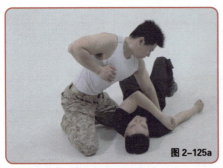
图 2-125a

图 2-125b

提示： 三种地面砸肘的动力链。

（1）对地攻击的平击肘：我方呈蹲位或跪位，屈肘抬臂，肩关节向下环转，使用肘关节前臂尺骨侧向下砸击。

（2）对地攻击的下砸肘：我方呈俯卧位，屈肘抬臂，肩关节由水平屈位向后伸位快速转动，使用肘部或者肘关节上臂侧攻击。

（3）对地攻击的碾压砸肘：我方呈蹲位或跪位，屈肘且肩关节后伸蓄力，然后快速向前屈曲肩关节，并将肘关节前臂尺骨侧向目标上搓砸。

对地攻击砸肘的训练：攻击地面摔投假人。

4. 天踢 Sky kick

攻击目标：腹股沟、膝关节。

技术点评　本技术在 MMA 竞技中已经被禁用，但是在防身自卫的危急时刻，仍是有效的一击。

动作技术（图 2-126）：倒地后平躺，单腿向胸前收，使大腿与膝盖几乎触及胸部以起到蓄力作用，然后向前向上蹬腿，以攻击站立方的裆部、腹部、胸部、颈部和面部。此技法可出其不意打击对方，且攻击时多以我方的起跳腿作为主力攻击腿。

图 2-126

专项体能训练：

（1）高位仰卧举腿：平躺于垫上，腰、腿共同发力将双腿向上举起，尽量使臀部和腰部离开垫子。举腿时呼气，放下时吸气。

（2）仰卧收腿蹬出：倒地后平躺，双腿向胸前收，使大腿与膝盖几乎触及胸部以起到蓄力作用，然后向前向上快速蹬出。

（3）上下二连击＋快速站起训练：一次高位蹬击迅速接低位蹬击。用以模拟实战中第一腿攻击对方面颈部，第二腿迅速攻击对方腹部，将对方蹬出以拉大双方距离，然后接快速站立技术站起。

天踢的训练（图 2-127）：天踢对方手持大胸靶训练。

图 2-127

5. 分腿踢裆 Split legs and sky kick

攻击目标：腹股沟。

技术点评 本技术为竞技格斗禁用技。我方倒地后，对方呈站立位，使用该技术有出奇制胜的效果。

技术动作（图2-128a~c）我方倒于地上，面对对方正面。我方出其不意地把双脚伸向对方两腿之间，用双脚向外勾踢对方脚踝内侧使其叉开腿，接着我方右脚向上踹击对方裆部。攻击得逞后，迅速接快速站立技术站起身。

图2-128a   图2-128b   图2-128c

6. 地面骑乘上位打击

（1）击喉与拳法交替原则 Attack throat and punches alternation principle

攻击目标：面部。

技术点评 在击打对方面部的间歇，可以利用手指插击对方喉部，扰乱对方的防守节奏，以求快速将对方击倒，使其失去攻击能力。

动作技术（图2-129a~c）：

我方呈骑乘上位。如果对方喉部有空档，直接利用四指插击对方喉部，待对方收下颌并屈曲颈部防守时，我方可以左手绕到对方脑后抱头回拉，并用右拳连续攻击对方面部；如果对方向后仰头防御，我方可继续四指插击对方喉部，或者双手掐颈。以此类推。

图2-129a

图 2-129b

图 2-129c

训练： 摔投沙人训练或者和对方戴分指拳套轻快训练。

（2）膝顶夹臂扳头击打 Knee push, clip arm, pull head, and punches

技术目的： 地面上位的控制型打法。

技术点评　光膀的对手更容易从控制中逃脱，而对于穿衣服的对手，此种控制型打法攻击效果更好。

动作技术（图 2-130a~b）： 地面单膝压制位上位开始。我方左脚踩地，右膝跪在对方胸上，左臂夹住对方右臂（左手抓对方右肘），右手拉对方后脑往怀中带。接左手拉臂，右拳或右肘攻击。

提示： 为防止对方左拳反击，我方用力将右膝向前顶压对方胸骨处，同时伸直右臂向后拉对方后脑，左臂夹对方右臂并将身体向后，以拉开双方距离，使对方左拳无法攻击到我方。

技术训练： 柔术沙人训练。

提示： 整合版以色列格斗术的骑乘上位特色控制技在第五章详细介绍。

图 2-130a

图 2-130b

二、以色列格斗术的地面控制技基础

1. 压鼻站立技术 Push nose and stand

攻击目的：为摆脱地面缠斗创造条件。

技术点评　本技术旨在利用对方鼻部疼痛并限制呼吸的状态，使我方完成由地面体能模式到站立体能模式的转换。在复杂的战术格斗以及街头格斗中，站立体能模式比地面体能模式更有利。

动作技术（图 2-131a~b）：双方呈横四方位，我方在上位，我方用右手按对方鼻子左侧并向右、向下压以使对方头向右转动，借对方出手护脸之时，我方迅速以右手撑对方鼻子并将其作为支撑点，左手按对方胸部，转身站立。站立后可以接踩踏或足球踢。

压鼻站立的训练：压鼻快速站立对沙人训练。

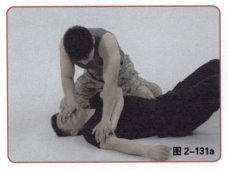
图 2-131a

图 2-131b

2. 膝顶地面控制 Ground knee push and control

攻击目的：利用膝盖压地面下位对手的胸部或颈部，辅助完成短时地面上位控制。

技术点评　作为中间技术，本技术通常需要与后续的攻击技术、降服技术或者抓捕技术结合使用才有实战效果。而实战中，膝顶地面控制可以配合语言控制技术，也可以单独使用。

动作技术（图 2-132）：对方躺倒，我方在上位并在对方右侧，我方右膝跪在对方胸口并向喉部方向前顶用力，左脚踩实地面，左手拉住对方右腕（或左臂夹住对方右臂），用右手对对方面部进行攻击。

膝顶地面控制的训练： 击打摔投沙人训练。

图 2-132

3. 腿锁 Legs lock

技术目的： 控制地面位对方的腿部，使我方攻防处于有利位置。

技术点评 本技术为地面防御性辅助技术或者控制技术，可为我方进一步的地面攻击创造条件，也可能直接对对方膝踝关节造成痛伤效果。

动作技术（图 2-133）： 我方为躺位，对方呈跪骑位，我方双腿由外向内缠住对方腿部并同时脚腕从内向外缠住对方脚腕；与此同时，双腿向下蹬踹以对对方腿膝关节产生反关节作用，迫使对方身体靠近我方身体——形成腿锁。

图 2-133

腿锁也可以在地面上位时使用。

4. 骑乘上位腿锁 Legs hold from the mount

技术目的： 在骑乘上位控制对方，使对方无法翻转的技术。

技术点评 本技术为控制型辅助技术，可能造成对方膝关节或踝关节疼痛。

动作技术（图 2-134）：

骑乘位开始，我方在上位，对方在下位。

我方双脚从对方两腿下面腘窝外侧穿入，并用脚尖勾住对方胫骨前

图 2-134

侧。方法和被对方跪骑位后的钩腿拉近技术一样。

然后我方双手扒地，用力蹬直双腿即可对对方腿部产生反关节作用。后续可接腿锁后的地面砸肘。

5. 地面袈裟固位 Belly Scarf Hold position

技术目的：压迫对方颈部，迫使对方失去反抗能力。

技术点评 大体重者使用该技术成功率会增加。本技术作为一种控制位可以接后续攻击技术。

动作技术（图2-135）：我方在对方右侧侧卧压制位，对方仰卧，我方两腿分开侧卧压制。我方用左手抓住对方右臂，使其右臂位于我方左腿上侧，并使对方右臂尽可能伸直。我方用左臂肘弯夹住对方右前臂。

图 2-135

我方伸右臂绕过对方后颈，用右肘窝肱二头肌压住对方颈部左侧，右手和左手扣握，并用腋下向对方喉部位置下压，右臂尽量桡骨侧向上，两手扣握。

提示：我方臀部抬起将身体更多体重压向对方颈部，以使袈裟固绞锁颈部效果更加明显。

技术训练：柔术沙人训练或者真人训练。

6. 袈裟固位上位击打 Punches in the Belly Scarf Hold

技术目的：袈裟固形成后，如果对方难以被绞技致晕，可以接打击技术，为后续攻击创造条件。

技术点评 袈裟固位接打击技后，要做好迅速转变成四方位压制或者骑乘位的准备。

动作技术（图2-136）：袈裟固位开始。我方右臂锁颈，可接左拳击

图 2-136

对方面部和下颌，然后迅速接四方位上位压制，使用左膝地面膝攻击对方头部。

技术训练：摔投沙人训练。

提示：整合版以色列格斗术的架裟固位上位特色控制技在第五章详细介绍。

7. 架裟固位转骑乘位压臂控制训练 Belly Scarf Hold to Mount

技术目的：训练地面上位几种压制位的转换。

技术点评 地面上位各种压制位的转换很重要，在这些压制位变换掌握熟练后，一定要加入攻击性关节技、绞击、打击技才有真正的实战效果。

动作技术（图2-137a~e）：

由我方压制对方右侧架裟固位开始；

接收右腿，左翻身，呈我方推对方右臂的横四方位上位；

接南北位控臂，即呈头侧跪骑位上位，同时用大腿和右手始终按住对方右上臂使其无法伸展；

然后，左手拉对方右臂，右手向里推对方左上臂，把对方左臂尽量挤压在其右臂之下，使其左右臂交叉在胸前，同时继续拉其右臂，我方变成左侧横四方位上位；

接片腿骑，同时用前胸压住对方交叉在胸前的双臂；

身体前压，右手拉对方右臂，左手拉对方左臂，使对方双臂在对方头颈部交叉，形成环锁。

技术训练：摔投沙人训练。

图2-137a

图2-137b

图2-137c

图 2-137d

图 2-137e

第六节　以色列格斗术的关节技与绞技

一、站立关节技选讲

1. 纳尔逊肩颈锁 Nelson hold

技术目的：站立位后方控制对方行动。

技术点评　本技术为站立位后方控制对方行动的技术，被战术格斗改进后形成了双人战术抓捕与双人战术夺刀的前导技术，后面需要接基于纳尔逊肩颈锁的双人联合摔投技术与上铐技术。

动作技术（图 2-138）：我方在对方身后，双手从对方腋下掏过，向前、向上伸，双手掌按住对方后脑并下压，使对方前躬身、低头且肩关节外展后失去反抗能力。对方的双肩关节和颈椎将非常难受，被迫被我方控制。

图 2-138

纳尔逊肩颈锁的训练：双人快速训练法。我方在对方走动或者站立时偷偷接近对方，快速施展技术，然后换对方使用。关键点是出其不意和快速完成。

2. 眼镜蛇控制 Cobra lock control

技术目的：站立控制的一种方式。

技术点评　本技术在偷袭或者对方疲累时的实战效果更好，在正面冲突中成功率有限，但是作为一种手部的警察锁方式以及控制夺刀的方式，技击意义很大。

动作技术（图 2-139）：我方呈左脚和左手都在前的格斗势站立，迅速左上转步站于对方右臂外侧（双方呈 L 型站位），伸左臂从对方右臂下侧掏入并由下至上抱住对方右上臂向上拉（用我方的左上臂将对方右上臂向上挑起，双方两上臂相互垂直，且肘关节均成直角）。我方迅速伸右手（掌心向下）卷折对方右手腕，使其

图 2-139

右腕过度屈曲，同时我方左手按在自身右手上，两手一同用力卷折对方右手腕，迫使对方无法反抗并就擒。我方继续用力卷折将对方彻底控制——此时对方被控制的右手臂就像一只昂起头的眼镜蛇，所以该技术叫作眼镜蛇控制法。

提示：也可将对方的右肘关节顶在我方的胸前，我方双手向下卷折对方右腕的同时，用力向上向前顶胸，以增加对对方右腕的压力，加强控制效果。

眼镜蛇关节技的训练：双人快速随机轻力训练。

3. 以色列式警察锁 Israel shoulder-neck lock

技术目的：形成站立位控制，并可在没有手铐的情况下带离对方。

技术点评　本技术为利用肩关节和颈椎关系的联合关节技，单独对有防备的对手使用成功率有限，需要和前导技术结合使用，效果更佳。

动作技术（图 2-140a~c）：以抖击作为前导技术为例。双方面对面站立，我方偷偷接近对方，突然出左掌抖击对方，接着上右步，右手插入对方左臂肘弯，左撤步转身 180 度的同时用右肘肘弯旋拧对方左臂肘弯，使对方前躬身并向

图 2-140a

图 2-140b

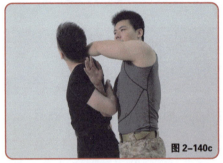

图 2-140c

右扭转上身。我方再左转步90度，出左手向后扳拧对方下颌并左转身，使对方右肩和颈部均被锁住。我方向前疾走，对方即被控制。

4. 外侧臂锁警察锁 Outside arm lock for arresting

攻击目标：形成站立位控制，并可实现短距离带离对方。

技术点评　本技术属于站立肩关节技。外侧臂锁在站立控制技中的运用，比较简单易学。

动作技术（图 2-141a~b）：我方伸左手抓对方右手背并向上托，产生内卷腕效果（使对方右掌心朝后朝上——抓对方右手腕背侧也可以）。接着我方

图 2-141a

图 2-141b

右手从对方右上臂外侧向内掏入肘窝内侧并抓住自身左腕，形成对对方右臂的外侧臂锁。我方撤左步逆时针旋转即可将对方扭倒在地。也可不扭倒，短距带离对方。

5. 站立肘固警察锁 Straight elbow policeman lock

攻击目标：形成站立位控制，并可实现短距离带离对方。

技术点评 本技术属于站立肘关节技，在中国擒拿术中也是常用技。

动作技术（图2-142）：我方站于对方左侧，左手抓对方左手掌指上翻，右手从对方左臂后侧掏入形成杠杆，别于对方上臂后侧，使其左臂伸直，左肘窝朝上。我方左手下压，右手臂向上发力别折，同时右手抓住自身左手腕，即可产生站立肘固效果，然后可短距带离对方。如果对方反抗，我方则用力别折对方肘关节。

图2-142

二、地面关节技选讲

1. 地面颈椎锁 Wrench neck lock

技术目的：用于地面下位被压制后进行翻转。

技术点评 本技术有一定使用条件，即在可以完全用腿控制对方躯干（例如下位封闭式防守或者下位腿锁后）时，方可使用。

动作技术（图2-143）：我方对对方进行地面位下位腿锁后，左手绕到对方脑后并抓住其左侧头，右手推击其下巴左侧，两手逆时针旋转对方

图2-143

颈部，同时我方腰部也逆时针发力旋转，形成合力，将对方翻转成下位。

2. 小腿切片机 Calf slice

技术目的：我方将小腿别入对方腘窝，从而控制对方于地面位。

技术点评 本技术为地面位关节技的一种，使用时需要前导的摔投技、打击技或者地面移动技术，单独直接使用的概率不高。

动作技术（图2-144a~c）：

对方呈地面俯卧位，我方呈站立位并抓住对方一只脚，将左小腿别入对方右腿腘窝并把对方右小腿压折在我方左小腿上，然后用整个躯干压制对方右小腿及脚踝，即可将对方控制在地面位。

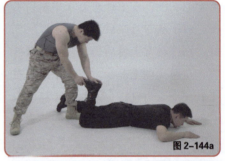

图2-144a

小腿切片机的训练：使用柔术沙人训练。

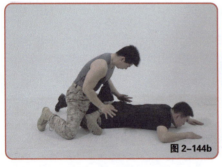

图2-144b

图2-144c

3. 上位十字固 Upper armbar

攻击目标：肘关节鹰嘴。

技术点评 本技术为比较普遍的地面关节技，在巴西柔术以及MMA竞技中经常被使用。

动作技术（图2-145a~f）：

我方从骑乘上位开始，先对对方进行地面直拳攻击骚扰。当对方双手护脸

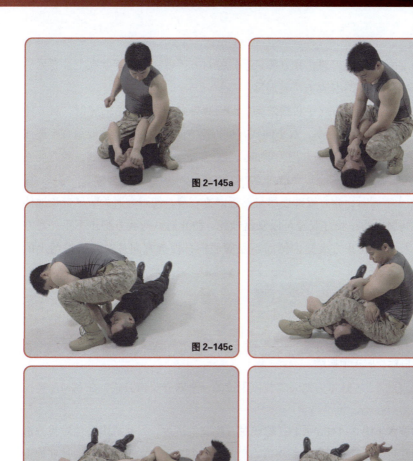

图 2-145a　　图 2-145b

图 2-145c　　图 2-145d

图 2-145e　　图 2-145f

或双前臂护脸时，要抓住机会，以左手勾住对方右肘窝。勾住后立即用左肘窝夹住对方右前臂，回拉对方右臂使其尽量贴近我方的身体；伸右臂抱住对方右肘窝（也可用右臂回拉对方右臂，左臂在下，右臂在上，两臂一同抱住对方右臂）；抬左腿使左脚踏于地面，身体跳起并右转，用左腿覆盖对方面部，右腿覆盖对方胸部。对方呈十字交叉位，我方躺在对方身上，并用双手抱住对方右臂，使其右上臂（拇指向上）在我方两腿之间穿出，形成十字固。然后我方腰往上顶，同时双手用力向下扳折对方右肘关节以制服对方。

提示：

（1）回拉对方手臂时，我方哪只手先拉对方手臂，哪只手就在上；而另一只手则在下，用肘弯勾住对方手臂肘窝。

（2）如果遇到对方双手救援防御，即当我方向下扳折对方右臂时，对方伸左臂抓住其自身右腕或右拳，双手向我方扳折反方向回拉时，我方要用右手握住对方左手的一根或几根手指并用力前推。当对方左手因疼痛而松手时，我方要立即回拉，完成十字固动作，以免被对方再次防御。

（3）十字固时，我方臀部要尽量贴近对方右肩，使对方肘关节尽量长地伸出于我方两腿之间；我方双腿可以双盘锁死，防止对方对我方脚步下手；对方手臂的杠杆支点在我方大腿内侧而不是腹股沟；扳折方向是对方拇指朝上的反向。

上位十字固的训练： 攻击沙人训练。

4. 下位十字固 Under armbar

攻击目标： 肘关节鹰嘴。

技术点评　本技术为地面跪骑位下位的一种防守反击方式，在MMA竞技中应用广泛。

动作技术（图2-146a~e）： 防守对方跪骑位进攻。当对方跪骑位对我方进攻时，我方两手抓对方右臂并将对方右臂牢牢控制在我方的胸前，逆时针在地上转动90度，同时左腿屈膝并向外伸，以使左腿与对方上身异面垂直，我方右腿此时上抬至对方左肋部，与此同时，我方右手向左推对方左脸。然后我方两手抓对方右手并用力向我方右身侧拉；两腿用力上抬，用左腿压住对方左颈，用右

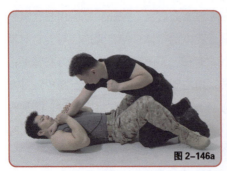

图2-146a

图2-146b

图 2-146c

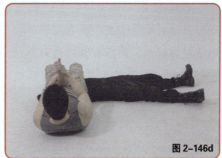

图 2-146d

图 2-146e

腿压住对方左肋并用力下压对方身体使其躺倒，同时我方伸左前臂勾住对方右肘肘窝，最终完成十字固动作。我方臀部贴近对方右肩，使对方右肘从我方的两腿之间拉出，并使对方拇指向上，支点别在我方右腿内收肌位置，完成对对方右臂鹰嘴的攻击。

提示： 当已完成十字固动作，而对方未躺倒时，向上挺髋和双手下压同时发力即可对对方右肘关节造成伤害。

下位十字固的训练： 利用柔术沙人训练，或者进行下位十字固专项体能训练。

三、站立绞技选讲

1. 站立裸绞

详见： 图 2-88 后半部分。

2. 颈式裸绞警察锁 Standing naked choke with grabbing arm

技术目的： 利用颈部站立绞技的临时警察锁。

技术点评　本技术在后方偷袭时使用，实战效果更佳。力小瘦弱者对力大强壮者的使用效果会下降。

动作技术（图2-147）：我方在对方身后准备偷袭。我方左手鼻拉迫使对方仰头，然后右臂绕过对方颈前并锁喉，右手转回来抓我方后脑右侧，形成我方颈臂对对方颈部的围绞；同时我方左臂抓对方左腕后拉控制——形成颈式裸绞警察锁。

颈式裸绞警察锁的训练：利用摔投沙人训练。

图2-147

四、地面绞技选讲

下位三角绞 Triangle choke

技术目的：闭锁对方颈动脉。

技术点评　本技术为地面跪骑位下位的一种防守反击方式。其在MMA竞技中应用广泛，在战术格斗中也是基本技。

动作技术（图2-148a~e）：当对方在地面上位，我方在地面下位的半封闭防守态势时，我方可迅速双手拉对方右臂并挺腰起腿，使我方双腿上抬至对方肩部，右腿横担过对方后脖颈。接着我方双腿内收夹紧，右手向下并向右拉对方右臂使对方右肩和脖颈尽量靠近（使对方右臂闭锁其颈部右侧），同时左手下拉右脚，用左腿腘窝夹紧右脚踝。夹紧对方颈肩后，我方可双手抱住对方后脑向一侧扭拉以增加扭颈效果；

图2-148a

图2-148b

图 2-148c

图 2-148d

也可身体向右扭转使双方身体相互垂直，左手拉对方后脑向右侧拉，右手穿过对方左腋下向上抱并夹紧，或是右手穿过对方左腿腘窝向上抱并夹紧。

成型后，两腿内收夹紧，向前顶腰，双手抱对方后脑向一侧扭颈，即可将对方制服。

图 2-148e

提示： 拉对方右臂，我方右腿横担过对方后颈；拉对方左臂，我方左腿横担过对方后颈。

下位三角绞的训练： 利用柔术沙人训练。

补充：以色列格斗术中的多人组合控制技术选讲

双人组合控制技术 Double combines control

技术目的： 双人偷袭，并快速实现带离。

技术点评 本技术在警察实施快速抓捕与带离时，战术效果良好。

动作技术（图 2-149a~b）： 侧向连臂抱擒 + 双人抱腿组合控制 Side clinch with arm + Double combines control。

我方完成侧向正反手抓臂抱擒

图 2-149a

（右臂腋下夹对方右臂并抱对方腰，同时左手从对方身后抓其左腕），同时用两腿夹住对方右侧腿。

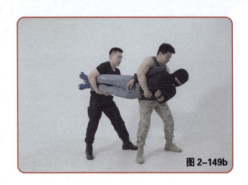

图2-149b

然后搭档从其右侧进步，双手抱对方双腿向上抬。

我方顺势向左转身，并将右脚别于对方两腿后侧，将对方向后绊摔，同时顺势横向抱夹起对方。最终我方和搭档将对方横向抬起并运走。

提示：侧向正反手抓臂抱擒的原因：防止从前方擒抱时对方抖击我方；防止从后方擒抱时对方用手向后抖击我方裆部或直接攻击我方臀部，撞击我方腹股沟。从侧面擒抱时一定要注意把对方靠近我方身体的那只手臂压紧，使其不能动弹，以防止对方从侧面抖击我方。

技术的训练：双人抱擒沙人训练。

第七节　打击技攻击路径

一、基本攻击路径

1. 直线前进攻击 Step in front and attack

对方与我方面对面而立，我方利用拳腿膝肘直线攻击。一般适用于我方比对方体重大、力量大或身材高的情况。

2. 后退攻击 Step backward and attack

在后退的过程中发动攻击，一般直拳、扫腿、前踢腿适合边退边打的情况。一般在对方体重力量比我方大或势均力敌，且对方对我方直线猛冲猛打时，我方可采用边退边打的策略。我方也可在后退过程中突然上转步变向，接拧肩膝撞或拧头膝撞。

当我方被憋入死角时，可双手护头并不断躲闪护好上盘，同时提膝护好下盘，不做攻击动作，待找到对方破绽，突然以前踢腿攻击对方裆部，接其他连续技。

后退攻击训练：

（1）后腿直拳连击：持靶者持胸靶靠近攻击者，攻击者边退边用直拳攻击胸靶，持靶者可在前推的同时有意用胸靶向前突撞以加大攻击者对前冲对手的迎击训练。

（2）憋死角的反击训练：对方将我方憋入死角，用各种打击技进行攻击，我方双手护头并提膝防御，同时不断左右躲闪，然后我方出其不意用前踢腿攻击对方的裆部，然后冲出死角。

提示：所有对裆部的攻击即使带护裆，在训练中也不准直接打击，只是尽可能快地做出技术动作即可，脚不要触及对方护裆。高手的技击，在于力道的控制，要求训练中对于要害部位的击打，动作精准，速度快疾，达到"皮碰肉不碰"的境地，即对方的汗毛和皮肤刚刚感到快速打击，而里面筋骨或软组织没有明显痛感。

3. T 型站位攻击（图 2–150）T–position attack

注：T 型站位攻击这一技击术语由笔者提出，以方便大家记忆。

以我方站在对方右侧的 T 型站位为例。我方可以对对方进行直拳击太阳穴，摆拳击面部或后脑；扫腿勾踢裆部；抓发或按头接膝撞面部；砸拳击后脑，掌根击后脑，砍掌劈后颈。随后通过转身断头锁、抱腿摔、倒垃圾投或绊摔撂倒并制服对方，或者使用三种警察锁的制服术制服对方。

4. L 型站位攻击（图 2–151）L–position attack

注：L 型站位攻击这一技击术语由笔者提出，以方便大家记忆。

以我方站在对方右侧的 L 型站位为例。此站位可进行 T 型站位的大多数攻击。也可采用拉手攻

图 2–150

击，即伸左手抓住对方右手，接右直拳攻击对方面部，右前踢腿攻击对方裆部；同时可以拉起对方的右臂来阻挡对方可能的左直拳攻击；也可攻击对方后接小手返投摔对方。

图 2-151

5. 背后攻击 Back-position attack

我方站在对方身后。可进行直拳击后脑、摆拳击头部左右两侧或后踢裆腿。接后方裸绞、倒垃圾投，或后方抱腿顶腰投将对方摔倒然后拿背制服。

6. 背后侧位攻击 Back-side-position attack

我方站在对方后侧位 45 度角位置，可稍微侧移身体完成背后攻击的所有动作。我方可直接进行直拳击耳后，摆拳击面部或头侧；后踢裆腿攻击；前冲步抓发或按头接膝撞面部接砸拳击后脑，掌根击后脑，砍掌劈后颈。随后使用三种警察锁的制服术制服对方。

7. 半圆式攻击 Semi-circle attack

从对方正前方开始攻击，身体侧闪到对方侧向再继续攻击，一直转到对方后背，攻击不断，即从对方正面经侧面转到背后，攻击不止，我方所走过的路径正好是以对方为中心的一个半圆。

注：半圆式攻击这一技击术语由笔者提出，以方便大家记忆。

半圆式攻击的作用：以色列格斗术不强调与对方正面猛冲斗狠，而强调攻击对方薄弱环节。通过上转步走边线的攻击既可躲过对方正面的攻击，又可得到攻击对方侧面薄弱环节的机会。这与中国传统武术有着惊人的相似。中国传统武术强调强者进中线，弱者走边线——我方比对方力量大，就直线进攻，攻击对方中轴线的面部、腹部等部位；而若我方比对方力量小，或对方正在直线猛攻，则突然上转步攻击对方侧面以至身后。

半圆式攻击的方法：

前面攻击方法： 直拳击面部；摆拳击头部两侧；前踢腿；拉臂平击肘攻击。若踢裆腿得逞，接抱头膝撞面部或抓发膝撞面部、砸拳击后脑或下砸肘击后脑。

接断头锁、抓发（抓耳）拽摔制服对方或接窝掌绊摔。

衔接： 通过上转步转到对方侧面，使双方呈 L 型站位或 T 型站位。

侧面攻击方法： 我方可以对对方进行直拳击头部两侧，摆拳击面部或后脑；扫腿勾踢裆部；抓发或按头接膝撞面部；砸拳击后脑，掌根击后脑，砍掌劈后颈。随后通过转身断头锁、抱腿摔、倒垃圾投或绊摔撂倒并制服对手。

衔接： 上转步或后撤步转身绕到对手身后，使我方在对方后侧 45 度角位置或在对方正后侧。

后面攻击方法： 直拳击后脑、摆拳击头部两侧或后踢裆腿。接后方裸绞，或接倒垃圾投将对方摔倒然后拿背制服。

提示： 裸绞、倒垃圾投、后方抱腿顶腰投等内容见后续章节。

二、攻击路径训练

1. 攻击方向训练： 前后左右四面墙，听口令摸墙，然后转身后采用上面介绍的适当站立打击技进行连续攻击。

2. 前进进攻训练（假想敌在四面八方）： 选择适当的攻击方法（左右直拳、摆拳、前踢腿、前蹬腿、侧踹、后蹬、平击肘、侧顶肘、后顶肘）应对来自四面八方的假想攻击。

3. 后退进攻训练： 进行后退直拳、后退摆拳、后退前蹬、后退侧踹、后退下勾拳等后退空击训练。

4. 步伐训练： 听教练口令进行前进、后退、左侧移、右侧移、左上转步、右上转步等移动和步伐的训练。

5. 半圆式攻击训练： 双人配合进行半圆式攻击训练，在对方受到半圆式攻击时，也要做出相应的防御动作，但没有反击。

第三章

整合版以色列格斗术
应对站立缠斗的方法

站立缠斗包括站立纠缠和站立近身打斗两种形式。通常街头格斗中相当大一部分属于站立纠缠，例如攻击者抓住我方，不让我方离开，揪住我方衣服或头发进行威胁，边撕扯边谩骂等非直接打斗的形式。对方可以通过这种方式将我方拖入纠缠，等待帮手到达；也可以通过谩骂和撕扯让我方发怒并率先发动攻击。通过对以色列格斗术进行整合，可以寻找到种类繁多的单纯摆脱技术。利用这些摆脱技术，我方可以快速摆脱对方纠缠，远离是非之地，也不会造成我方先动手的不利境地。

如果对方采用站立近身打斗，包括抓领子掌掴、揪头发撕打、近身肘击、近身拉衣服拳击、近身绊摔、下潜抱摔和锁颈等，我方也可以采用整合版以色列格斗术进行自卫反击，使我方摆脱危险境地。

对于街头自卫中的近身缠斗，跨流派的以色列格斗术可以给出摆脱远离、近战逃生等一系列有效的格斗技术。

从本章开始，以整合版以色列格斗术的特色技术链作为反击方式，虽不能涵盖所有技术，但是从特点突出、可比较的反击技术链中，我们仍能找到整合版以色列格斗术的侧重和异同。

第一节　以色列格斗术对抓手纠缠的应对

近身抓手抓腕是街头遇到低等级暴力最常见的纠缠形式。对方后续可以将我方拖入持续纠缠，也可以边纠缠边谩骂，更可以在抓手纠缠的基础上进行暴力等级更高的打击技攻击或将我方扭摔倒地。根据对方抓手的情况，整合版的以色列格斗术给出了不同风格的摆脱与反击方式，本书将对每种方式进行格斗技术点评。

以色列卡帕术在军警格斗中的应用较多，抓捕时，要求不能使对方出现摆脱和逃脱。而街头自卫中，摆脱和逃脱是很重要的两种实战目的。所以本文中以色列卡帕术的摆脱技术与逃脱技术涉及不多，而其他几个门类的以色列格斗术涉及较多。

一、同侧单手抓腕的反击

同侧单手抓腕 Same side grab wrist（图 3-1）：我方与对方面对面，双方同时上抬手臂并握手，我方的左手握住对方右手，我方的右手握住对方的左手；我方右手相对于对方左手，我方左手相对于对方右手，称为同侧。对方以单手用同侧手抓我方同侧手腕，面对面站立时，分为对方左手抓我方右腕及对方右手抓我方左腕两种情况。

同侧单手抓腕危害：使我方陷入被纠缠境地，无法离开是非之地，并为其后续攻击创造有利条件。

同侧单手抓腕后续攻击：拉臂直拳、拉臂掌掴、拉臂接摔法、拉臂肘击等。

以下为应对同侧单手抓腕的反击。

图 3-1

1. 要害打击技法：抬臂踢击腹股沟 Same side throw off grabbing and kick groin（图 3-2）

以我方右手被同侧抓腕为例。被抓手先向外扭同时手腕内旋，再突然向内向上旋拧，以从对方的抓握中逃脱，并在逃出抓握的同时起左腿前踢攻击对方腹股沟。攻击后迅速向后撤身，以伺机逃脱或继续攻击。即使摆脱对方抓握的效果不明显，利用前踢腹股沟造成对方剧烈疼痛也可轻易摆脱对方纠缠。

图 3-2

技术点评 本技术是竞技格斗禁用打击技，使用成功率高，但攻击强度和效果较强，需谨慎使用。

103

2. 摆脱型关节技法: 甩腕摆脱技术 Escape by opening fingers（图3-3a~c）

弯举式甩腕逃脱技术:

以对方用左手抓我右手为例。我方掌心向左伸出右手，先向外旋腕，使拇指向下蓄力，再突然向内向上旋腕，拇指向上并使对方掌心向上呈反关节位，同时我方屈右肘做类似于哑铃重锤弯举的动作，使我方被抓的右臂的桡骨从对方拇指和四指开口处切出去，即被抓手先向外扭同时手腕旋前，再突然向内向上旋拧，从对方拇指和四指开口处逃脱。

提示:

（1）关节技蓄力；

（2）引对方手掌心向上，形成最小抓握力反关节位；

（3）从对方拇指和四指开口处切出；

（4）前臂垂直地面切出；

（5）借助蹬腿撤身的整体发力增加摆脱效果，并增加安全距离。

技术点评　本技术是非攻击性摆脱型关节技，在低等级暴力或一般纠缠中反而适用广泛，单纯的摆脱可以不激怒对方，拉开双方距离，给后续逃离或用语言控制场面创造机会。本技术是防身乃至避免社交纠缠的良好方法。本技术也可作为近身MMA竞技缠斗时被抓腕后的摆脱技，后面要接其他综合格斗技术。

图3-3a

图3-3b

图3-3c

3. 打击 + 摆脱型关节技法：剪刀式劈击技术 + 快速反击 Scissors chop + quick counterattack（图 3-4a~c）

当对方左手抓我右手时，我方左手向自身右肩处上扬蓄力，然后用左手掌外侧小鱼际（或者尺骨）劈击对方左手脉搏处（或桡骨侧），趁对方剧烈疼痛之际利用摆脱关节技手法完成摆脱。我方右手逃脱同时，左手尽量抓住对方左手手腕，上步，右平击肘攻击对方左下颌。

图 3-4a

图 3-4b

图 3-4c

附加技术 – 扬手截腿 Lift arm and block kick（图 3-5a~b）： 可在剪刀式劈击之前加入截腿攻击，用右腿截腿攻击对方右腿膝盖内侧，同时进行左手扬手蓄力。

技术点评　本技术是摆脱型关节技与打击技的组合技术。应对攻击欲望不太强的对手，剪刀式劈击摆脱后可以选择逃脱；如果遇到攻击欲望强的对手，摆脱后，可接近身肘击对方下颌。如果使用者已熟练掌握截腿攻击技术，可以在剪刀式劈击摆脱前加入大力截腿偷袭，使对方膝关节外侧副韧带受损。

图 3-5a　　　　　　　　　　　　　　　　　图 3-5b

4. 援护摆脱法：甩腕援护 + 膝击式碎肘 Throw off grabbing and intervene + knee to elbow

甩腕援护技术（图 3-6a~c）：

当对方左手抓我方右手，我方使出弯举式甩腕技术无法摆脱时，可在使出甩腕摆脱的同时，伸左手抓住对方左手手腕向下拉，接着右手手腕向上从对方左手拇指和四指开口处逃出。右手向上切，左手向下拉对方左腕，交叉用力，摆脱对方。

图 3-6a　　　　　　　　　　　　　　　　　图 3-6b

图 3-6c　　　　　　　　　　　　　　　　　图 3-6d

后续攻击（图 3-6d）： 左手仍抓住对方左手，接右直拳攻击对方左脸，或者接上步抓对方左上臂内侧，用右膝撞击对方左上臂下端，同时两手向后拉以增加膝撞对对方肘关节的伤害。

技术点评 本技术作为单纯弯举式甩腕技术的进阶技术，可以用在力量小者的非暴力摆脱中。如果对方攻击欲望强烈，我方可以选择后续进行拉臂直拳攻击，或者膝击攻击对方直臂肘关节。本技术链是摆脱型关节技、打击技与攻击性关节技的组合技术链。

5. 步伐摆脱法：水平摆脱法 Infeed escape（图 3-7a~b）

当对方用左手抓住我方右手腕并用力后拉时，我方还未来得及使用甩腕技术，此时应采取相应的补救措施以避免对方对我方的潜在攻击。

对方向后拉我方左腕，我方向前右脚上转步，同时右手掌心向下，即可利用我方上步拧腰的力量使我方右腕桡骨从对方左手拇指与四指的开口处逃出。

图 3-7a

图 3-7b

后续攻击 -L 型站位拉臂攻击（图 3-8a~b）：

左手抓对方左手，用右顶肘攻击对方下颌或侧肋；或者双手回拉对方左臂，右腿侧踹攻击对方腋下或腹部。

注意： 右肘攻击时，左手抓紧对方左手向左猛拉，交叉用力。

技术点评 水平摆脱技术是从

图 3-8a

外侧实现的非暴力摆脱型关节技，L型站位拉臂攻击是控制型打击技。如果对方攻击欲望强烈，我方形成L型站位拉手定势后，拉臂肘击或者拉臂侧踹均可产生一招制敌效果。

图3-8b

二、异侧单手抓腕的反击

异侧单手抓腕 Crossside grab wrist（图3-9）：我方与对方面对面，双方同时上抬手臂并握手，我方的左手握住对方左手，我方的右手握住对方的右手，双方手成交叉位。我方右手相对于对方右手，我方左手相对于对方左手，称为异侧。对方以单手用异侧手抓我方手腕，面对面站立时，分为对方左手抓我左腕及对方右手抓我方右腕两种情况。

异侧单手抓腕危害：使我方陷入被纠缠境地，无法离开是非之地，并为其后续攻击创造有利条件。

异侧单手抓腕后续攻击：拉臂直拳、拉臂掌掴、拉臂接摔法、拉臂肘击等。

以下为应对异侧单手抓腕的反击。

图3-9

1. 力量＋要害打击技法：拳劈技术＋踢击腹股沟 Fist chop + kick groin（图3-10a~b）

以我方右手被异侧抓腕为例。我方右手突然向外劈击，同时起左腿前踢，攻击对方腹股沟。攻击后迅速向后撤身，以伺机逃脱或继续攻击。利用前踢腹股沟造成对方剧烈疼痛可使我方轻易摆脱对方纠缠。

图3-10a

技术点评 本技术是竞技格斗禁用打击技，使用成功率高，但攻击力较大，需谨慎使用。

图 3-10b

2. 摆脱型关节技法：外切深蹲法摆脱 Outside-cut squat escape（图 3-11a~b）

当对方的右手抓我方右手手腕时，我方右后撤步下蹲，同时右手向对方拇指与四指开口处发力劈砍（大概角度为外斜 45 度），利用下蹲的腿部发力以及手臂的外斜下劈发力，使我方右手从对方拇指与四指开口处逃脱。

提示：

（1）外斜 45 度下劈；

（2）不等对方抓牢、抓稳就要发力逃脱；

（3）从对方拇指和四指开口处切出；

（4）借助腿部下蹲的整体发力增加摆脱效果。

技术点评 本技术是非攻击性摆脱型关节技，在低等级暴力或者一般纠缠中反而适用广泛。本技术是防身乃至避免社交纠缠的良好方法，也可作为近身 MMA 竞技缠斗时被抓腕后的摆脱技，后面要接其他综合格斗技术。

图 3-11a

图 3-11b

3. 打击 + 摆脱型关节技法：剪刀式劈击技术 Scissors chop（图 3-12a~c）

当对方的右手抓我方右手手腕时，我方快速用左手向右肩处扬手，接下蹲外劈技术，同时用扬起的左手掌侧小鱼际劈击对方右手脉搏处（或桡骨处），最终实现逃脱。

后可接肘击下颌，再接摔法技术。

图 3-12a

图 3-12b

图 3-12c

附加技术 – 扬手截腿（图 3-13）：可在剪刀式劈击之前加入截腿攻击，用右腿截腿攻击对方右腿膝盖内侧，同时将左手向右肩处摆动，扬手蓄力。

技术点评 本技术是摆脱型关节技与打击技的组合技术。应对攻击欲望不太强的对方，剪刀式劈击摆脱后可以选择逃脱；如果遇到攻击欲望强的对手，摆脱后，可接近身肘击下颌和摔法攻击。如果使用者已熟练掌握截腿攻击技术，可以在剪刀式劈击摆脱前加入大力截腿偷袭。

图 3-13

4. 打击法 + 反击：膝撞摆脱 + 反掌劈颈 Knee attack + chop nape（图 3-14a~c）

当对方交叉位单手抓我方单手时（以对方右手抓我方右手为例），我方迅速使右手成为前手，腿部成为右腿在前的前弓步。右手向右下方对方拇指处发力，手臂向前下方送，同时身体微蹲以加强身体向下的发力效果。起左腿，抬膝，膝盖从我方右手臂内侧向下滑，直至触及对方的手腕，膝部向对方手腕猛烈快速撞击，迫使对方右手松开。膝撞后左腿联动，直踹对方右腿膝关节内侧。接左臂自右向左反手砍击对方面部（或接右左双肘攻击、右左双摆拳攻击、右直拳攻击）。

图 3-14a

图 3-14b

技术点评　　本技术链包括：摆脱型关节技与膝法的组合技术，以及打击技的组合技术链。实战中这一技术需要调动双臂和一条腿共同应对对方一只抓我方手腕的手臂，用三个运动肢节应对一个运动肢节，实际攻击效率不高。但本技术对于高个子防守

图 3-14c

摆脱矮个子的异侧单手抓握，效用会有所提高。

后面的反掌砍颈不要照本宣科，选择拳肘攻击、摔法或者后退伺机而发均可。

5. 反制型关节技法：Z 锁 Z-lock（图 3-15a~d）

对方异侧单手抓我方单手（以对方右手抓我方右手为例）。

我方伸左手将对方右手用力压在自身的右手腕上。

图 3-15a

图 3-15b

图 3-15c

图 3-15d

然后顺时针旋转自身的两个手臂并高高将对方右手举起（使对方右肘关节屈曲，同时我方上步前推对方右臂使其右前臂横向在我方眼前，以获得我方右手抓对方右手腕的抓手位），随旋转的过程，我方用右手从对方右腕外侧方向入手，抓住对方右手腕背侧（我方可使身体和腰一同旋转以增加旋转的效果）。

然后我方右手下压回拉对方右手腕，左手前推对方右手掌，同时两手一同向内卷折对方右腕，使对方右手腕产生内卷腕效果并伴随侧向扭腕伤害。

我方用力下压对方右腕，即可使对方前扑倒地。

提示：

（1）Z锁成型时，基于对方右上臂、右前臂、右手相互垂直但不共面的趋势，对其进行反关节扭转，这符合战术格斗关节技通用三垂线定理。

（2）本技术是反制型关节技。实战运用时，对技术熟练程度以及手臂力量均有要求，可以迁移到警用抓捕中使用。在MMA竞技中，由于带有分指手套，Z锁较难成型。

（3）突击队马伽术中，内侧锁腕技术在多年实战中，反击效果不佳。对此技术有兴趣者可以参考《以色列防身术》一书中的相关内容。

技术点评 本技术是动态反制型关节技。内侧锁腕需要使用者大角度引进落空对方的手臂，其间只要对方抓握手松手即可破解我方的锁腕。该技术看起来很精妙，但实战效果较差，所以在本书中舍去。

三、双手抓双腕的反击

双手抓双腕 Double hands grab double wrists（图3-16）：对方从前方同侧双手抓住我方两个手腕，不出现交叉手位，即对方左手抓我方右手，对方右手抓我方左手。

双手抓双腕的危害：控制我方行动，将我方拖入对对方有利的境地；双手抓双腕也是防御我方进攻的一种防守控制，影响我方的进攻；双手抓双腕后可以对我方接摔投技，例如腋下夹臂背负投等。

图3-16

双手抓双腕后续攻击：前踢腹股沟、蹬踹、头槌、拉臂肘击、腋下夹臂背负投、绊摔等。

以下为应对双手抓双腕的反击。

1. 摆脱型关节技法：双甩腕技术 Double throw off grabbing（图3-17a~b）

利用前面学过的同侧单手抓单手的弯举式甩腕逃脱技术，两手同时甩腕，使自己的双腕桡骨处从对方双手的拇指与四指开口处切出。

图3-17a

图3-17b

提示：

（1）注意双甩腕发动前的两前臂旋前打开，并蓄力；

（2）切出双腕的最好时机是对方双掌呈掌心向上的反关节位；

（3）利用腿部的弹跳发力加成，在双甩腕摆脱的同时向后跳步，以增加摆脱成功率。

技术点评 本技术是非攻击性摆脱型关节技，在低等级暴力或者一般纠缠中反而适用广泛。本技术是防身乃至避免社交纠缠的良好方法，也可作为近身MMA竞技缠斗时被抓腕后的摆脱技，后面要接其他综合格斗技术。

2. 打击 + 摆脱型关节技法：双甩腕前蹬技术 Double throw off grabbing and push kick（图 3-18）

在进行双甩腕摆脱对方抓握的同时出腿前蹬对方小腹或者腹股沟。利用双甩腕的反关节效果以及前蹬的攻击性，增加摆脱成功率。

技术点评 本技术是摆脱型关节技与打击技的组合技术。摆脱过程中加入了反击，比单纯双甩腕成功率高，但是把一般纠缠撕扯升级为了徒

图 3-18

手格斗。使用这种摆脱兼顾打击的方法时，要做好继续攻击的准备，因为暴力程度已经升级。

3. 拉近打击法：双甩腕回拉膝击 + 箍颈头槌 Double throw off grabbing and knee attack + grab head and headbutting（图 3-19a~b）

对方从前方双手抓住我方双手的手腕，我方使用双甩腕技术逃脱。当我方的双手向两侧打开并使拇指向下悬腕时，我方两手向后切向回拉，使对方靠近我方，同时接膝撞对方腹股沟。然后双腕外旋，使拇指向上，最终使双腕都从对方两臂之间逃脱，顺势用方双手抱对方后脑（或者抓对方头两侧头发）向我方猛拉，低头头槌攻击对方鼻子。

图 3-19a　　　　　图 3-19b

技术点评　本技术链由摆脱型关节技与打击技，以及控制型打击技组成。站立近身，头槌是攻击征兆很小的攻击动作，攻击距离短，可使对方猝不及防。本技术攻击威力巨大，须谨慎使用。

4. 摆脱型关节技法：鱼翅手摆脱法 + 快速反击 Shark fin release + quick counterattack

鱼翅手基本功的训练（图 3-20a~c）："打开—交叉—打开"。对方从前方双手抓住我方双手的手腕时，我方双手旋腕向外打开（掌心向下），再向内旋转，就像双甩腕技术。完成双甩腕技术后，不停顿，两手在体前交叉（掌心向面部），然后再向外打开（掌心向外），用力向前推，即可摆脱对方的抓握。

图 3-20a

图 3-20b　　　　　图 3-20c

战术格斗对鱼翅手的改良（1）（图 3-21a~d）：崩弹腕肘关节技

对方从前方双手抓住我方双手的手腕。我方第一次打开双手时向后撤步，使对方双肘伸直。接着我方双手于体前交叉并迅速用前臂背侧向前猛推，使对方肘关节内侧受到猛烈撞击而疼痛。对方肘关节疼痛的应激生理反应是向后猛跳或者后退，看上去就像我方把对方向后崩弹出去一样。

图 3-21a

图 3-21b

图 3-21c

图 3-21d

战术格斗对鱼翅手的改良（2）（图 3-22a~c）：鱼翅手抓腕攻击

鱼翅手摆脱的同时我方可以用左手抓对方右手手腕，接拉臂右平击肘攻击对方下颌。

图 3-22a

图 3-22b

图 3-22c

战术格斗对鱼翅手的改良（3）（图 3-23a~d）：鱼翅手 + 颈椎锁绊摔

对方从前方双手抓住我方双手的手腕。我方使用鱼翅手技术进行逃脱，逃脱的同时我方伸左手绕到对方脑后抓对方的左侧头发或脑后头发（头顶头发），抑或左耳朵，右手向右推对方的鼻子，两手一同用力，快速逆时针扳拧对方颈部，使对方摔倒。颈椎锁绊摔时，腰部左转以增加旋转力。摔倒对方后紧接面部或足球踢攻击。

图 3-23a

图 3-23b

图 3-23c

图 3-23d

117

提示：

（1）第一次双臂打开时，我方双手掌心朝下；

（2）第二次双臂打开时，两掌向外推出；

（3）鱼翅手的实战发动需要平时多加练习，后续可以追加自己喜欢的其他格斗攻击技。

技术点评

（1）鱼翅手是非攻击性摆脱型关节技，在低等级暴力或者一般纠缠中反而适用广泛。

（2）崩弹腕肘关节技属于攻击型站立关节技，在教学和训练时会增加技术的神秘感以及课程趣味性。

（3）鱼翅手抓腕攻击是控制型打击技，该技术链攻击效果及强度较大，需谨慎使用。

（4）鱼翅手＋颈椎锁绊摔，属于摆脱型关节技加站立关节技摔投的组合技术链。

四、双手抓单腕的反击

双手抓单手腕 Double hands grab single wrist（图 3-24）：对方从前方双手同时抓住我方任意一个手腕的情况。

双手抓单手腕危害：控制我方行动，将我方拖入对对方有利的境地；双手抓单腕也是防御我方单手进攻的一种防守控制，影响我方攻击手的进攻；双手抓单腕可以构成各种腕、肘、肩关节技攻击。

图 3-24

双手抓双腕后续攻击：前踢腹股沟、拉臂头槌、绊摔、关节技（如外侧臂锁、内侧臂锁）等。

以下为应对双手抓单腕的反击。

1. 特殊攻击法：面部攻击 + 踢击腹股沟 Attack face + kick groin（图 3–25a~b）

当对方双手抓我方右手时，我方起左手四指攻击对方面部，迅速接左腿踢其腹股沟。即使面部攻击不中，也会转移对方视线，为前踢腹股沟成功创造条件。

技术点评　该技术链是竞技格斗禁用技术链。

图 3–25a

图 3–25b

2. 闭合摆脱法：拳拉技术 + 冲击平击肘 Fist–pull + elbow（图 3–26a~c）

对方从前方双手抓我方单手（以我方右手被抓为例）。

我方迅速右手握拳，向左旋前臂、旋腕，使右臂尽量靠近我方的中轴线；伸左手自上而下从对方两臂之间穿入，握紧我方的右拳拳锤部分，使我方的双臂完成形成闭合回路；然

图 3–26a

图 3–26b

图 3–26c

后左臂向上、向内拉，右臂握拳做重锤式弯举，同时右腿向后撤步以增加全身的发力，最终摆脱对方抓手。

摆脱后迅速用左臂顺势接自右向左的砍掌，攻击对方头部，砍掌时腰部向左转动以增加砍掌的力量。或者接左平击肘（或右平击肘）攻击对方下颌。

提示：

（1）手臂上没有向后直拉的动作，而是以右肘关节为轴，两臂共同用力，把被抓住的右腕从对方手中撬出来，右前臂向上摆动。

（2）拳拉技术可以作为 MMA 竞技中防御十字固、木村锁、腕缄等手臂关节技的基本手法。按照战术格斗原理，只要两手相扣形成闭合回拉，应对对方实施的手臂关节技均有防守功效。

技术点评　拳拉技术是非暴力性摆脱型关节技。拳拉技术可迁移到竞技格斗中。

3. 站立关节技法：架腕侧位直肘卷腕关节技控制 Straight-elbow-bent-wrist control（图 3-27a~d）

以对方双手抓我方右手为例。我方右手向外打开，用拇指和四指间的虎口架住对方右手的手腕，左腿向右后撤一步，身体微左转；同时伸左手，再微向右转身，使左手从对方双手上掠过，抓住对方左手手背。我方两手共同用力，逆时针翻拧对方左手腕，使其左掌心向上，接着我方左手向上推压对方左手掌背，锁住其左腕。使劲按压对方手背，使对方左臂和身体垂直；推手背，同时向后拉胳膊，迫使对方扑倒。后面可接踩踏或足球踢。

技术点评　本技术是反制型关节技，在实战中对使用方的力量要求较大，所以力量较小者不便在实战中使用。

图 3-27a

图 3-27b

图 3-27c

图 3-27d

五、后方双手抓双腕的反击

后方双手抓双腕 Rear double hands grab double wrists（图 3-28）：对方从后方同侧双手抓住我方两手腕，即对方左手抓我方左手，对方右手抓我方右手，不出现交叉手位。

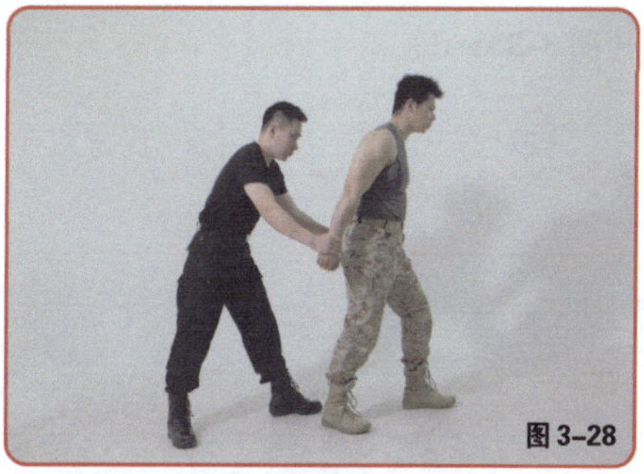

图 3-28

后方双手抓双腕危害：从后方控制我方行动，将我方拖入对对方有利的境地；双手抓双腕后可以对我方实施打击技或者绞技等。

后方双手抓双腕后续攻击：后踢腹股沟、肩关节技、头槌、拉臂肘击、绊摔、裸绞、领绞等。

以下为应对后方双手抓双腕的反击。

1. 打击法：后蹬腹股沟 + 转身快速反击 Back kick groin + turn and counterattack（图 3-29a~c）

当对方从后方用双手抓住我方双手手腕时，我方迅速向前用力摆臂，同时后蹬攻击对方腹股沟，使后蹬与向前摆臂形成合力，即可逃脱对方抓

图 3-29a

图 3-29b

图 3-29c

握，然后快速转身连续攻击或者借机向前逃避。

技术点评　本技术是打击技与摆脱技的结合技术，成功率较高，但是需要平时训练形成神经肌肉条件反射，在实战中才会有实际效果。

2. 开口摆脱法：前弓步弯举法摆脱 Escape by bow step and arm curl （图 3-30a~d）

当对方从后方用双手抓住我方双手手腕时，我方迅速出右腿做前弓步，身体

图 3-30a

图 3-30b

图 3-30c

图 3-30d

前移，双掌向上抬，做双掌向上铲的动作。动作结束时我方抬起手臂，双掌掌心相对。之后可迅速左转身用右肘攻击对方。

技术点评　该技术是非暴力性摆脱型关节技，在纠缠战中适用较广，简单易学，可以作为防止对方试图固定或捆绑自己的防守技。

3. 关节技反制法：转身甩腕法摆脱 + 压肘关节技后拉投 Turn and throw off grabbing + press elbow, pull, and throw （图 3–31a~e）

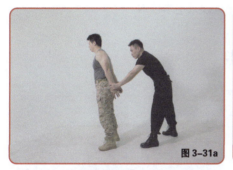

图 3–31a

图 3–31b

图 3–31c

图 3–31d

当对方从后方抓我方双手并向后扳折时，我方迅速右转身 90 度，同时右臂抬起（右肘成直角），右手高举过头。

再左转身接近 180 度（这一动作使我方从对方右臂下退出，同时有锁臂反关节动作），同时右脚向

图 3–31e

123

右后方撤步。

　　我方右手向前、向下划，左手向上托。

　　我方逃脱后的右手抓对方右手，再用左手抓对方右肘关节并下按。

　　此时我方站在对方的右侧。我方右后撤步的同时左手下按对方右肘关节，右手向右后方拉拽对方右手臂，最终将对方拖倒并前扑。

　　技术点评　　本技术是反制型关节技。本技术操作复杂，在控制对方时失败率高；若对方力量大，不易抬起其抓握手；并且对方被抬起的抓握手容易滑脱，后续动作无法完成。所以在实战状态下不建议采用本技术。

六、后方双手抓双肘的反击

　　后方双手抓双肘 Rear double hands grab double elbows（图3-32）：对方从后方同侧双手抓住我方两个肘部，即对方左手抓我方左肘，对方右手抓我方右肘，不出现交叉于位。

　　后方双手抓双肘危害：从后方控制我方行动，主要是进行束缚。

图3-32

　　后方双手抓双肘后续攻击：后踢腹股沟、肩关节技、头槌、拉臂肘击、绊摔、裸绞、领绞等。

　　以下为应对后方双手抓双肘的反击。

1. 要害打击法：双别腿抖击腹股沟法 Knock groin on leg lever
（图3-33a~c）

　　当被对方从后方抓住双肘时，我方左脚迅速向斜后方撤步，右脚经过对方左侧大腿并插入对方双腿后。之后，我方左手抓住对方左腿后侧的裤子或用左手托住对方左腿腘窝，右手在对方大腿前侧使用砸拳连续抖击对

图3-33a

图 3-33b

图 3-33c

方。如果还有力量，抖击后可接铲斗投。

技术点评　本技术是竞技格斗禁用打击技。力量弱者或女性，可以采用这种方式防御。

2. 摔投法：铲斗投法 Scooping throw（图 3-34a~b）

当被对方从后方抓住双肘时，我方左脚迅速向斜后方撤步，右脚经过对方左侧大腿并插入对方双腿后。之后，我方半蹲，弓身，双手向后伸（右手从对方身前向后伸，左手顺势向后伸），抓住对方大腿后侧腘窝（膝盖后侧），然后蹬地，伸髋，挺身，（像挺举那样）将对方双腿举起向后投摔。或者自己主动后倒砸摔，以增加对对方的伤害。

图 3-34a

图 3-34b

技术点评　本技术是摔投技。有一定力量的训练者，尤其是熟练掌握高翻技术者，使用本方法更合适。

第二节 整合版以色列格斗术应对站立掐颈的方法

双手掐颈或者单手掐颈在站立纠缠撕打中出现频率很高，在一些徒手致人死亡的刑事案件中，双手掐颈所占比例是最高的，所以防御对方的双手掐颈至关重要。由于竞技格斗规则禁止使用双手掐颈，所以在 MMA 竞技等比赛中基本看不到双手掐颈攻击。

本节涉及了大量格斗技术链。所谓格斗技术链是指一些格斗技术按照一定顺序排列并一次连续使用的格斗技术的总和。本书所有格斗技术链可以在训练时完整练，在实战中则可以拆开使用，我方要根据实战情况灵活拆分并组合出适合自己的格斗技术链。

提示： 所有整合版以色列格斗术技术链中的技术都需要有过情景训练至少 12 次以上，实战中才能确保成功率。

一、前方双手掐颈的反击

前方双手掐颈 Strangle neck（图 3-35）： 对方与我方面对面站立，双手前伸，用双手张开的虎口卡住我方颈部，并用两个拇指按压我方喉软骨及气管。对方掐颈时，手臂处于伸直状态。

前方双手掐颈危害： 喉软骨撕裂，头部缺氧缺血，窒息甚至死亡。

前方双手掐颈后续攻击： 掐颈绊摔、掐颈头槌、掐颈膝击等。

以下为应对前方双手掐颈的反击。

图 3-35

1. 打击法：勾腕搓推 + 拉臂踢击腹股沟 + 上步攻击 + 后踢腹股沟 + 撤步撤离 Pull wrist and push-rub nose + pull arm and kick groin + step in front and attack + kick back groin + evacuate（图 3-36a~d）

当对方从前方双手掐我方颈部时，我方迅速伸左手从对方右手上掠过，钩住对方右手腕向左后猛拉，同时从中路出右手搓推对方鼻软骨。左脚前踢腹股沟并左脚向左前滑步，左右直拳连击对方右脸或右侧头部。左上转步绕到对方身后，推击对方头部以控制距离，接后踢腹股沟。然后后撤步向后撤离。

注意：侧后拉手时，我方的手要从对方的手臂上侧去抓对方手，我方手呈钩状，钩住对方手后，猛烈快速后拉。

图 3-36a

图 3-36b

图 3-36c

图 3-36d

补充：前方近身双手掐颈（图 3-37）：手法与双手掐颈类似，而掐颈后对方肘关节屈曲，身体几乎贴近我方的身体。

图 3-37

127

2. 前方近身双手掐颈的反击：拉臂抖击＋拉肩膝撞＋上步攻击＋后踢腹股沟＋撤步撤离 Pull arm and knock + pull shoulder and knee to groin + step in front and attack + kick back groin + evacuate（图3-38a~d）

当对方从前方近身双手掐我方脖子时，我方迅速伸左手从对方右手上掠过，钩住对方右手腕向左后猛拉，并微左转身用右手掌向上抖击对方；我方左手抓对方上臂后侧，右手抓对方右肩后侧向后猛拉，同时用右膝攻击对方腹股沟或小腹。左上转步绕到对方身侧或身后，推击对方头部以控制距离，接后踢腹股沟。然后迅速后撤步控制双方距离。

图3-38a

图3-38b

图3-38c

图3-38d

技术点评　本技术链由竞技格斗禁用打击技与常规打击技组成，反击直接有效。

3. 摆脱型关节技＋打击技：撤步压臂摆脱＋拉臂肘击＋捋肩膝撞 Oxter wrist lock + pull arm and elbow + grab shoulder and knee（图3-39a~d）

当对方从对面双手掐我方颈部并用力前推时，我方向前发力的反击受到阻碍。

图 3-39a

图 3-39b

图 3-39c

图 3-39d

于是利用引进落空思维，向后退，并左撤步逆时针转身90度，同时高举右臂并向左下方砸，目的是用右腋下对对方左腕产生反关节的锁腕效果以迫使对方松手。

然后我方左手抓对方右臂，右脚上步，用右臂外顶肘攻击对方后脑或头部两侧。

保持左手抓对方右腕，右手拉对方右肩后侧，起右膝攻击——形成捋肩膝撞。

技术点评　本技术链由摆脱型关节技与打击技组成，简单实用，单纯摆脱或者摆脱后反击均可灵活变通，可进可退。

4. 打击技 + 反制型站立关节技：双拉臂膝击 + 上转步双抓臂 + 上转步压肘关节技 Double pull and knee attack + double grab arm + press elbow lock（图 3-40a~g）

当对方从对面双手掐我方颈部时，我方迅速抬双手从外侧向后拉对方双手，同时右膝顶对方腹部，也可右脚踢击对方腹部（左手始终抓住对方右手腕）。

右手从下向上掏入转右肘击，接左转身90度，用右手抓对方右手并将对方右手牢牢控制。然后顺时针旋转身体并向右前方上步，同时我方用左前臂下压对方右臂手肘，右手按住对方手背向内卷腕。最后我方身体向左前倾斜或上步以对对方右肘关节和右腕施压，即可将对方制服。

图 3-40a

控制对方后，可将对方拉倒，接地面控制。

图 3-40b

图 3-40c

图 3-40d

图 3-40e

图 3-40f

图 3-40g

技术点评 本技术链由打击技与反制型站立关节技组成。本技术链较难，但是在军事格斗和警用抓捕中，可以在从对方双手掐颈中摆脱的同时完成抓捕。如果是军事格斗，可以采用以上技术链；如果是警用抓捕，注意拉臂膝击时只能膝击对方腹部，不能膝击腹股沟。单独的本技术链尚不能成为真正的警用抓捕技，必须在此之后承接战术铐术技术。

二、侧位双手掐颈的反击

侧位双手掐颈 Side strangle neck（图 3-41）：对方双手前伸，用双手张开的虎口卡住我方颈部并使我方喉软骨及气管受压。

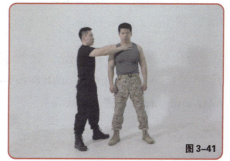

图 3-41

侧位双手掐颈危害：头部缺氧缺血，窒息甚至死亡。

侧位双手掐颈后续攻击：侧掐颈绊摔（或勾踢摔）、掐颈侧头槌、侧掐颈旋膝攻击等。

以下为应对侧位双手掐颈的反击。

1. 打击法：拉手抖击 + 侧挑肘 + 侧踹转身 Pull hand and knock + side-up elbow +side kick（图 3-42a~d）

当对方双手从侧方掐我方脖颈时（以从右侧被掐颈为例），我方迅速出左手抓对方右手下拉，同时右拳抖击对方，接右上挑肘击打对方下巴，再接右脚侧踹对方腹股沟或小腹以拉开双方距离，最终实现摆脱，可转身逃离也可转身面对对

图 3-42a

图 3-42b

图 3–42c

图 3–42d

方继续进攻。

技术点评　本技术链由竞技格斗禁用打击技、控制性打击技与常规打击技构成，简单易学，但需熟练掌握技术链，实战中方可实现反击。

2. 打击 + 关节技 + 摔投：搓推鼻软骨 + 肘外锁控制 + 夹臂上步鼻推投摔 Nasal septum push & rub + outside elbow lock + clip arm, push nose and throw （图 3–43a~e）

特点：特殊攻击和关节技摔投的综合运用。

当对方双手从我方右侧掐我方脖颈时，我方先右手握拳抖击对方（左手可同时下拉对方右手使对方掐颈的右手滑脱）。

图 3–43a

图 3–43b

图 3–43c

图 3-43d

图 3-43e

然后右手掌心顺势向上推对方鼻软骨，同时用拇指和无名指攻击对方面部。

如果对方仍然没有松开掐颈的双手，再用右臂从对方左臂外侧自下而上缠卷，同时我方身体微右转，用我方右腋下和右肘弯夹住对方左前臂（右肘弯是弯举式抱夹法），也可左手援护按住我方右腕或对方右前臂使其牢牢被我方夹住。此时我方右侧身体倚靠对方左肩，右腋下夹住对方左前臂。对方左臂成举手位，左肘朝向我方，肘关节弯曲，左臂成反关节位。

我方左上转步，用左手掌鼻推，同时右腋下夹对方右臂并顺时针旋转身体，即可将对方放倒。

提示：

（1）弯举式抱夹法——用手臂弯举的动作进行抱夹，即肘窝向上夹住对方肢体的方法。

（2）肘外锁是一种同侧肢体的反缠肘，即用一只手臂控制对方一只手臂。在关节技中用单肢体控制对方单肢体，通常成功率不高。

技术点评　本技术链由特殊打击技、站立控制性关节技与关节技摔投构成，技术比较复杂，肘外锁的成功率和对方对我方施加的力量大小有关。如果对方侧方掐颈用力不足，我方在使用肘外锁时很容易使对方手臂滑脱，滑脱后我方需要随机应变进行其他攻击。

3. 站立关节技法 1：拉臂搓推鼻软骨 + 外侧臂锁控制 Pull arm and push-rub + outside armlock（图 3-44a~c）

特点：连续打击技和站立关节技的综合运用。

当对方双手侧向掐我方颈部时（以掐我方右侧颈为例），我方迅速伸左手抓对方右手下拉，用右拳抖击对方，接挑肘击对方下颌。然后顺势用右手掌鼻推。

左手拇指张开，在对方手背上逆时针旋转并抓住对方右手腕背侧，同时旋转前推对方右手使其掌心向外，右手迅速掠过对方肩部砍击对方右颈，然后从对方右臂上掠过，并从对方右肘下掏入抓住我方的左臂，形成外侧臂锁。

我方双臂顺时针旋转的同时身体右转，右脚右后撤步将对方放倒，继续发力将对方肩关节扭伤。

图 3-44a

图 3-44b

图 3-44c

技术点评

（1）本技术链由特殊打击技、站立控制性关节技与关节技摔投构成。

（2）外侧臂锁因使用方法为"我方一只手抓住对方手腕，另一只手从对方上臂外侧掏入并抓住自己的前臂——形成的锁技"而意译得名。这种命名法用最简单的文字把技术构成进行简单阐述，便于记忆，而且可以把柔术中的木村锁、腕绒都统一成一类命名，使得记忆更加方便。

（3）外侧臂锁技术相对肘外锁更容易成型，在抓捕和控制技术中有一定运用价值。

4. 站立关节技法 2：拉肩膝撞 + 头槌攻击 + 反缠肘控制 Pull shoulder and knee + headbutting + cross–wrap lock （图 3–45a~d）

我方右转身，右手抓对方右肩，左手抓对方右腕，起右膝撞对方腹股沟，头槌对方鼻子。

右手砍击对方右臂肘窝，迫使其右臂弯曲（整个过程左手一直从外侧抓住对方右腕）。借砍击之力用右手向右挑摆对方右肘，进而控制对方右肘窝。逆时针旋转对方右臂，并用我方右臂缠住对方右肘，右手摸对方右胸——形成砸肘反缠肘关节技，同时左臂环抱对方头部。最后双脚后撤步将对方放倒。

注： 中间的膝击和头槌可以省略。

图 3–45a

图 3–45b

图 3–45c

图 3–45d

技术点评　本技术链是特殊打击技加站立关节技技术链。反缠肘比肘外锁更容易成型，反缠肘成型后，可以接反缠肘 mask 摔法，形成抓捕技术链。

三、后方双手掐颈的反击

后方双手掐颈 Back strangle neck
（图3-46）：对方从我方身后双手前
伸，用双手张开的虎口卡住我方颈部
并用四指按压我方喉软骨及气管。

图3-46

后方双手掐颈危害：喉软骨撕
裂，头部缺氧缺血。

后方双手掐颈后续攻击：后掐颈
绊摔、掐颈后头槌、后掐颈膝击等。

以下为应对后方双手掐颈的反击。

1. 打击法1：侧步拉指下拉 + 后挑肘 + 后蹬腿转身 Side step and pull finger + arch elbow up + back kick（图3-47a~e）

当对方从后方掐我方脖子时，
我方迅速重心向前，低头，左撤步下
蹲，双手从肩上向后伸抓住对方手向
下拉；

右手随着拉下对方的手直接握拳
抖击对方；

接后挑肘击打对方下颌；

图3-47a

图3-47b

图3-47c

图 3–47d

图 3–47e

后蹬腿踹击对方腹股沟以拉大双方距离，顺势转身继续攻击。

技术点评 本技术链由禁用打击技与常规打击技组成，简单易学，但是要多次训练，熟练掌握技术链才有实战效果。

2. 打击法 2：抖推连击 + 砍击反打 Knock and push + chop arm and chop neck（图 3–48a~e）

当我方被对方从后方双手掐颈时，我方迅速左脚向前迈一步，身体前倾，头向下微低；

然后身体右后转身，左手按压住对方掐我方后颈的右手，右臂从对方右臂下掏入，借惯性抖击对方；

右手掌根推对方两鼻孔间的软骨，同时手指攻击其面部，迫使其头后仰；

再左后转身，身体共逆时针旋转 360 度，旋转过程中用右前臂内侧砍击对方掐我方脖颈的右手手腕，迫使其右手打开，同时借转身之力左手反砍掌击打对方头左侧。

图 3–48a

图 3–48b

137

图 3-48c

图 3-48d

技术点评 本技术链由禁用打击技与常规打击技组成。此方法操作较难，需要较多训练才能掌握，但是本技术链声东击西的格斗思维可以在多种情况下发挥作用。用这个技术链专门训练格斗声东击西的思维比较好。

图 3-48e

3. 关节技控制法：拉臂抖肘 + 折指转身 + 站立肘固警察锁 Pull arm，knock groin and arch elbow up + pivot lift knuckle lock + straight elbow policeman lock（图 3-49a~e）

特点：打击技和站立关节技的综合运用。目的是可以在站立状态控制对方并将对方带离现场。

图 3-49a

图 3-49b

图 3-49c

图 3-49d

图 3-49e

当对方双手从后方掐我方颈部时，我方低头收下颌，身体前倾，双手抓住对方双手，左手抓住对方一根手指，右手抓对方手指下拉的同时身体微向左侧移动并下蹲，借拉下对方右手的惯性用右手抖击对方；

右肘从后挑击对方下颌；

以左脚为轴身体左转并把对方左手向上扬，使对方手心向上；

我方同时绕到对方左侧，出右拳击打对方左脸；

我方伸右手从对方左臂内侧掏入抓住自身左手腕，左手向下扳折对方拇指并同时使对方左手掌产生上翻效果，同时右臂向上别折对方左肘关节，对对方左肘关节和左手拇指均产生锁技效果——形成拇指型站立肘固警察锁。

我方锁住对方左臂后向前移动，将完全控制对方。

技术点评　本技术链由打击技与控制型站立关节技构成，是偏反击与抓捕型的技术链，可以作为警用格斗的技术链。

四、单手掐颈的反击

图 3-50

单手掐颈（图 3-50）：对方单手前伸，用张开的虎口卡住我方颈部前侧，使我方喉软骨及气管受压。

单手掐颈危害：头部缺氧缺血，窒息。

单手掐颈后续攻击：掐颈拳击、掐颈肘击、掐颈绊摔、掐颈头槌、掐颈膝击等。

以下为应对单手掐颈的反击。

1. 打击法：勾腕搓推 + 踢击腹股沟 + 连续攻击 Pull wrist and push-rub nose + kick groin + perpetual attack（图 3-51a~d）

对方从前方单手掐我方颈部（以右手单手掐颈为例）。我方迅速伸左手从对方右手上掠过，钩住对方右手腕向左后猛拉，同时从中路出右手搓推对方鼻软骨，之后右脚前踢腹股沟并左脚向左前滑步，再左右直拳连击对方右脸或右侧头部。左上转步绕到对方身后，推击对方头部以控制距离，接后踢腹股沟，然后后撤步向后撤离。

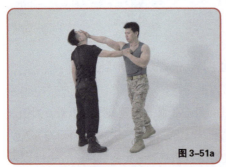
图 3-51a

图 3-51b

图 3-51c

图 3-51d

技术点评 该方法与对方前方双手掐颈的应对方法相同，体现了技术链的通用性。

2. 关节技法：砍肘反缠肘 + 鼻拉摔投 Takedown with cross-wrap lock + nose-pull （图 3-52a~d）

　　对方从前方单手掐我方颈部（以右手单手掐颈为例）。我方左手抓牢对方右腕，右手砍掌砍击对方右臂肘窝，迫使其右臂弯曲（整个过程中左手一直从外侧抓住对方右手腕）。借砍击之力用右手向右挑摆对方右肘，进而控制对方右肘窝。逆时针旋转对方右臂，并用我方右臂缠住对方右肘，右手摸对方右胸——形成砸肘反缠肘关节技。最后左臂环抱对方头部，双脚后撤步将对方放倒。

图 3-52a

图 3-52b

图 3-52c

图 3-52d

　　技术点评　本技术是反制型关节技，和侧位双手掐颈时的反缠肘技术类似。

本节主要是针对四种常见熊抱及抱摔的反击策略。众所周知，熊抱后的抱摔，利用水泥地面的撞击可以产生极大的伤害效果，因此对其防御至关重要。

一、前方不连臂熊抱的反击

前方不连臂熊抱 bear hug （图3-53）：对方从前方双臂张开环抱住我方躯干，我方两只手臂没有被环抱住，呈可以自由活动的状态。前方熊抱后，对方一般会接抱摔，或者进行近身侵犯活动。

图3-53

前方不连臂熊抱危害：完全控制我方行动，对我方尊严产生侵犯，为对方后续的抱摔攻击创造机会。

前方不连臂熊抱后续攻击：熊抱蛮力摔、熊抱绊摔、熊抱头槌等。

以下为应对前方不连臂熊抱的反击。

1. 防摔 + 打击：撤步压头 + 膝击脸部 Backward dodge and press head + knee to face （图3-54a~b）

以对方下潜欲熊抱为例。对方下潜时，我方迅速后撤前腿。

然后迅速伸手抓住对方头部两侧并用力下压，接膝击其面部。

也可撤步闪身到对方身侧，双方呈 L 型站位，对方前躬身，我方抓对方后衣领或头发，从侧面膝击对方脸部。

图 3-54a

图 3-54b

技术点评 本技术是控制型打击技。在对方发起前方熊抱并未成型时使用，平时多加训练有利于防止对方近身，因为一旦熊抱形成，对方采用摔法，对我方会更加不利。

2. 特殊摔法：抓发掐喉旋颈绊摔 Take down with grab hair, clamp throat and twist neck（图 3-55a~d）

当对方下潜抱腰或抱腿时，我方伸左臂抓其头后头发（或抓其左耳），同时右手成掌推对方面部，要求掌根向上对两鼻孔间的软骨发力。

左右手同步快速逆时针发力，同时身体左转 90 度，左脚左后撤步使对方头部被我方控制。旋拧对方颈椎，最终使对方摔倒在地。

技术点评 本技术属于特殊摔投技，用于对方前方熊抱成型时的防御反击。要把对方前方熊抱未成型时的防御技术与成型时的防御结束结合起来训练，以应对所有潜在的情况，这样会更有实战意义。

图 3-55a

图 3-55b

图 3-55c

图 3-55d

3. 特殊摔法 + 打击：面部推击式摔法 + 足球式扫踢 Take down with pushing face + soccer kick（图 3-56a~d）

当对方下潜抱腰或抱腿时，我方同时用双手四指按住对方头两侧，用两手的拇指插击对方面部，向前、向下推以迫使对方躺倒。若我方和对方一同倒地，我方骑在对方胸上对其进行连续攻击。若我方仍处于站立位，我方用扫腿攻击对方头部。

图 3-56a

图 3-56b

图 3-56c

图 3-56d

技术点评　本技术链是特殊摔法（竞技格斗禁用摔法）与竞技格斗禁用打击技的组合技术链。反击效果强，须谨慎使用。

4. 特殊控制法：**抓发掐喉** Grab hair and clamp throat（图 3-57a~c）

当对方下潜抱腰或抱腿时，我方伸左手抓其头发（或抓其左耳），同时出右手掐住对方咽喉。

然后身体左转，抓头发的左手逆时针发力，掐喉的右手也逆时针发力，将对方扭倒，使对方躺于我方的左腿上。我方掐住对方咽喉的右手用力向后推，将对方制服。

我方亦可直接用掐住对方喉咙的右手向后推并用左手抓发下拉将对方放倒。

图 3-57a

图 3-57b

图 3-57c

技术点评　本技术是特殊摔投技，将单手掐喉和扭摔相结合。但是本技术对手指力量有很高要求，不建议手指无力者使用。

二、前方连臂熊抱的反击

前方连臂熊抱 bear hug with arm（图 3-58）：对方从前方双臂张开环抱住我方双臂及躯干，我方两只手臂被环抱住，无法自由活动。前方熊抱后，对方一般会接抱摔，或者进行近身侵犯活动。

前方连臂熊抱危害：完全控制我方行动（包括手臂的运动），对我方尊严产生侵犯，为对方后续的抱摔攻击创造机会。

前方连臂熊抱后续攻击：熊抱蛮力摔、熊抱绊摔、熊抱头槌等。

以下为应对前方连臂熊抱的反击。

图 3–58

1. 打击法：抖击头槌摆脱法 Knock groin and headbutting（图 3–59a~c）

对方前侧连臂熊抱，我方迅速后跳步，同时向前抖击对方；

用头槌攻击对方鼻子；

然后借此机会逃脱，进行肘击或者摔法攻击。

技术点评　本技术是特殊打击技。有一定成功率摆脱对方，这取决于抖击和头槌的攻击力度。

图 3–59a

图 3–59b

图 3–59c

2. 要害攻击法：后跳步击裆 + 抱臂面部攻击 + 推眼脊柱固 Jump back and knock groin + hold arms and attack face + trample（图 3-60a~f）

特点：利用特殊攻击和前趋步进行防御。

当对方由前方连臂熊抱时，我方单手向前抖击对方或单膝攻击；

如果对方熊抱的双臂解开，我方接肘击攻击，若对方熊抱仍未破解，我方则使用"抱臂面部攻击 + 推眼脊柱固"（践踏摆脱法），即我方单手向前抖击对方

图 3-60a

图 3-60b

图 3-60c

图 3-60d

图 3-60e

图 3-60f

后接单膝击裆，收腿时两脚叉开下蹲，两臂上伸从对方双臂外侧绕过，我方两臂肘窝就像从外侧抱住对方双臂；

两手拇指攻击对方面部，然后前旋发力（前下发力）迫使对方头后仰；

与此同时，我方双腿从对方双腿外侧向前疾走几步（看上去就像从对方身上践踏而过），利用面部攻击和向前走的合力使对方脊椎被迫后弯以致被迫躺倒；

再接踩踏；

亦可接骑乘上位攻击。

技术点评　本技术链由特殊打击技与特殊摔法组成，都是竞技格斗的禁用技术。

3. 打击＋关节技摔投法：后跳步击裆＋夹臂膝击＋下砸肘＋上位夹肘翻转撤步投＋对地拳＋抱臂提锁 Jump back and knock groin + hold arms and knee attack + elbow down + takedown with holding elbow and rolling–over + ground punches + hold–arm wristlock（图 3–61a~h）

特点：特殊打击技、摔投技和关节技的综合运用。

当对方从前方连臂熊抱时，我方迅速向后提臂跳步并向前躬身，同时用前抖击攻击对方；

顺势左臂上抬夹住对方右臂肘窝，右手扶对方左肩；

接右膝顶头部（或者小腹）；

接右肘下砸后脑；

然后左臂勾住对方右臂肘窝，右手抓对方左臂或按对方后脑，两臂共同用力顺时针翻转对方，同时左脚后撤步，将对方拉倒；

图 3-61a

图 3-61b

图 3-61c

图 3-61d

图 3-61e

图 3-61f

图 3-61g

图 3-61h

此时对方已躺倒在地，接直拳击对方面部；

后面接卷腕抱臂提锁控制对方。

技术点评　本技术是特殊打击技、关节技摔法的组合技术，在反击抓捕时运用效果良好。

4. 摔投法：膝撞 + 转身臀投破解法 Knee attack + hip throw（图 3-62a~f）

特点：特殊打击技与摔投技的综合运用。

当对方由前方连臂熊抱时，我方双手抱住对方后背肩胛骨，右膝顶对方腹股沟；

然后收右腿，右脚置于对方右脚右侧，同时以右脚为轴，左转身180度，撤左腿，并用右手抓对方右侧肩胛骨，左手抓对方右肘部，先屈膝再直立并用右臀挑起对方，顺势将对方从我方右身侧摔投出去。

接对地直拳或踩踏。

图 3-62a

图 3-62b

图 3-62c

图 3-62d

图 3-62e

图 3-62f

技术点评　　本技术是特殊打击技与摔投技的组合技术。熟练掌握臀投技术并有一定的力量是成功使用这种反击技术的关键。

三、后方不连臂熊抱的反击

图 3-63

后方不连臂熊抱 Rear bear hug（图 3-63）：对方从后方双臂张开环抱住我方躯干，我方两只手臂没有被环抱住，可以自由活动。后方熊抱后，对方有时会接抱摔。

后方不连臂熊抱的危害：完全控制我方行动，对我方尊严产生侵犯，为对方后续的抱摔攻击创造机会。

后方不连臂熊抱后续攻击：过桥摔、后熊抱绊摔、后熊抱头槌等。

以下为应对后方不连臂熊抱的反击。

1. 打击法 + 特殊攻击：钻头式踩踏 + 后磕 + 侧移抖裆 + 面部攻击 Tread + heel attack + side knock + face attack（图 3-64a~d）

当对方从后方不连臂熊抱时，我方抬右脚，脚尖向右微转，猛力向下踩踏对方右脚面（踩踏后，右脚向外继续转动以产生旋碾伤害）；

右脚跟向后磕击对方右腿迎面骨（或膝盖）；

然后身体向左侧移并用右手向后抖击对方；

身体向后躬身，右手向上从对方头右侧绕过并抓对方脑后头发向前拉拽对方头，接着对其进行面部攻击。

图 3-64a

图 3-64b

151

图 3-64c

图 3-64d

技术点评　本技术是几种特殊打击技的组合技术。踩踏和后磕需要穿军靴（或高跟鞋）等有一定攻击威力的鞋才有攻击效果。如果光脚或者穿运动鞋，建议直接使用后抖击接面部攻击。

2. 摔投法：铲斗投法 Scooping throw（图 3-65a~c）

当被对方从后方不连臂熊抱时，我方左脚迅速向斜后撤步，右脚转过对方左侧大腿并插入对方腿后，同时我方半蹲弓身且双手向后伸（右手从对方身前向后伸，左手顺势向后伸），抓住对方大腿后侧腘窝（膝盖后侧），然后蹬地、伸髋、挺身（像挺举那样），将对方双腿举起向后投摔。或者自己主动后倒砸摔，以增加对方伤害。

图 3-65a

图 3-65b

图 3-65c

技术点评　　本技术是摔投技。有一定力量的训练者，尤其是熟练掌握高翻技术者，使用本方法更合适。本技术在对方并腿熊抱时成功率大，在对方大分腿熊抱时，由于我方一条腿不易插到对方腿后，所以成功率有限。

当我方力量小无法将对方举起时，可以采用鼻推式舍身砸摔的方法破解后方不连臂熊抱。

战术格斗补充技术 1：鼻推式舍身砸摔 Nose–push thrower falls（图 3–66a~d）

当被对方从后方不连臂熊抱时，我方左脚迅速向斜后撤步，右脚转过对方左侧大腿并插入对方腿后（最好别在对方双腿之后），然后我方右手从对方面前用小鱼际切推对方鼻软骨，同时自身主动后倒，利用体重舍身和右腿的绊摔效果使对方后倒，并利用体重进行砸压以增加动作效果。

图 3–66a

图 3–66b

图 3–66c

图 3–66d

战术格斗补充技术 2：鼻推式抄腿舍身砸摔 Thrower falls with nose–push and hold–leg（图 3–67a~c）

在鼻推式舍身砸摔的基础上，加入左手抓对方左腿腘窝并抄起对方左腿的动作。

图 3-67a

图 3-67b

技术点评　鼻推式舍身砸摔对使用者的力量要求比铲斗投低，而鼻推式抄腿舍身砸摔是介于鼻推式舍身砸摔与铲斗投之间的技术，需要使用者的力量居中。在实战中，要根据自身力量特点选择适合自己的格斗技术。

图 3-67c

3. 指关节技法：双肘击 + 折指卷腕 + 转身外卷腕后拉投 + 足球踢 Double elbow + Hold fingers + downturning palm knuckle lock + soccer kick（图 3-68a~g）

特点：打击技、腕关节技和摔投技的综合运用。

当对方从我方后方抱腰时（不连臂），我方迅速向前躬身并后翘臀部将对方向后顶；

抬左肘，后转身并击对方面部；

图 3-68a

图 3-68b

154

图 3-68c

图 3-68d

图 3-68e

图 3-68f

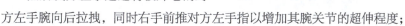

图 3-68g

抬右肘后转身击面部；

双手抓对方左手手指掰折，通过掰折解开对方的熊抱手，同时以左脚为轴左转 180 度，使对方左手腕向外侧卷折，此时对方左手手心向上，我方面向对方站立；

然后我方左手迅速将被外卷的对方左手腕向后拉拽，同时右手前推对方左手指以增加其腕关节的超伸程度；

然后我方在外卷对方腕关节的同时向后拉，迫使对方前扑倒地；

接踩踏或足球踢。

提示：

（1）本技术链也可以去掉两次肘击，直接折指卷腕。

（2）如果折指动作无法打开对方的熊抱手，也可以利用指节拳，用左手垫在对方左腕下，用右手食指和中指近端指关节指节拳击打对方左手背掌骨，剧烈的疼痛会使对方熊抱手松开。如果有过指节拳专项训练，有一定概率造成对方掌

155

骨骨裂。

（3）为了防止对方后方熊抱后直接起抱摔，在对方后方熊抱的一刹那，我方双脚前跳并分腿，重心后坐，以防止对方将我方抱起（图3-69）。

图 3-69

技术点评　本技术是打击技、腕关节技摔投的组合技术。力量小者仍然可以使用。

4.地面关节技：侧步舍身锁膝 + 膝锁 Side step + thrower kneebar（图 3-70a~f）

特点：运用膝关节技进行摆脱。

当对方从后方不连臂熊抱时，我方迅速身体侧移，左脚向左迈一步，身体扭转180度，使我方位于对方左侧身45度角位置，同时使对方左腿位于我方两腿之间；

图 3-70a

图 3-70b

图 3-70c

图 3-70d

图 3-70e

图 3-70f

然后前躬身，双手抱住对方小腿后侧，向前送再向上、向后举，同时身体后倒，用臀部砸压对方腹股沟和小腹；

然后我方躺在对方身上，向前伸腿，用力向后扳折对方小腿并向上顶腰，形成膝十字固。

补充：

（1）也可滚身倒向一侧，施展膝十字固，同时可以旋拧对方脚踝。

（2）也可用左腋夹住对方左小腿后侧，身体用力后倒并向上顶腰，施展膝十字固，以增加膝十字固的破坏力。

技术点评　本技术是关节技。如果对方开腿熊抱，我方有一定概率无法抄到对方单腿，这时要迅速用侧身后抖击进行补救。

四、后方不连臂熊抱并把我方举起的防御

后方不连臂熊抱并把我方举起Rear bear hug underarms（with lifting）（图 3-71）：对方从后方张开双臂并抱住我方躯干，我方两只手臂未被环抱住，仍可自由活动。同时，对方试图向上举起我方身体，使我方双脚抬离地面。

图 3-71

1. 打击法：指节拳连环砸掌背（3 至 4 连击）+ 后脑撞鼻 Knuckle fist + back head butting（图 3–72a~b）

特点：利用特殊攻击，适合任何人使用。

当对方从我方身后不连臂熊抱并将我方双腿抬离地面时，我方迅速在空中用两手中指指节拳连续砸击对方掌背 3 ~ 4 次；

然后直接用脑后上部向后仰头，撞击对方鼻子；

再趁机逃脱。

图 3–72a　图 3–72b

技术点评　本技术是特殊打击技，实战中结合其他打击技使用，效果更好。

2. 防摔 + 打击法：单脚缠腿 + 自行车踢 + 后摆肘 + 右直拳 Single leg wrap + supported kick + back–round elbow + right straight punch（图 3–73a~c）

当对方从我方身后不连臂熊抱并试图将我方双腿抬离地面时，我方迅速用左脚向后缠住对方左大腿膝后腘窝，把整个身体尽量贴在对方身上；

同时抬起右脚的后脚跟并向后圆摆，踢击对方腹股沟；

对方因剧烈疼痛开始松手时，我方左后转身，用左肘的转身摆肘攻击对方脸部，接右直拳。

图 3–73a

图 3-73b

图 3-73c

技术点评　本技术是将巴西柔术、MMA 竞技防御后方熊抱技术与后跟踢击腹股沟这样的竞技格斗禁用技合成到一起的技术。熟练掌握后，有一招制敌的功效。

五、后方连臂熊抱的反击

后方连臂熊抱 Rear bear hug with arm（图 3-74）：对方从后方双臂张开，环抱住我方手臂及躯干，我方两只手臂被环抱住，无法自由活动。后方熊抱后，对方一般会接抱摔，或者进行近身侵犯活动。

后方连臂熊抱危害：完全控制我方行动（包括手臂），对我方尊严产生侵犯，为对方后续的抱摔攻击创造机会。

后方连臂熊抱后续攻击：过桥摔、后熊抱绊摔、后熊抱头槌等。

以下为应对后方连臂熊抱的反击。

图 3-74

1. 防摔法：拉腕腋下逃脱法 Oxter escape（图 3-75a~f）

对方从我方后方连上臂带腰一并抱住时，我方迅速向上抬前臂抓住对方右手（或抓对方右手指），用力扳折迫使其松手；

转身，锁其被折指的手腕；

此时，我方的左手握住对方右手或右手腕，右手抓住对方右前臂，身体迅速左转；

把对方的右前臂向下拉，左手用力推对方右肩后侧，右手下拉对方右手和左手，推对方右肩，形成合力，左转身扳折对方右腕的同时，我方低头从对方右腋下逃出，同时迫使对方右掌心向上，用力向前向上推对方右手掌，锁住对方腕部；

控制对方右臂，使其右臂与其身体尽量垂直，撤步后拉迫使对方扑倒。也可在锁住对方右腕后，先对其脸部进行踢击，再迫使其扑倒。

战术格斗加强版：把拉对方右手换成拉对方拇指，其他动作不变。

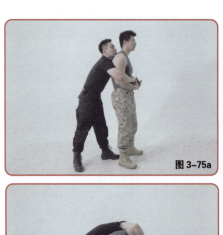

图 3-75a

图 3-75b

图 3-75c

图 3-75d

图 3-75e

图 3-75f

技术点评　本技术属于常规摆脱法，如果加入扳折小拇指，即为竞技格斗禁用技。本技术有一定概率造成对方由背侧连臂熊抱变成单臂后锁喉，我们要运用本章下文介绍的防御背后锁颈的技术进行连续防御反击，形成连续技术链。近身缠斗中，如果可以掰断对方一根小指，则可以极大降低对方的抓握力，使对方摔投技和关节技均受到影响，同时小指折断后的手无法握拳，也就瓦解了对方一只手的拳法攻击。

2. 摔投法：铲斗投 Scooping throw（图 3-76a~e）

特点：适合有力量且腰腹灵活的训练者使用。

当对方从后方连臂熊抱时，我方迅速左脚向左后侧移一步，然后右脚向后绕过对方左脚而到达对方两腿之后；

顺势两手抓对方两腿腘窝，将对方提起；

然后，向右后转身并将对方摔投。

自提起对方到摔投，对方身体始终紧贴我腰右侧。

图 3-76a

图 3-76b

图 3-76c

图 3-76d

提示：铲斗投是向上发力铲起，再转身后抛；而飘逸铲斗投是提起对方借转身之力将对方摔投。

技术点评　本技术属于摔投技。对于对方开腿的背后连臂熊抱，实战应用中有一定失败概率。

图 3-76e

3. 站立关节技控制：双掌击裆 + 转身三连肘 + 以色列式警察锁
Back knock 2 + elbow 3 + Israel police lock（图 3-77a~h）

特点：综合运用特殊打击技和站立控制技术。

当对方从我方身后连臂熊抱时，我方迅速身体前倾、臀部后挑并侧转身体；

接左掌后抖击；

接右掌后抖击；

接右后顶肘击对方；

图 3-77a

图 3-77b

图 3-77c

图 3-77d

图 3-77e

图 3-77f

图 3-77g

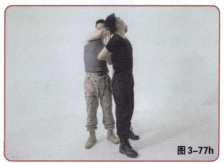

图 3-77h

接右后挑肘击对方下颌；

接转身后摆肘击对方右脸；

同时从右侧转身 180 度，使双方成近 L 型站位，我方顺势将左手插入对方右肘肘窝，右手抓对方后脑；

左前臂向上钩，搭住对方右肩从而锁住对方右臂（右手抓对方右臂或右肩，以辅助锁臂的完成）；

我方身体右转，左手从对方肘窝中伸出，经过对方右后肩向前伸出（此时对方的右前臂在我方的左手肘窝处）；

同时伸右手抓对方鼻子左侧或左下颌逆时针扳拧——形成以色列式警察锁；

然后我方向前疾走，形成无铐带离，即可控制对方。

提示：以色列式警察锁也叫单臂锁臂扳头控，动作是同时锁住对方右肩和颈椎，以达到锁技的目的。

技术点评 本技术链是由竞技格斗禁用打击技、通用打击技与站立关节技的组合技术链。平时训练时要熟练掌握技术链，不必完全拘泥于以色列格斗术的打击技攻击次序，要结合实战，形成尽可能减少动作的打击技术链。

4. 打击法：钻头式踩踏 + 后磕迎面骨 + 背击腹股沟 Tread + heel attack + crash groin（图 3-78a~c）

特点： 小动作特殊攻击，力量不强的女生也可以使用。

当对方从后方连臂熊抱时，我方先用右脚脚跟钻头式踩踏对方脚面（即脚跟踩上对方脚面后用力向外顺时针钻拧）；

接着右脚跟后磕对方右腿迎面骨
（或膝盖下部）；

图 3-78a

然后我方腰向前挺以让我方臀部和对方裆部产生空隙，我方顺势向后双手攻击对方腹股沟。

提示： 也可先前挺腰，再腰部左右摇晃，以腾出空间，用手向后攻击对方腹股沟。

图 3-78b

图 3-78c

第四节　整合版以色列格斗术应对其他站立缠斗的方法

一、应对后方单臂锁颈的反击

后方单臂锁颈 Back arm around neck（图 3-79）： 对方单臂从后面或者侧

面用肘窝锁住我方脖颈。

后方单臂锁颈危害：脑供血不足或者窒息。

后方单臂锁颈后续攻击：单臂锁颈拳击、裸绞、单臂锁颈头槌、单臂锁颈摔法、单臂锁颈刀刺等。

以下为应对后方单臂锁颈的反击。

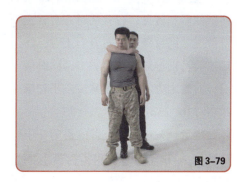
图 3-79

1. 要害打击 + 摆脱技法：拉臂抖击 + 腋下退出法 + 夹臂拳击 Pull arm and knock + oxter escape + clip arm and punches（图 3-80a~e）

以对方用右臂从我方身后左侧锁颈为例。

我方迅速伸右手抓对方右手并下拉（可抓对方手指以增加解脱效果），左手向后抖击对方，微左转身。左手从对方腋下向后掏出，同时从后向前推对方肩部，右手继续下拉对方右手，低头将头部从对方腋下退出。

图 3-80a

图 3-80b

图 3-80c

图 3-80d

然后左转身，右臂从对方右臂上部掠过，用右腋夹住对方右上臂，然后右转身别拧对方右肩关节，同时借身体右转之力，用左摆拳或左平勾拳攻击对方后脑。

提示：夹对方右上臂的目的在于防止对方用右肘向后攻击我方右侧软肋。

图 3–80e

技术点评　本技术是摆脱型关节技与控制型竞技禁用打击技的组合技术。熟练掌握后，逃脱效果不错，但可能给对方造成比较严重的伤害。

2. 要害打击法：L 型站位侧身前后抓击腹股沟法——后前击裆 + 面部攻击投 L–position knock 2 + takedown with face attack（图 3–81a~g）

特点：特殊攻击技和特殊摔投技的综合运用。

对方从后方锁颈或裸绞（以对方从我方右侧用左臂锁颈为例），我方迅速右脚撤步转身 90 度并前躬身（使右脚挡绊丁对方双腿后侧），使双方成近身 L 型站位（此时对方仍锁住我方颈部）；

然后我方右手从对方裆后侧向前攻击对方裆部；

左手从前向后用掌部抖击对方；

右手抓对方后脑头发向后拉，左手食指与中指攻击面部向后推，使对方向后躺倒（若对方是光头或超短发无法抓发，也可右手从对方左肩上绕过，用鼻推法向后切对方鼻软骨）。

图 3–81a

图 3–81b

图 3-81c

图 3-81d

图 3-81e

图 3-81f

技术点评　本技术是常规防御技术、禁用打击技的组合技术。当被锁颈时，撤步转身成 L 型站位是通过身体位置变换防御锁颈的有效常规方法，在地面位防御断头台时也有类似用法。后面的各种打击技只在街头自卫中结合当地法律适用，不适合竞技格斗。

图 3-81g

3. 要害打击 + 摔投法：后抖击 + 侧向臀投 + 踩踏 Back knock + side hip throw + tread（图 3-82a~e）

特点：适合有一定力量基础者使用；腰腹力量强者，使用时有利。

以对方从我方右侧用右臂锁颈为例，我方先左手后抖击。

然后右手从对方敌背侧大开掌抓对方右侧肩胛骨，左手抓对方右臂肘部。

然后左脚向左前方迈一小步，为右脚绕到对方腿前创造条件。右腿上步，别在对方两腿之前（最好在对方右腿的右侧），两腿微屈，用右臀插入对方两腿之间并抵住对方腹股沟或小腹，两腿伸直，身体前躬身即可把对方背起，背起同时用我方右臂向前带，左臂向前拉，同时脸向左看，即可把对方向前或右前侧投摔。

对方倒地后，横躺或侧躺在我方右前侧，我方用左脚攻击对方脸部。

补充：绊摔式臀投 Sweepdown and hip throw

特点： 绊摔式臀投比普通臀投更省力，但是攻击威力比臀投小。

我方右手从对方背侧大开掌抓对方右侧肩胛骨，左手抓对方右臂肘部后；伸右腿上步别于对方右腿前侧，右脚要求别在对方右脚右侧，然后右腿向后绊并用右臂上挑，同时右臂向前带，左臂向前拉而摔投对方。

技术点评　本技术是特殊打击技与摔投技的组合技术。侧位臀投对核心力量要求更高，绊摔式臀投对后绊的爆发力要求更高，应根据自身情况选择技术。

图 3-82a

图 3-82b

图 3-82c

图 3-82d

图 3-82e

4. 特殊摔法：拉臂击裆撤手 + 推鼻法解脱 Pull arm, knock groin and move hand + push nose（图 3-83a~f）

以对方右手从我方后方锁颈为例。

当对方勒颈时，我方迅速伸右手抓对方右手小指，通过牵其小指将其右手向右拉开，使我方身体得到转身空间，同时左手抖击对方。

我方身体微左转，伸左臂从对方腋下穿入，再经对方背侧从对方右肩上穿出。迅速用穿出的左手掌抵住对方鼻软骨，向上、向后拉对方鼻子使对方后仰。

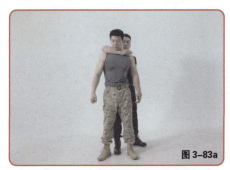

图 3-83a

图 3-83b

图 3-83c

图 3-83d

图 3-83e

图 3-83f

我方继续左转身，迅速伸左腿于对方腿后，借左手的鼻推和左脚的绊摔将对方绊倒。

技术点评　本技术是特殊打击技与特殊摔投技的组合技术。

二、应对前方断头台的反击

前方断头台 Guillotine choke（图 3-84）：对方从前侧由上至下单臂肘窝锁住我方脖颈，使我方处于一种颈部被锁且前躬身的状态。

前方断头台危害：头部缺血甚至窒息。

前方断头台后续攻击：前锁颈拳击、前锁颈肘击、前锁颈膝击、站立断头台、舍身地面断头台等。

以下为应对前方断头台的反击。

图 3-84

1. 打击法：抖肘掐踢四连击 Knock, elbow, clamp and kick groin —— attack 4 （图 3-85a~d）

对方从前方对我方使用断头锁（以对方右臂对我断头锁为例），我方迅速左手握紧对方右手一根手指，下拉对方右臂，同时我方身体微下蹲，利用下蹲的力量作用于对方的右手上，同时我方右手抖击对方；

图 3-85a

图 3-85b

图 3-85c

图 3-85d

右上挑肘击对方下巴；

右手拇指推击对方咽喉；

缩头，使头部从对方右腋下逃脱，接前踢腹股沟；

或右手从对方颈部左侧入手搂对方后颈，右膝撞裆。

技术点评 本技术是特殊打击技与一般打击技的组合技术，简单易学，摆脱成功率高。

2. 站立绞技法：右左腹股沟连击 + 断头台扭颈击打术 Knock 2 + guillotine twist（图 3-86a~d）

以对方从前方用右臂断头台为例。

我方右左手连续抖击对方；然后借对方疼痛躬身之机，用右臂对对方进行断头台并顺时针扭转对方颈，使对方脸朝向我方左侧（我方腰部也可顺时针扭转，以增加扭颈效果）；左手从下方攻击对方朝向左侧的脸部。

图 3-86a

图 3-86b

图 3–86c

图 3–86d

技术点评　本技术是特殊打击技与绞技的组合技术。成功使用的关键在于抖击的力度可以使对方疼痛到前躬身。

拓展技术链：右左腹股沟连击 + 后滚式过肩摔 + 按头站立 Knock 2 + guillotine back throw + press head and stand

特点：对于有摔法基础者，使用效果更佳。

以对方从前方用右臂断头台为例，我方右左手连击对方腹股沟，然后右臂对对方进行断头台；

然后我方右脚上步插入对方两腿之间，左手抓对方右大腿前裤子（或指尖向下按住对方右大腿）；

左臂下蹲到最低点时顺势向后倒地并后滚翻，同时手臂锁对方颈向后抛，左手推对方右大腿前侧向后挑再向后抛，最终，在我方后倒的同时，将对方从我方头上向后投摔；

双方一同倒地后，我方迅速翻身并按压对方头部或鼻侧进行站立。

技术点评　本技术作为对"右左腹股沟连击 + 断头台扭颈击打术"的后续补充攻击，针对体重比我方小或者体重相仿的对手效果显著，体重大于我方 30 公斤以上者，不建议使用该技术。

3. 打击 + 摔投法：右左裆部连击 + 断头台扭颈击打术 + 抱臂翻身投 Knock 2 + guillotine twist + takedown with holding elbow and rolling-over（图 3–87a~d）

以对方从前方用右臂断头台为例。我方右左手连击对方腹股沟，然后右臂对对方进行断头台；

　　然后左臂勾住对方右臂肘窝，右手按对方后脑，两臂共同用力使对方顺时针翻转，以使对方仰躺，同时左脚后撤步，身体左转 90 度将对方拉倒；

　　此时对方已躺倒在地，接直拳击对方面部；

　　后面接卷腕抱臂提锁控制对方。

图 3-87a

图 3-87b

图 3-87c

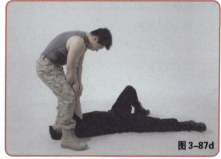
图 3-87d

　　技术点评　本技术是特殊打击技与关节技摔投的组合技术。抱臂翻身投比后滚过肩摔训练难度要小。实际上比对方使用断头台后直接后倒舍身接地面断头台，成功制服对方的概率更高。

三、应对抓衣领的反击

　　前方抓衣领 Grab collar（图 3-88）：
对方用一只手抓住我方衣领，另一只手蓄势攻击。

　　前方抓衣领危害： 控制我方行

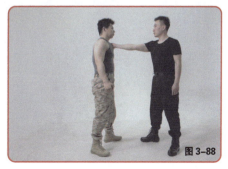
图 3-88

动，可以边揪衣领边谩骂，也可以一只手揪衣领另一只手进行殴打。

前方抓衣领后续攻击：抓衣领拳击、抓衣领掌掴、抓衣领肘击、抓衣领头槌、抓衣领踢击、抓衣领膝击、抓衣领摔法等。

以下为应对前方抓衣领的反击。

1. 特殊摔法：撒步拉肘扳头摔 Pivot Takedown with pulling elbow and twisting neck（图 3–89a~d）

当对方单手抓我方脖领时（以右手抓我方脖领为例），我方迅速左转身，伸右手掌心向上从对方右肘下掏过，抓住对方右肘向后向右拉，同时我方右撒步；

伸左手绕过对方头部，按对方鼻子并逆时针旋拧对方头（或抓对方头顶头发逆时针旋拧对方头，或抓对方左耳朵逆时针旋拧对方头），同时左脚截腿踩击对方右腿膝盖后侧腘窝，迫使对方躺倒在我方身前；

接左脚踩踏。

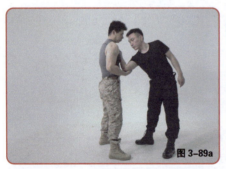
图 3–89a

图 3–89b

图 3–89c

图 3–89d

技术点评 本技术是站立关节技（对颈椎的关节技效果）与打击技的组合技术。本技术拉臂、扳头、截腿需要快速完成，在训练上有一定难度，需要熟练掌握才有实战效果。

2. 肩关节技法 1：抓手击裆 + 锁肘转身投 Pull hand and knock groin + elbow lock throw（图 3–90a~f）

以右手抓脖领为例。

当对方右手抓我方脖领时，我方迅速左转身 90 度，左脚脚尖向左旋转大于 90 度，右脚脚尖向左转小于 90 度，同时左手从对方右手内侧向上伸出，并用右手向前抖击对方；

左手握掌，右手从对方右上臂下掏过，肘关节夹住对方右上臂，并用右手抓住自己的左手腕——两前臂互相垂直，形成站立式腕锁；

我方双臂迅速向上、向前摇推，同时借助我方右臂的杠杆作用对对方右臂肘关节造成伤害；

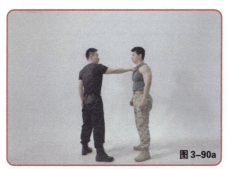
图 3–90a

图 3–90b

图 3–90c

图 3–90d

图 3-90e

图 3-90f

对方难忍剧痛，顺势摔倒。

技术点评　本技术是利用站立关节技的摔投。如果使用锁技时加入右脚的绊摔，效果会比单纯的锁技摔投更好。

3. 腕关节技法：**压手转身锁肘窝** Wrist-elbow lock（图 3-91a~d）

特点：腕肘关节破解法。

当对方右手从前方抓我方衣领时，我方迅速伸右手将对方右手按压在我方胸

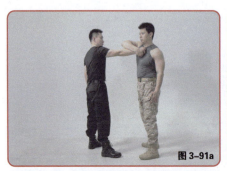

图 3-91a

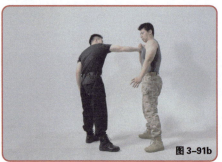

图 3-91b

图 3-91c

图 3-91d

前，并用我方四指向右抠住对方小指侧的掌背，并迅速右转身（可利用左肘或左掌向右推击对方右肘肘部以加强转身效果）；

左掌砍击对方右肘肘窝，使对方屈臂；左手下拉对方右肘肘窝，右手压住对方右手掌，微向下弯腰，两边相反用力将产生对对方手腕的锁技效果，即可将对方拖倒。

技术点评　本技术是站立关节技。技术需要精确了解人体腕肘关节结构特性，才能自如使用本技术。本技术运用到警用反制抓捕技术很有效果。

4. 肩关节技法 2：反缠肘控制（图 3-92a~e）

当对方从前方单手抓我方衣颈时（以右手单手掐颈为例），我方左手抓牢对方右腕，并把对方右肘紧紧按压在我方胸口；

右掌砍击对方右臂肘窝，迫使其右臂弯曲（整个过程中左手一直

图 3-92a

图 3-92b

图 3-92c

图 3-92d

图 3-92e

从外侧抓住对方右手腕）。借砍击之力用右手向右挑摆对方右肘，进而抓住对方右肘窝，逆时针旋转对方右臂，并用我方右臂缠住对方右肘，右手摸对方右胸——形成砸肘反缠肘关节技。

技术点评　本技术是站立关节技。反缠肘在应对侧位双手掐颈、前方单手掐颈、前方抓衣领时均有很好的效果。

四、应对抱腿摔的反击

前方抱腿 Snatch legs（图 3-93）：对方从我方前侧下潜双手抱我方腿的攻击方式，包括下潜抱双腿（通常是抓我方腘窝）和下潜抱单腿。

前方抱腿危害：便于对方使用各种摔法和砸摔，同时控制我方行动。

前方抱腿后续攻击：抱双腿摔、抱双腿砸摔、抱单腿旋摔、抱单腿绊摔、抱单腿扛摔等。

图 3-93

以下为应对前方抱腿的反击。

1. 打击法：迎面膝击 Knee attack（图 3-94a~b）

对方下潜抱腿摔。对方下潜的同时，我方飞膝向前迎击对方脸部。如果击中，对方很有可能丧失战斗能力；如果没有击中，我方要迅速后跳步撤腿前扑，防止对方抱住我方的腿。

图 3-94a

图 3-94b

技术点评　本技术是常规打击技。使用本技术如果没有击中对方面部，有一定概率被对方抱住我方膝击的单腿，此时要身体压在对方背部进行应对抱单腿摔的防御。

2. 防摔 + 打击法：撤步膝击 + 砸拳 Backward dodge and knee attack + hammer punch（图 3−95a~c）

对方下潜欲抱腿。对方下潜时，我方迅速前腿后撤步并转身，并同时伸手抓对方头两侧；

然后控制住对方头部，下降重心并用力下压，接膝击面部；

双方成 L 型站位，对方前躬身，我方压住对方头，从侧面用砸拳攻击对方后脑。

图 3−95a

图 3−95b

图 3−95c

技术点评　本技术是常规打击技与禁用打击技的组合技术。要求撤前腿要快，竞技格斗中禁用。

3. 防摔 + 绞技：后跳步压制 + 拿背裸绞 Sprawl + naked choke（图 3−96a~e）

对方下潜抱摔，在对方接触到我方身体时，我方先完成后跳步压制对方背部；

压后脑控制后，我方迅速转身拿背，接拿背裸绞。

图 3-96a

图 3-96b

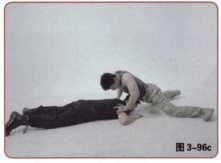

图 3-96c

图 3-96d

拿背裸绞：对方已俯卧于地面，我方骑到对方背上并转换成俯卧位。然后我方伸右臂从对方颈前掏过，同时上抬左臂，使右手握于左臂肱二头肌；此时尽量用我方右肘对准对方喉部，用我方右臂肱二头肌与前臂肱桡肌对对方两侧颈动脉形成双重闭锁；我方双臂绞紧，右臂向后拉，左手前

图 3-96e

推对方后脑，并用我方额头顶住左手背持续向前施压——形成对颈部的绞技。

　　拿背后如果对方成狗爬位，我方可以用手臂锁喉拉起对方并用双腿缠住对方的腰，接滚身躺地裸绞完成该技术链。

　　技术点评　本技术链是地面防摔与地面绞技的组合技术。在 MMA 竞技中也可以使用这个技术。

4. 防摔 + 特殊攻击：后跳步压制 + 指压技 Sprawl + thumb press

当对方下潜抱腿时，我方先完成后跳步压制对方背部；

同时伸双手，用两根拇指向前顺时针按拧对方耳后窝，剧烈的疼痛会使对方前扑倒地；

对方前扑后，我方可以采用打击技、绞技等多种攻击方式。

技术点评　本技术属于特殊攻击。在快速地下潜抱腿过程中，后跳步压制防摔成功后，快速找到耳后窝并使用点压攻击有一定难度。

第四章
整合版以色列格斗术
应对站立打击技的方法

　　站立打击技相对于一般的纠缠，是暴力升级的徒手伤害和攻击形式，在街头自卫中也是最常见的暴力形式。以色列格斗术中应对站立打击技的防御方法应用面很广。以色列格斗术应对站立打击技时呈现出格挡反击、拉臂反击、摔投反击、站立关节技控制与摔投、地面关节技与绞技、反击抓捕等多种不同形式的反击模式。同时，以色列格斗术中很多站立打击技的反击技术和徒手对武器技术是通用的，例如以色列卡帕术中应对直拳的"三连挡＋推肘直拳"是从徒手应对折刀直刺的反击中迁移过来的。掌握好本章的技术，能为第六章中徒手应对武器攻击的技术奠定基础。

第一节　以色列格斗术应对手部攻击的方法

　　街头攻击中，手部打击技攻击是出现频率最高的攻击方式，包括掌掴、直拳、摆拳、勾拳、平勾拳和击腹等。对这些攻击的防御，整合版的以色列格斗术有着自己独特的防卫方式和技术倾向。大家最好整合性地学习整合版的防卫方式，以掌握立体的防范模式。

预备知识：以色列格斗术中的"内和外"

　　"内"inside：近身位对方两臂前伸，在对方两臂内侧为"内"。一般对付各种摆击或旋转攻击（包括拳法的摆击、腿部的摆击），我方在格挡与反击时要尽量使自己进入对方两臂之间。

　　"外"outside：近身位对方两臂前伸，在对方两臂外侧为"外"。一般对付各种直线攻击（直拳、正蹬、侧踹等），我方在格挡与反击时要使自己闪身到对方两臂外侧。

　　提示：根据下文的实战反击案例，读者要细细体会这些技击原则在实战中的应用。

一、以色列格斗术应对直拳的方法

　　直拳 Straight punch（图4-1）：通过蹬腿、送胯、送肩、伸臂、旋腕，利用拳锋直线攻击。直拳在街头格斗中使用频率较高，但不如摆击（摆拳或者扇掌）使用频率高。

图4-1

直拳危害：打伤眼睛、鼻梁，打掉牙齿，打中下巴造成下颌脱臼或者晕眩。

直拳后续攻击：组合拳连续攻击、拳腿组合、拉肩膝撞等。

以下为应对直拳的反击。

1. 格挡＋拳膝打击法：外侧格挡＋直拳连击＋外侧拉肩膝击＋推开撤离 Outside parry + straight punches + knee attack with pulling shoulder + push away（图 4-2a~e）

当对方直拳打来（以右直拳为例），我方左脚上转步，左闪，用左手掌从对方右腕外侧拍击（也可以滚推式格挡），改变对方直拳方向；同时我方出右直拳攻击对方面部或者右侧下颌；马上接左直拳连击；无论打中对方与否，接双手拉对方头和肩，抬右膝攻击对方腹部；然后推开对方，趁机撤离或者进行后续攻击。

图 4-2a

图 4-2b

图 4-2c

图 4-2d

图 4-2e

技术点评　本技术链走直拳外侧躲闪与单手格挡路线，打击技反击，快而直接，可以在竞技格斗与街头自卫中使用。

2.膝打击法：上转步挡拆膝击腹部 Outside parry and knee to abdomen（图4-3a~b）

当对方直拳打来（以右直拳为例），我方左上转步，身体右转，用双掌推击对方右臂外侧；顺势用右手抓对方右手腕，左手抓对方上臂肘弯处，向右拉；同时右膝向左攻击对方躯干正中腹部。

图4-3a　　　　图4-3b

技术点评　本技术链走直拳外侧躲闪与双手格挡路线，控制性打击技反击，快而直接，可以在竞技格斗与街头自卫中使用。

3.站立关节技法：站立抱臂提锁摔投法 Hold-arm wristlock（图4-4a~f）

外格挡直拳＋抓腕砸肘抱臂控制＋冲步膝撞＋左上转步抱臂提锁＋抱臂提锁左撤步转身投＋地面抱臂提锁控制 Outside parry and Straight punch + hold-arm with grabbing wrist and chop elbow + knee attack + hold-arm wristlock throw then control in the ground

（1）预备训练

外侧推手闪躲：当对方右直拳打来，我方迅速将身体及头部向左侧闪躲（向对方拳的外侧躲闪），伸左手向右侧推击对方右手腕外侧，同时用右直拳攻击对方面部。

注：该训练需长期训练，以增加反应速度。

图 4-4a

图 4-4b

图 4-4c

图 4-4d

图 4-4e

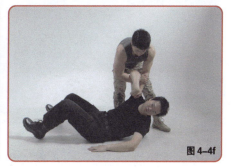

图 4-4f

（2）站立位抱臂提锁转身投

我方和对方都是站立位，我方左手抓对方右手腕，右手下砍对方右肘窝。

我方顺势右转身，左手抓对方右手腕下压内卷，右前臂别住对方右肘窝——形成站立位抱臂提锁动作。

然后以右脚为轴，身体逆时针旋转。我方转身时始终保持着抱臂提锁状态。

通过抱臂提锁转身摔投将对方摔倒。

摔倒对方后，我方左手下卷对方手腕，右前臂上提对方肘同时抓住我方左前臂，形成地面位抱臂提锁，将对方控制。

提示：步伐很重要，欲完成抱臂提锁转身投摔，首先进行"上转步90度＋后撤步180度"的步伐训练。

技术点评　本技术链将外侧格挡直拳与抓臂控制相结合，按照站立关节技反击思路，利用抱臂提锁关节技完成关节投摔并顺势完成地面控制。技术复杂，初学者掌握该技术难度大，竞技格斗中抓臂成功率会降低，但是该技术适合街头自卫和运用到警用抓捕中。

4. 防刀技术运用：三连挡 + 推肘直拳 Parry 3 + punches with pushing elbow（图 4–5a~d）

当对方直拳打来（以右直拳为例），我方左脚上转步，左闪，到对方右臂外侧，用左手掌从对方右腕外侧拍击（也可以用滚推式格挡），改变对方直拳方

图 4–5a

图 4–5b

图 4–5c

图 4–5d

向；接着我方右手向右拨对方右臂，左手推对方右肘，右直拳攻击对方右侧下颌。

左手外侧格挡，右手外侧拨挡，左手推肘，三个动作一气呵成，形成三连挡，再接推臂直拳。

技术点评 本技术链走直拳外侧躲闪与单手格挡路线，多段控制对方出拳手臂，拳法打击技反击。多段控制容易造成对方攻击手臂逃跑。该种多段控制的方法是从战术刀法中移用过来的，此种反击策略更适合在我方持刀时使用。

提示： 以色列格斗术应对直拳的反击方法可以迁移到应对直线推击、直线抓衣领的反击。

二、以色列格斗术应对摆拳的方法

摆拳 hook（图 4-6）： 通过蹬腿、送胯、胸椎扭转、肩关节爆发性水平内收，利用食指、中指掌指关节和拳锋进行打击。

图 4-6

摆拳危害： 打伤眼睛、鼻梁，打掉牙齿，裸拳打中下巴造成下颌脱臼、晕眩或脑震荡。

摆拳后续攻击： 组合拳连续攻击、拳腿组合、摆拳膝击组合、打晕后接摔法等。

以下为应对摆拳的反击。

1. 格挡 + 打击法

（1）应对摆拳或掌掴的基础格挡技术

a. 上位 45 度格挡 Up 45° parry：手臂举起，上臂平行于地面，肘关节呈 45 度。

上位 45 度格挡目的： 防御带有角度的摆拳和抡拳。

b. 上位直臂格挡 Up parry：手臂举起，上臂平行于地面，肘关节呈 90 度，前臂垂直地面。

上位直臂格挡目的：防御扇掌、摆拳、平勾拳及其他侧向摆击。

（2）应对摆拳或掌掴的防守反击：格挡 + 直拳 Parry + punch（图 4–7）

当对方摆拳打来（以右摆拳为例），我方出左前臂向上斜插，用前臂外侧尺骨格挡对方右前臂内侧，同时出右直拳击打对方面部或下颌。

图 4–7

技术点评　本技术链为连防带打的打击技反击技术链，需要熟练的直拳技术作为基础。本反击方式是其他版本以色列格斗术反击方式的基础。

2. 冲撞反击法：挑肘冲击拳 + 内围近身技 Elbow guard and crash + inside attack（图 4–8a~b）

对方摆拳打来，我方左臂挑肘并左手抱住我方后脑，左肘向前，右手成搓推掌或者日字直拳；

我方保持左臂挑肘抱头，右手日字直拳状态，突然上步前冲向对方正面，用左肘前顶，右拳前冲破防进入对方内围；

迅速接颈椎锁；

或者拉臂平击肘。

提示：

a.挑肘冲击拳要具有突然性。如果一次不成功，不应该连续使用。

b.挑肘冲击拳应该使用大胸靶或沙袋进行练习。

图 4–8a

图 4–8b

技术点评 本技术为连防带打的打击技。本技术简单易学，除了作为应对摆拳的防反技术外，还可以运用到对乱拳的防反中。

3. 站立关节技法：搪打结合 + 拉臂肘击 + 捋肩膝撞 + 外侧臂锁控制 Parry and attack + elbow with pulling arm + knee attack with pulling shoulder + outside arm lock（图 4-9a~h）

当对方摆拳打来（以右摆拳为例），我方出左前臂向上斜插，同时用前臂外侧格挡对方右前臂，并出右拳击打对方面部；

左手拉对方右前臂外侧，右肘攻击对方面部或下颌；

右手捋对方右肩，起右膝攻击对方腹股沟；

图 4-9a

然后右手从对方右上臂外侧自上至下掏入上臂内侧，并抓住我方左手手腕，形成外侧臂锁；

我方以左脚为轴，身体顺时针旋转，同时顺时针扭转对方右臂，以产生对对方右肩的反关节效果，同时向下前躬身以增加对对方右肩关节的伤害，甚至使对方被我方投摔倒地；

对方倒地后，我方可继续扭转其手臂，再接踩踏或足球踢。

图 4-9b

图 4-9c

图 4-9d

图 4-9e

图 4-9f

图 4-9g

图 4-9h

提示：

（1）外侧臂锁时，如果我方左手抓住对方前臂末端，则施展外侧臂锁，不但可以对其肩关节造成伤害，也可同时对其肘关节造成伤害。

（2）如果我方左手抓对方右手腕或手背，施展腕挫外侧臂锁，则会增加对其腕关节的伤害。具体做法是，在臂锁成型并迫使对方躬身受控时，我方用左手下压对方右手腕或手背。

（3）在使用外侧臂锁时，调整对方右肘关节的曲直状态，可形成曲臂外侧臂锁和直臂外侧臂锁。

曲臂外侧臂锁和直臂外侧臂锁的区别：

前者对肘关节没有伤害，只攻击肩关节；后者对肩、肘关节均造成伤害。

技术点评　本技术链是多种站立打击技、站立关节技的组合技术，可以省略中间的肘击、膝击直接使用。本技术链可以运用到抓捕技术与 MMA 竞技技术中。

4. 站立绞技法：搪打结合 + 肘击拉臂 + 站姿裸绞 Parry and attack + elbow with pulling arm + naked choke（图 4–10a~f）

当对方摆拳打来（以右摆拳为例），我方左前臂向上斜插，同时用前臂外侧格挡对方右前臂，并出右拳击打对方面部；

左手拉对方右前臂，右肘攻击对方左脸；

双手快速自下至上拉对方右臂，逆时针旋转对方身体迫使对方背对我方，

图 4–10a

图 4–10b

图 4–10c

图 4–10d

图 4–10e

图 4–10f

同时左手拉对方左肩辅助，上转步尽量绕到对方身后。接站姿裸绞，后拉对方颈部。我方边后拉边下蹲，或坐在地上，抑或跪于地上，以迫使对方坐于地面。锁住对方。

技术点评 本技术链是多种站立打击技、站立绞技的组合技术。本技术链可以省略中间的肘击直接使用，也可以迁移到抓捕技术中。

提示： 以色列格斗术应对摆拳的反击方法可以迁移到应对平勾拳、大摆拳和掌掴的反击中。掌掴是进行侵犯和扭打时常用的攻击方法，发力结构与摆拳相似，只是由拳法攻击变成了手掌的扇击。

三、以色列格斗术应对勾拳的方法

勾拳 uppercut（图 4-11）： 以右上勾拳为例，攻击者身体微下蹲蓄力，蹬右腿，身体向上挺，右脚踝外旋，右脚跟离地；腰向左微转，向前送右肩，右臂向上勾击。

勾拳危害： 打中下巴造成下颌骨折、晕眩或者脑震荡，躬身位击伤面部。

勾拳后续攻击： 组合拳连续攻击、拳腿组合、拉肩膝撞等。

以下为应对勾拳的反击。

图 4-11

1. 格挡 + 打击法

（1）应对勾拳的基础格挡技术

a. **下位 45 度格挡 Down 45° parry：** 上臂于身体两侧夹紧，护住两肋，前臂向外伸。

下位 45 度格挡目的： 防御低位勾拳，配合步伐和搓挡技术防御扫腿。

b. **躬身位 45 度格挡 Arch 45° parry：** 身体向前躬身，两手向下伸，肘关节呈 45 度角。

躬身位 45 度格挡目的： 格挡胃拳、下勾拳和下位捅刺的手腕。

（2）应对勾拳的防守反击：**下格挡 + 直拳 Down parry + punch（图 4-12）**

当对方下勾拳打来（以右下勾拳为例）时，我方由格斗架势开始，左前臂向下，用前臂外侧撞击对方右前臂内侧，撞击后我方左前臂紧贴对方右前臂向下滑动，同时向外拨开对方右手；

我方出右拳迎击对方面部；

接快速直拳攻击、肘击等。

图 4-12

技术点评　本技术链为连防带打的打击技反击，需要熟练的直拳技术作为基础。本反击方式是其他版本以色列格斗术反击方式的基础。

2. 肩关节技法：肘里锁 Inside elbow lock

肘里锁也叫作**抱臂翻臂压肘撤步转身摔**（图 4-13a~e）。

当对方以右下勾拳攻击我方时，我方使用下位内侧滑动格挡技术：左前臂下搂手由内向外用前臂外侧棱处格挡，并顺势粘贴住对方右臂内侧，转而由外向内抱住对方右肘外侧，同时用左臂夹住对方右腕；然后我方肩关节外展，施压于对方上臂使其右肘关节被迫伸直（此时对方右腕被我方肩部挑起），同时我方顺势向前上步后向右转身。

我方左前臂压住对方右上臂，右手抓住对方右手，用力下压对方右臂，同时右腿后撤步转身 90 度前躬身下压，即可迫使对方前扑倒地，并被我方锁住肘关节。

图 4-13a

图 4-13b

图4-13c

图4-13d

图4-13e

我方可左膝单膝跪在对方后背上，右脚着地，用双手继续向对方右肘施压。

提示：

（1）如果肘里锁释放速度够快，很有可能造成对方肘关节鹰嘴骨折，所以训练时需在教练指导下慢慢进行，以免造成不必要的伤害。

（2）辅助训练：应对下勾拳的"下位内侧滑动格挡＋抱肘技术"，即从内测滑动格挡对方下勾拳，转换到转臂抱肘的过程。该辅助训练要经常练习，以达到动作自动化的要求。

（3）该方法也可用于防御与反击对方的下位胃拳。大家要活学活用。

补充：动作过大的补救（肩扛式压肘＋抱臂撤步压肘投）

我方在用左臂由外向内抱对方右肘时，将对方右前臂一下推到了我方左肩上，我方就顺势撤步压肘，即可使对方前扑倒地。

技术点评　本技术属于打击技与站立关节技的组合技，在街头自卫或者抓捕技术中可以应用。在MMA竞技中，由于对方出拳较快且身体汗渍湿滑，使用成功率会降低。

四、以色列格斗术应对乱拳的方法

乱拳 Chaos boxing：直拳、勾拳、摆拳、抢拳和掌掴等胡乱组合的拳法攻击。其中抡拳是自斜上至斜下的抡摆或者自上而下的抡砸，不是现代搏击中的典型拳法。

乱拳的危害：乱拳的攻击威力显然不如经过学习的直摆勾组合拳法。

乱拳的后续攻击：乱拳、拳腿组合、近身缠抱等。

以下为应对乱拳的反击。

1. 防御 + 要害打击：护头防御 + 直接前踢腹股沟 Head protector + kick groin（图 4-14a~b）

当对方乱拳攻击时，我方护头防御。

根据强势攻击的重复性原则，当对方拳法占据优势而我方无还手之力时，对方更倾向于继续使用拳法攻击而疏于对腿法的防御。我方可趁其不备，起前腿踢对方腹股沟，击中后转身撤离。

提示：护头方法可以采取拳击运动中的护头法，也可以采取以色列防身术中的"心形手臂护头法"。该方法防护效果更好，我方受伤概率更小。

图 4-14a　　　　图 4-14b

技术点评　本技术链为特殊打击技类反击技术链，简单易学，但在竞技格斗中禁用。

2. 冲撞打击法：挑肘冲击拳法 Elbow guard and crash punch（图 4-15a~d）

对方乱拳打来，我方左臂挑肘并用左手抱住我方后脑，左肘向前，右手成搓推掌或者日字直拳；

我方保持左臂挑肘抱头，右手呈日字直拳状态，迅速上步冲向对方正面，用左肘前顶，右拳前冲破防进入对方内围；

迅速接颈椎锁；

或者拉臂平击肘，捋肩膝撞。

图 4—15a

图 4—15b

图 4—15c

图 4—15d

技术点评　本技术属于防御式冲撞和多种打击技的组合技术，和 CKM 应对摆拳的思路类似。

3. 摇闪＋膝击法：拳架防守摇闪式后退＋上转步 L 型站位捋头（捋臂）膝击 Sway back + hold neck（hold shoulder）and knee attack after forward-turn dodge（图 4—16a~f）

当对方乱拳袭来，我方要立刻成格斗架势，抬双臂于体前，肘关节小于 90 度，双手握拳，两前臂尺骨外侧棱处朝外，可以双拳护住下颌，也可达到眼睛的高度，也可采用左手抱右拳的三角式防御。

同时，我方保持防御架势，边摇闪、边向后退，伺机进攻。

　　当发觉对方打来右直拳（或其他右臂发出的进攻），我方在后退的过程中突然变向左上转步，并用双手分别抓对方右臂和后脑向下拉，抬膝攻击对方面部。

　　接拳锤攻击对方后脑，接倒垃圾投。

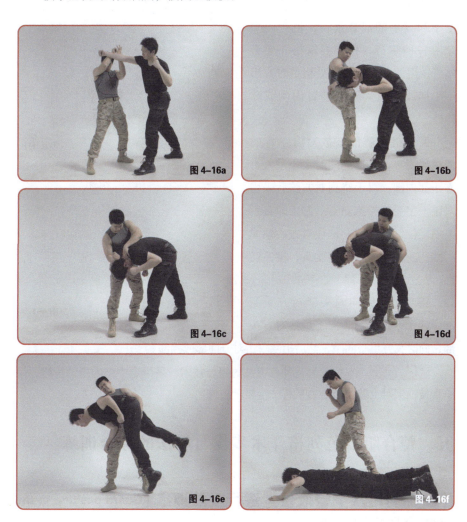

图 4-16a　　　　　　　　　　　　图 4-16b

图 4-16c　　　　　　　　　　　　图 4-16d

图 4-16e　　　　　　　　　　　　图 4-16f

　　技术点评　本技术是几种打击技的组合，采用走边路外围的策略，简单直接，但对上肢和核心力量有一定要求。

4. 格挡 + 膝击法：内侧格挡 + 近身十字手捋头膝撞 Inside parry + crosshands hold and knee attack（图 4–17a~b）

当对方乱拳打来，通常是直拳、抢拳和摆拳的混合乱打，也可能夹杂着各种掌击。我方要以格斗架势站好，用两前臂外侧棱处格挡对方出拳（抑或掌击）时的前臂内侧或脉搏处。

图 4–17a

通过格挡就能造成对方手臂的疼痛和伤害。格挡的同时上步进入对方正面内围，双手绕到对方脑后采用双手十字手位搂抱对方后脑（即右手为横向位，指尖朝左抱住对方后颈或后脑；左手手指与右手垂直，指尖向上，左手扣住右手背）。

接着，两肘向内夹紧对方头侧部，两手合力向后、向下捋拽对方头

图 4–17b

部，同时我方重心向下，然后抬膝攻击对方面部或裆部。

技术点评　本技术为几种打击技的组合技术，采用走中路内围的策略，简单直接，但对上肢和核心力量有一定要求。

五、整合版以色列格斗术步伐与拳法的综合训练

（一）利用八个警戒位置进行攻防训练（Guard position in the eight cardinal directions）

八个警戒位置：前、后、左、右、左前、右前、左后、右后。

1. 步伐训练

前进滑步：前脚前进，后脚立刻跟进，始终保持格斗架势的两脚间距。

后退滑步：后脚后退，前脚立刻后退跟进，始终保持格斗架势的两脚间距。

左右侧移：左脚向左侧移动，右脚马上跟进，始终保持格斗架势的两脚间距；右脚向右侧移动，左脚马上跟进，始终保持格斗架势的两脚间距。

2. 垫步攻击训练

（1）**前垫步出拳 Forward jab**（图4–18）：格斗架势站立，若对方离我方距离刚刚超过一臂距离，我方可前脚向前垫一步，同时出前手拳击打对方，这比先上步再出拳要速度快，攻击威力大。

（2）**前垫步冲拳 Thrust cross**（图4–19）：当我方发出前垫步前手拳后，几乎同时发出后手冲拳。由于后手冲拳更好地吸收了前垫步的冲击惯性，其力量比一般后手拳大。

图4–18

图4–19

3. 步伐攻击训练（以左架势为例）

前腿前移的同时出前手拳，后腿快速前移跟上；

后腿后移的同时出前手拳，前腿快速后移跟上；

前腿左侧移的同时出前手拳，后腿快速左移跟上；

后腿右侧移的同时出前手拳，前腿快速右移跟上。

（二）有关步伐的防直拳 5 个基本组合（Defense against straight punch in sliding parry）

1. 左上转步躲直拳后连续击打 Forward-turn dodge and punches

当对方右直拳打来，我方左上转步直接用左直拳击对方脸部，接左、右快拳连击，接左手拉对方右上臂，右手抓对方右肩后部，右膝顶击。

注：后续进攻可自由发挥。

2. 蹲身上格挡 + 下勾拳 + 左右摆拳连击 Duck up-parry + uppercut + hook 2（图 4-20a~c）

当对方右直拳打来，我方蹲身并用左前臂外侧棱处向斜上搪架对方右前臂内侧，接左转身右下勾拳击打对方腹部，接左右摆拳连击。

提示：本技术链更适合身材相对矮小的人使用。

图 4-20a

图 4-20b

图 4-20c

3. 直拳的外侧摇闪 Outside weave（图 4-21a~c）

当对方右直拳打来，我方双手护头，蹲身，前躬身，左脚向左滑步，从对方直拳下摇闪，躲过其直拳。

图4-21a

图4-21b

图4-21c

躲过的一刹那接左下勾拳攻击对方腹部。

后续攻击可接右手过肩直拳。

4. 防直拳基本闪躲方法

（1）左外侧闪躲＋右外侧闪躲；

（2）左侧闪＋右侧闪；

（3）左后仰闪＋右后仰闪；

（4）左下蹲摇闪＋右下蹲摇闪。

5. 防直拳的（格挡＋躲闪）复合防御法

（1）上转步外侧滚推式格挡＋抓手 Outside rolling-push parry + grab hand（图4-22a~b）

图4-22a

图4-22b

（2）外侧推腕式格挡＋头部躲闪

Outside push wrist + slip（图 4–23）

小结： 对拳法的防御。

口诀： "直线走外，摆击走内。"

图 4–23

以色列格斗术应对腿法的方法

概述： 腿法攻击是常见的攻击手段，防御腿法攻击是自卫防身时必然要涉及的技术。对此，以色列格斗术给出了丰富的应对方法。

一、以色列格斗术应对扫腿（鞭腿或旋踢）的方法

概述： 扫腿、鞭腿和旋踢等都是弧线形腿法，而对于这些正面弧线形腿法的防御反击，以色列格斗术有着相似的防范策略及方法。

（一）以色列格斗术应对中段扫腿

中段扫腿 Middle round kick（见第二章）： 以左扫腿为例，对方右脚尖向右侧外旋并踏实地面，左腿提膝，左髋微外展，向内翻胯，向内挥摆左腿并伸膝，用胫骨末端、踝关节前侧或者脚背攻击我方大腿至躯干高度。

中段扫腿危害： 踢伤大腿外侧肌肉，踢断肋骨或前臂等。

中段扫腿后续攻击： 拳腿组合，近身膝击或抱摔。

以下为应对中段扫腿的反击。

1. 格挡 + 要害打击：提膝防御 + 踢击腹股沟 Knee defense + kick groin（图 4–24a~b）

当对方中段扫腿攻击我方大腿或侧腹时（以我方左身侧受到攻击为例），我方先提左膝防御，紧接着伸左膝踢击对方腹股沟。

图 4–24a 图 4–24b

技术点评 本技术是打击技的格挡与反击技术。提膝一定要高，踢击腹股沟一定要快。

2. 接腿 + 要害打击：接腿直拳 + 踢击腹股沟 Hold leg and punch + kick groin（图 4–25a~d）

对方右鞭腿或右扫腿攻击我方左身侧时，我方左前臂向下搓挡对方右腿，接着右脚向右跨出一步，向右闪身，同时左手顺势将对方右腿抱住，右手直拳攻击对方面部；

然后迅速接右腿踢击腹股沟，最后迅速撤离。

图 4–25a 图 4–25b

图4-25c

图4-25d

技术点评 本技术为接腿防御与打击技的组合技术。接腿直拳在 MMA 竞技中和自由搏击中也经常使用，但要想产生明显攻击效果，对接腿和直拳击打力有一定要求。

如果对方力量比我方小，我方也可放弃右跨步和搓挡动作，直接用大腿外侧或左侧腰接对方的鞭腿或扫腿攻击并用左臂抱住其右小腿，同时出右直拳。

3. 接腿摔 + 要害打击：搓手式接腿抓肩 + 上步窝式插掌接腿摔 + 地面拳 + 抖击腹股沟 + 膝十字固 Hold leg and pull shoulder + sweep down with Insert throat–down + ground punch + knock groin + kneebar（图 4–26a~k）

当对方中段扫腿打来（以右扫腿为例）时，我方身体向右侧移动避其锋芒，同时出左手用手掌搓推对方右小腿外侧，接着右脚上步，左手顺势抱住对方右小腿，然后左脚上步，右手向前抓够对方左肩；

我方出右手窝式插掌并上右步使右腿别于对方两腿之后，利用窝式插掌绊摔将对方放倒；

马上接右直拳击打对方面部；

接抖击腹股沟；

然后，我方双手抱对方右腿，转身坐于对方右侧小腹上；

我方上挺身扳折对方膝关节，形成膝锁，使对方膝关节前侧软骨和后交叉韧带损伤。

我方也可以使用变形的膝锁，即用左臂夹住对方右小腿后侧，用力扳折下压的同时挺身，也可以达到制服或致伤的目的。

图 4-26a

图 4-26b

图 4-26c

图 4-26d

图 4-26e

图 4-26f

图 4-26g

图 4-26h

图 4-26i

图 4-26j

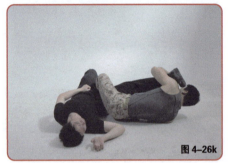

图 4-26k

技术点评　本技术链由接腿防御、接腿绊摔、特殊打击技与地面关节技组合而成。中间可以省略一些打击技，直接完全控制住对手。

4. 特殊接腿摔：接腿后鼻推式
绊摔 Hold leg and sweep down with pushing nose（图 4-27a~b）

对方右鞭腿或右扫腿攻击我方左身侧时，我方迅速将右脚向右跨出一步，向右闪身，用左前臂向下搓挡对方右鞭腿并顺势将对方右腿抱住，同时我方伸右手抓住对方右肩以控制双方距离；

然后我方伸右腿于对方左腿后，右手推击对方鼻软骨，向后绊摔，致使对方倒地。

技术点评　本技术链由接腿防御、接腿绊摔、特殊打击技组合而成。接腿

图 4-27a

图 4-27b

后鼻推式绊摔比窝式插掌绊摔更容易实现。

（二）以色列格斗术应对低扫腿

低扫腿 Low round kick：以左扫腿为例，对方右脚尖向右侧外旋并踏实地面，左腿提膝，左髋微外展，向内翻胯，向内挥摆左腿并伸膝，用胫骨末端、踝关节前侧或者脚背攻击我方小腿至脚踝高度。

低扫腿危害：踢伤膝关节，踢伤小腿内外侧，踢伤腘窝，勾踢使我方摔倒等。

低扫腿后续攻击：连续低扫、拳腿组合、近身膝击或抱摔。

以下为应对低扫腿的反击。

1. 格挡＋要害打击 1：提膝防御＋同侧踢击腹股沟 Knee defense + sameside kick groin（图 4–28a~b）

当对方低扫腿攻击我方小腿时（以我方左腿受到攻击为例），我方提左膝防御低扫腿攻击。

若对方低扫腿打中我方小腿，我方迅速伸左膝踢击对方腹股沟。提膝与踢击腹股沟一气呵成。

若对方低扫腿从我方左脚下落空，我方则直接伸左膝踢击对方腹股沟。

图 4–28a　　　　　图 4–28b

技术点评　本技术链为打击技反击技术链，对使用者的髋关节灵活性及单腿支撑平衡性有一定要求。

2. 格挡 + 要害打击 2：提膝防御 + 异侧踢击腹股沟 Knee defense + crossside kick groin（图 4–29a~b）

当对方低扫腿攻击我方小腿时（以我方左腿受到攻击为例），我方提左膝防御对方低扫腿攻击。

若对方低扫腿打中我方小腿，我方迅速左脚踩地并抬右脚踢击对方腹股沟。提膝与踢击腹股沟一气呵成。

图 4–29a　　　　　　　　　　　　　　　　　　　　图 4–29b

技术点评　本技术链为打击技反击技术链，对使用者的髋关节灵活性及单腿支撑平衡性有一定要求。异侧踢击腹股沟比同侧踢击腹股沟力道大，但是反击速度略慢。

（三）以色列格斗术应对高扫腿

高扫腿 High round kick：以左扫腿为例，对方右脚尖向右侧外旋并踏实地面，左腿提膝，左髋大幅度外展，向内翻胯，向内挥摆左腿并伸膝，用胫骨末端、踝关节前侧或者脚背攻击我方颈部至头部高度。

高扫腿危害：踢伤防御架势的前臂，踢伤下颌和颈部，踢头至晕眩甚至脑震荡。

高扫腿后续攻击：拳腿组合，近身膝击或抱摔。

以下为应对高扫腿的整合版反击。

1. 场景防御

寻找狭窄空间或有较高物体的地方躲避。在狭窄空间，例如地铁、酒吧、居室里，高扫腿几乎都施展不开。当我方身边有高大物品时，可以利用这些物品对高、中段、低扫腿进行格挡防御。

2. 近身防御 Close defense
（图 4-30）

图 4-30

高扫腿需要合适距离以发挥攻击力量。因此当对方起腿时，我方选择上步近身即可瓦解对方的攻击，并且可在近身的同时接直拳、肘击、捋肩膝撞、绊摔、勾踢摔、抱单腿摔。近身防御技术需在平时训练中多加练习。

3. 撤步搪架 + 侧踹 Parry + side kick（图 4-31a~b）

当对方起右高扫腿攻击我方头部左侧时，我方右脚迅速向右跨出一步，向右闪身并使身体左转，用左前臂外侧棱处格挡对方胫骨末端（或用手掌拍挡），接右侧踹攻击对方左腿膝关节内侧。

提示：本方法更适合用于我方比对手体重大、力量大的情况。

图 4-31a

图 4-31b

4. 同侧正蹬防御 Sameside front kick（图 4-32）

当对方起右高扫腿攻击我方头部左侧时，我方在左手护头的同时，抬左腿正蹬攻击对方躯干或腹股沟，即可破坏对方的高扫腿发力，有一定概

图 4-32

率将对方踹倒。但是该技术对我方应激体能素质要求很高，要求我方速度快，后发先至，才能产生实战效果。

5. 综合训练（图4-33a~c）

当对方高扫腿攻击我方头部时（以右腿攻击为例），我方要像防御棍子劈击那样，左臂前插搪击对方大腿，同时出右拳攻击对方下巴；然后接各种近身攻击、摔投，甚至关节技。

近身攻击包括平击肘、捋肩膝撞、头槌等。

摔投包括夹臂压肩撤步投、窝式插掌绊摔、扳头摔、近身各种接腿摔等。

图4-33a

关节技包括外侧臂锁、近身接腿踝关节技、颈椎关节技等。

大家要根据自身特点，选择更适合自己的后续攻击方法。

图4-33b

图4-33c

技术点评　对于高扫腿的防御思路包括上步近身、闪身格挡拍挡、后闪身，以及下蹲低头躲避四种方式。我方需要根据自己与对方的身体特点，选择适合自己的方式。例如对方比我方高，我方采取上步近身和下蹲低头躲避方式；如果对方比我方个子矮，我方可以选择上步近身、闪身格挡拍挡和后闪身的方式。

二、以色列格斗术应对正蹬腿的方法

正蹬腿攻击是无论练习过与否，人类都能使用的腿法攻击，其在攻击中出现的频率很高。

正蹬腿 Push kick（见第二章）：对方提膝蓄力并向前爆发性伸膝、蹬腿，以脚底攻击我方。

正蹬腿危害： 攻击我方小腹，拉远两人距离，攻击下巴或面部。

正蹬腿后续攻击： 拳腿组合、近身膝击或抱摔。

以下为应对正蹬腿的反击。

1. 接腿 + 要害打击：后撤步躬身接腿 + 踢击腹股沟 + 撤离 Inch hold leg + kick groin + go away（图 4–34a~b）

当对方正蹬腿袭来，我方迅速后撤步，躬身接腿，再迅速起身接踢击腹股沟，然后迅速撤离。

图 4–34a　　　　　　图 4–34b

技术点评　本技术链为接腿与特殊打击技的组合技术链，简单易学，但是在一般自卫与竞技格斗中禁止使用。

2. 接腿摔 1：外勾手式接腿 + 上步前鼻推绊摔 Down–lateral parry and hold leg + sweepdown by pushing nose（图 4–35a~c）

当对方右脚正蹬攻击我方时，我方左上转步，但身体在对方右腿内侧，对方呈 T 型站位（我方也可右脚向右后方 45 度角位置后撤步）；

我方伸左手掌心向上，向外勾起对方右小腿，同时我方右手掌心向外护住自己的左脸；

然后右脚上步别于对方左腿后侧，同时用右手掌推对方鼻软骨，掌推时右脚向后绊摔即可迫使对方向后摔倒。

提示： 右手前推鼻软骨和右脚向后绊摔仍然是推拉发力效果。

补充： 也可以上右步并用右脚踩住对方左脚脚面，再实施鼻推投摔。或者保持接腿状态，踢击对方腹股沟或截腿踩击对方支撑腿膝关节。

图 4-35a

图 4-35b

图 4-35c

技术点评 本技术链为后退型接腿加反击的技术链。在街头自卫时，本技术由于有更好的后撤步效果，所以经常作为逃脱技术的前导技术。

3. 接腿摔2：（上转撤步前手托）双手扬举投 Heel lift

（1）**上转撤步：** 以左上转撤步为例。左脚向我方左前上一小步，然后以左脚为轴，身体右转同时右脚顺时针方向撤步。

作用：和上转步一样，可以作为应对对方直线攻击的闪躲步伐。

（2）**（上转撤步前手托）双手扬举投（图4-36a~c）：**

当对方右脚正蹬攻来时，我方迅速左上转撤步（左脚向我方左前上一小步，然后以左脚为轴，身体右转，同时右脚顺时针方向撤步——此时我方和对方呈L型站位），同时两臂接腿；

接着两臂迅速从下方抱住对方右小腿；

我方两臂向上扬举，同时向我方左侧抛推，即可有一定概率使对方向后躺倒。

我方也可左手托起对方脚踝，同时以右脚为轴，身体顺时针右转，同时将对方脚踝托举过我方的头，对方有一定概率倒地。然后我方迅速转身攻击或后撤。

图 4-36a

图 4-36b

图 4-36c

技术点评　本技术在实战中成功的概率较小，建议使用后手下格挡接抱腿技术。

4. 格挡 + 站立绞技：左上转步 + 搪打结合 + 前臂攻击 + 裸绞制服 Forward-turn dodge + parry and attack + radius attack + naked choke （图 4-37a~d）

当对方正蹬腿袭来（以右正蹬腿为例），我方迅速左上转一大步，尽量接近对方右侧，上步过程中用右前臂外侧格挡对方右腿外侧，动作过程中我方始终左手护脸；

接着右前臂内侧快速攻击对方脖颈；

然后转到对方身后，用裸绞将对方制服。

站立裸绞补充：

从对方身后接近对方，伸右臂从对方颈前掏过；

图 4-37a

图 4-37b

图 4-37c

图 4-37d

同时上抬左臂，使右手握丁左臂上臂，形成对颈部的锁技；

左手按住对方后脑并向前推。同时可用我方额头顶住我方左手背，持续向前施压。此外，我方身体可下蹲，跪地，坐于地面甚至仰躺于地，以完成整个对脖颈的施压过程。

补充：绕到对方身后，左手从对方左肩头伸过按住对方鼻子，右手推对方后脑，两手一同发力快速逆时针旋转对方头部，有一定概率使对方倒地。可加上逆时针转腰和左脚后撤步的力量，以加强对颈椎的旋转压力——这叫作背侧旋头摔（图 4-38a~d）。

图 4-38a

图 4-38b

图 4-38c

图 4-38d

技术点评　本技术链是步伐、格挡、特殊攻击、站立绞技的组合技术链。技术成功使用的关键是上转步格挡的成功使用以及身体移动到对方右后侧或者后侧。

三、以色列格斗术应对踢击腹股沟的方法

踢击腹股沟通常会对男性造成极大的伤害，学习应对该种技术的方法将使防御方的受伤概率明显降低。

踢击腹股沟危害：踢伤腹股沟和裆部。

踢击腹股沟后续攻击：拳腿攻击或者绊摔。

以下为应对踢击腹股沟的反击。

1. 主动格挡法：上步转身膝撞法 Forward-turn and knee attack
（图 4-39a~d）

当对方踢击我方腹股沟时，我方用前腿进行防御，即上步向内侧转，同时借侧转惯性提膝，用膝盖下粗壮胫骨上端撞击对方攻击腿的胫骨侧面；

接双直拳连击，再接抓肩、膝击腹股沟。

图 4-39a

图 4-39b

图 4-39c

图 4-39d

技术点评　主动攻击即防御。但是本技术中，成功判断对方是否进行踢击腹股沟的概率不高，很容易被对方打直拳迎击。

2. 被动格挡法：被动提膝防御 Knee defense（图 4-40）

由于前踢腿是自下而上的运动轨迹，所以当遇到对方前踢腿时，我方要尽量抬膝，利用膝盖和胫骨的形状和角度造成防御效果。

后面可接各种主动攻击技术。

技术点评　被动防御的方法，技术动作小，使用成功率高。

图 4-40

3. 拍击格挡法：收腹 – 后退 – 下推 Inch– backward–push down（图4–41）

当发现对方要踢击我方腹股沟时，双脚同时向后微撤，收腹，腹股沟向后移动，同时双手推击对方攻击腿的小腿或脚部以减轻其击打力。三个动作一气呵成，需要经常练习。

图4–41

技术点评　本技术为主动进行防御的技术，使用成功率高，但后面承接的攻击动作要连贯，要快。

四、以色列格斗术应对侧踹的方法

侧踹攻击是常用的腿法攻击方式，因此防御侧踹攻击的方法使用概率很大。

侧踹危害：踹伤小腹，高位侧踹踹伤头部以至晕眩。

侧踹后续攻击：拳腿攻击或绊摔。

以下为应对侧踹的反击。

1. 格挡 + 打击：上转步搪打结合 Forward–turn parry and attack（图4–42a~c）

当对方右腿向我方腹部进行侧踹攻击时，我方迅速左上转一大步，尽量接近对方右侧，上步过程中用右前臂外侧格挡对方右小腿后侧，同时用左手插掌攻击对方面部或颈部；

接上步，右前臂快速攻击对方颈部；

图4–42a

图 4-42b

图 4-42c

再转身接背后裸绞。

技术点评　本技术链为步伐、格挡防御、特殊攻击和站立绞技的组合技，和防御正蹬腿攻击的反击方法类似。

2. 格挡 + 接腿 + 摔投：下搪手内侧格挡 + 翻手托抓 + 锁踝转身投 Inside down parry + lift leg + takedown with ankle lock（图 4-43a~d）

当对方侧踹袭来（以右腿侧踹为例）时，我方迅速出左下搪手，用前臂外侧棱处格挡对方胫骨下端，并顺势旋腕，同时右手掌心向下抓对方右小腿；

然后两手一同用力顺时针旋拧（同时用我方左肘窝夹住对方右小腿下端，以使旋拧时对对方右踝产生反关节效果）；

我方两手旋拧时要加上撤步转身的合力，使对方背朝我方，脚踝被我方锁住，我方两手下压并用左肱二头肌或左肩对对方后踝施压，即可迫使对方前扑。

可再接后踢腹股沟，接背上控制。

图 4-43a

图 4-43b

图4-43c

图4-43d

提示：

（1）肱二头肌弯举抱怀式扭转锁踝法：该方法在地面和站立均可用。

（2）接腿或格挡对方腿后（以右腿为例），要设法使我方左肘窝向上夹住对方右小腿下端或右踝，使对方脚尖在我方左上臂外侧。然后弯举式收紧肱二头肌，右手十字手位搭住我方左手或自上至下压住对方小腿，再通过两手向上、向右扭转后下压，对对方右踝进行反关节施压，最终迫使对方前扑。

技术点评　本技术链是格挡技术与站立关节技摔投的组合技术链。本技术在街头自卫中，以及在抓捕技术中均可使用。

3. 接腿摔投法：上转步接腿摔 Forward-turn parry and sweepdown with holding leg（图4-44a~d）

当对方右腿向我方腹部进行侧踹攻击时，我方迅速左上转一大步，尽量接近对方右侧，用右手钩住对方右小腿或右肘夹住对方右小腿；

左手伸到对方颈前并向后推；

左脚近步至对方左脚外侧，同时左手继续向后推对方颈部，最终使对方摔倒。

图4-44a

图4-44b

图 4-44c

图 4-44d

技术点评　本技术是步伐、格挡技术与接腿摔的组合技术，除在自卫中使用，在 MMA 竞技和自由搏击中也可以迁移。本技术后面可以接地面小腿切片机控制这样的抓捕技术。

4. 站立关节技摔投法：提膝侧身防御 + 扭踝摔 Side knee defense + takedown by twisting ankle （图 4-45a~f）

当对方右腿向我方腹部进行侧踹攻击时，我方提左腿，膝盖上抬并向右转身，用大腿外侧或臀部去接对方的侧踹腿；

接着双手抓住对方右脚（左手抓脚弓，右手抓脚跟）；

图 4-45a

然后我方以右脚为轴，左脚后撤步，身体逆时针旋转，同时左、右手逆时针扳拧对方右脚，使对方右脚踝被扭伤后被迫倒地。

图 4-45b

图 4-45c

图 4-45d

图 4-45e

图 4-45f

技术点评 本技术是步伐、格挡技术与站立关节摔投的组合技术，除在自卫中使用，在 MMA 竞技和自由搏击中也可以迁移。扭踝摔发力很精妙，需要平时多加练习。

223

第五章
整合版以色列格斗术的地面格斗技术

　　一般的马伽术教练很少教授地面格斗技术，那是因为早期版本的以色列格斗术原则是尽量避免陷入地面缠斗，但是实际徒手搏斗中很难避免陷入地面缠斗。如果不对各种整合版的以色列格斗术进行跨流派综合研究，普通的练习者很容易忽视以色列格斗术中从其他格斗技中移用过去的丰富的地面格斗技术。

一、倒地后的反击策略

"**对方站我方倒**" Ground phase vs standing phase：对方用摔法使我方倒地，或者我方因各种自身原因倒地，同时对方处于站立位的状态。

"**对方站我方倒**"**的危害**：对方可以利用踩踏和足球踢攻击我方，也可以上位压制，或者使用武器攻击。

"**对方站我方倒**"**后续攻击**：踩踏，足球踢，压制位（包括骑乘位、跪骑位、四方位、南北位）压制攻击（包括砸拳、肘击、头槌、地面膝等），武器攻击。

以下为应对"**对方站我方倒**"的反击策略。

1. 地面防守架势 Ground guard（图 5-1）

平躺于地面，双手屈肘抱头以阻挡对方对我方头侧的踢击攻击。一条腿屈膝约 90 度，脚平放于地面，脚向地面发力并扭动腰身，使身体在地面任意移动；另一条腿抬起，膝盖微屈，脚部悬空，伺机蹬踹对方膝盖、脚踝或胫骨前端，为地面绊摔或起身创造条件。

图 5-1

技术点评 地面防守架势可以极大地降低对方处于站立位时的踢击成功率，该技术在 MMA 竞技中也经常采用。

2. 倒地快速站立技术 Stand up from ground guard（图 5-2a~c）

双手屈肘护头，抬起一腿（以左腿为例），佯装对对方进行地面攻击，然后突然向右侧翻身，右手扶地，左臂屈肘并将前臂横于头前，防止对方踢击我方头部；用左脚和右手支撑身体，右腿向后撤并用力站起，站起时身体重心尽量做垂直运动，站立后立即恢复格斗架势。

图 5-2a

图 5-2b

图 5-2c

技术点评　本技术中采用后撤步站立，以更好地控制身体平衡，防止二次倒地；同时挡在头前的手臂有一定防御功能，防止在站立过程中我方头部被击伤。本技术在 MMA 竞技中也有迁移。

仰卧位的快速站立的专项肌肉链训练——街舞式地上转体（图 5-3a~b）

右手扶后脑；接着身体下蹲，左手扶地，左腿向前尽量伸直。站起，换左手扶后脑；接着身体下蹲，右手扶地，右腿向前尽量伸直。左右交替完成 20 次。

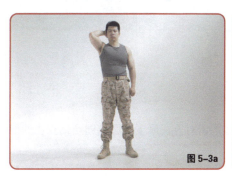
图 5-3a

图 5-3b

3. 地面防守与旋转防御 Ground guard and rotary defense

地面对站立的防御对位训练（图 5-4）

我方仰躺于地成倒地后的防御架势，对方在我方脚前站立。对方欲进行俯身攻击，所以试图绕过我方的防御腿。对方围着我方转圈，我方要仰卧后不断转动身体以使对方无法完成俯身骑乘动作，即我方要始终用我方的正面面对对方。而对方尽量进行绕转，以占据有利的攻击或控制位置。

图 5-4

听到教练口令后，我方迅速站起，对方躺下，换位训练。

辅助训练：

（1）倒地防御架势的身体旋转训练

倒地后呈防御架势，然后快速顺时针旋转 8 周，再快速逆时针旋转 8 周。

（2）防御对位训练中的连续踹腿训练（图 5-5）

在地面对站立的防御对位训练中，我方倒地后踹击对方手持的大胸靶，对方绕我方旋转，我方则用地面踹腿进行攻击。

（3）防御对位训练＋地面踹击＋快速站立

在（2）的训练基础上，发出强有力的地面踹腿，使对方与我方距离拉大后，立刻接快速站立技术，回归站立格斗架势。

图 5-5

4. 地面侧踹 Ground side kick（图 5-6）

同侧腿和手支撑身体，用另一侧的腿踹击对方，属于地面踹腿到站立位的衔接腿法。

地面侧踹训练：

（1）半起身踹腿攻击大胸靶训练。

（2）由倒地踹击到快速站立的综合训练：我方倒地后先采取地面防御架势，然后对方持胸靶靠近我方并绕我方转动，我方用恰当的踹击攻击胸靶，将对方踹开一定距离后，接半起身踹腿继续攻击，再接快速站立技术站起身。

图 5-6

5. 坐姿被正蹬时的反击技术链（图 5-7a~d）

我方已倒地，正坐起准备站起身，对方突然从我方前侧伸腿，踹击我方脸部；

以对方从我方左侧攻击为例，对方伸右腿踹击我方脸部。我方伸左手，用前臂外侧尺骨滚推式格挡对方小腿外侧，使对方右腿踹击落空；

接着我方身体顺时针旋转，右手扶地，并抬左脚攻击对方右腿腘窝或脚踝，使对方和我方的距离拉开，边攻击边利用快速站立技术站起。

提示：倒地后的左腿攻击不超过三次。起身后立刻进入格斗架势。

图 5-7a

图 5-7b

图 5-7c

图 5-7d

技术点评　本技术链为利用格挡和地面打击技完成的防守技术链。在应对一般人的自卫中，熟练掌握后，防御成功率很高。

二、地面跪骑上位打击与站立

地面跪骑上位 Mount（图 5-8）：对方仰躺，我方跪在对方两腿之间，可以进行由上至下的砸拳攻击。

以下为跪骑上位摆脱下位者控制的策略。

1. 连续搓推攻击到站立 Ground push-rub and stand up（图 5-9a~c）

图 5-8

为了应对对方持械或者对方有潜在帮手的情况，传统马伽术倾向于采用减少缠斗、一触即离的策略。例如我方处于跪骑上位，对方在下位用手臂抱住我方后脑而将我方拖入缠斗后，我方用搓推技术快速搓推对方鼻软骨，并借助向前推击的反作用力撑开对方的手臂，完成摆脱下位纠缠。然后我方可以腾出空间进行上位肘击。

图 5-9a

图 5-9b

图 5-9c

或者用双拇指搓推对方眼部，也可以快速摆脱缠斗。

2. 翻腿站立 Turn over leg and stand up（图 5-10a~c）

在摆脱对方下位的手臂锁颈后，我方可以立即站起并搬起对方右腿向其左方翻转，摆脱对方双腿对我方的柔术封闭式防守位置。翻开对方腿的同时，我方站立，接足球踢攻击对方头部。

图 5-10a

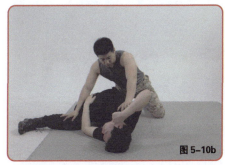

图 5-10b

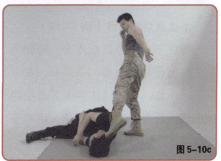

图 5-10c

技术点评 本技术摆脱地面下位纠缠的成功率非常高，但是攻击威力巨大，属于竞技格斗禁用技术。

三、地面下位基础防卫

地面骑乘下位 Mounted：我方仰躺，对方跨骑在我方胸腹上。

地面骑乘下位危害：我方被控制，被连续击打；对方利用重力效应增大打击技威力。

地面骑乘下位后续攻击：砸拳、肘击、上位十字固、举臂位外侧臂锁等。

以下为应对地面骑乘下位的反击策略。

1. 预备基础知识：地面下位对地面上位的打击技

（1）下位直拳 Ground punch up
（图 5-11）

对位于上位的对方进行直拳打
击。一般只对对方的攻击起干扰作
用，并为我方的其他打击或施展寝技
创造条件。当下位者控制住对方身体
或手臂后，也可以用下位直拳攻击，
例如对对方实行三角绞控制后接下位
直拳攻击。

图 5-11

下位直拳的训练（图 5-12）：

仰卧起坐转身直拳攻击。持靶者
站立持胸靶让靶面微向下倾斜，我方
仰躺于地面，然后突然坐起并借坐起
的惯性，转身出拳攻击胸靶。可重拳
单次攻击，也可连续坐起攻击。

提示： 此训练方法既可训练下位
直拳，也可训练站立直拳的转腰发力
能力，同时对腹肌力量也有良好的训
练效果。

图 5-12

（2）下位摆拳 Ground hook up
（图 5-13）

对位于上位的对方进行摆拳打
击。一般也需结合身体控制技术使
用。例如拉臂的摆拳攻击。

下位摆拳训练：

a. 仰卧起身摆拳攻击手靶 Sit up
and hook to boxing-pad（图 5-14）

持靶者持手靶，两个靶面向内。
我方仰躺，然后突然坐起并借助坐起

图 5-13

图 5-14

的惯性转腰发出摆拳击打手靶。可连续攻击也可单次攻击。持靶者一个一个地给出手靶，而不是两个一起给出。

b. 仰卧起身摆拳攻击胸靶 Sit up and hook to chest-pad（图 5-15）

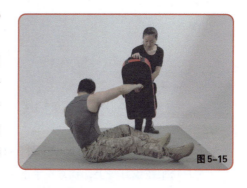

持靶者持胸靶，站在我方的侧前方并将胸靶前伸，以便于我方进行摆拳攻击。我方仰躺然后坐起，并借助坐起的惯性转腰发出摆拳，击打胸靶。此训练方法更适合训练下位摆拳的重拳攻击。

图 5-15

（3）下位肘击 Ground elbow up（图 5-16a~b）

对位于上位的对方进行肘击攻击。该攻击方法一般不单独使用，主要是和其他控制技术及地面寝技合并使用。例如左手拉对方右臂或后脑的右肘下位攻击。或者在三角锁锁住对方头部后，也可接下位肘击。

图 5-16a

图 5-16b

（4）下位踹击 Ground kick

一般也需结合地面控制技术使用。下文中会有详细介绍。

2. 被骑乘后的翻转 Reversal

（1）辅助训练：单肩起桥 Buck up by one shoulder（图 5-17a~b）

单肩转身起桥摸地，即仰卧起桥后同时转身，例如起桥后左转身，左肩着地并用右手摸左边的地面。可以左右交替进行训练。每组 20 ~ 30 次，每次训练2 ~ 4组。

图 5-17a

图 5-17b

（2）被骑乘后的翻转与攻击（图 5-18a~f）

对方骑乘在我方身上，我方左手下拉对方右臂，接着右臂向对手右肩上方伸直，同时用力向左翻滚，直到压住对方成跪骑位；

接寸拳击裆；

我方把对方右大腿搬向我方的右侧，接起身后足球踢。

图 5-18a

图 5-18b

图 5-18c

图 5-18d

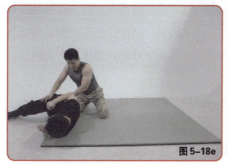

图5-18e

图5-18f

技术点评　本技术对使用者地面体能模式下的核心力量有很高的要求，要进行地面体能模式下的核心力量训练，才能提高使用本技术时的成功率。

3. 被地面侧位压制双手掐颈的反击

地面侧位压制双手掐颈 Side control and strangle neck（图 5-19）：我方仰躺，对方在我方身侧（以在右身侧为例），对方下蹲并双手掐住我方脖颈。

地面侧位压制双手掐颈危害：造成我方窒息、喉部挫伤等。

地面侧位压制双手掐颈的后续攻击：单手掐颈砸拳、转骑乘上位攻击、四方位地面膝攻击等。

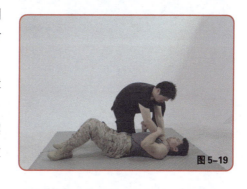

图5-19

应对地面侧位压制双手掐颈的反击：勾手搓推 + 拉臂收膝连环腿 + 蹬腹翻身起 Hook hand and push-rub + hold arm and sky kick + kick belly and stand up（图 5-20a~f）

我方已倒地并仰躺，对方呈体侧压制位并用双手掐住我的脖子（以对方在我方身体右侧压制位为例）。

我方迅速将左手从对方右手上部掠过，并从内侧用手腕勾住对方右手（或者抓对方右手一根手指以增加控制效果）并猛力向左下方拉拽，同时伸右手用掌指推对方面部。

　　我方左手向左下方拉与右手向右上方推一气呵成。然后我方收右膝并使身体右转，将右膝插入对方右臂下方并将对方身体向后顶。同时我方左手顺势将对方右手按压在我方的胸前；我方右手推对方面部后，向下收回并抓住对方右前臂，使对方右手被牢牢控制在我方胸前。

　　然后左腿踹击对方头部或肩部，同时右膝用力向后顶对方身体，使对方左手无法前来救援或攻击我方头部。

　　左脚踹击对方腹部或胸部，使其倒地或后退。

图 5-20a

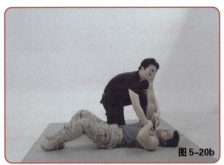

图 5-20b

图 5-20c

图 5-20d

图 5-20e

图 5-20f

右脚踹击对方胸部或腹部，进一步拉大对方与我方的距离，接着半起身左脚踹击对方，然后快速站立技术起身或向右转身站立。

迅速以格斗架势面对对方，可后退，也可继续进攻，例如接足球踢攻击对方头部。

技术点评 本技术链为利用地面缠斗技术与打击技的组合技术链。本技术链中搓推鼻软骨、足球踢都是竞技格斗禁用技术。

第二节 受身与地面上位攻击

一、对地综合攻击训练

以下对地综合攻击训练均为对地面沙人或胸靶的打击训练：

1. 体侧压制位攻击训练：单膝跪在胸靶上，使用自上至下的拳击、砸肘攻击、地面膝等攻击方法攻击胸靶。

2. 四方位攻击训练（图5-21a~b）：跪于胸靶侧面，用砸拳、地面平击肘、地面碾压砸肘、地面直拳攻击，再单膝跪于胸靶侧面，用地面膝攻击胸靶侧面（想象用地面膝攻击对方头部），也可身体越过胸靶，用地面后顶肘攻击胸靶侧面。

图5-21a

图5-21b

3.**骑乘位攻击训练（图5–22a~b）**：骑在胸靶上，用地面直拳、地面摆拳、地面平击肘攻击胸靶。

图 5–22a

图 5–22b

4.**南北位攻击训练（图5–23a~c）**：跪在胸靶前端的地上，用地面直拳、地面摆拳、砸拳、平击肘、碾压砸肘和地面膝攻击胸靶。

图 5–23a

图 5–23b

图 5–23c

5. **侧卧压制位攻击训练（图 5-24a~b）**：身体侧卧在胸靶上，用地面直拳、地面摆拳、平击肘、碾压砸肘攻击胸靶。

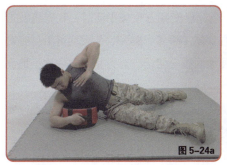

图 5-24a 图 5-24b

6. **跪骑位攻击训练（图 5-25a~c）**：跪在胸靶前端的地上，用地面直拳、地面摆拳、砸拳、平击肘、碾压砸肘攻击胸靶。

图 5-25a 图 5-25b

图 5-25c

二、被摔投时的倒地受身策略

（1）当对方近身利用各种抱腿摔、绊摔已使我方失去平衡后，我方将被迫倒地，但我方倒地的同时一定要抓住对方身体（手臂、脖颈、头发均可），将对方一同拖入地面位，并且迅速对对方施展地面技。切记，对方呈站立位比呈地面位更危险。

（2）**被击倒时的受身策略：**当对方利用打击技已对我方重击，我方难以支撑身体或即将倒地之时，一定要纠缠住对方并利用我方自身体重将对方拖入地面位。我方除了可以施展地面技以外，还可以运用各种小关节技和掌指攻击。

三、地面受身技术

地面受身技术 Breakfalls：被迫倒地时，通过调整身体体位并利用技术动作减少人体与地面撞击力，从而减轻倒地时的受伤程度。

地面受身技术好处：减轻倒地时的受伤程度，使自身在摔倒的过程中处于有利位置。

本书在《以色列防身术》受身技术的基础上，增补了更加面向实战的受身技术——硬地受身。当危险或战斗发生时，你不可能选择场地，不会有垫子保护你。更多的情况下，危险或战斗发生在水泥路面、柏油路面、釉面砖路面或地板上。此时的受身难度明显高于有垫子的情况，但技术动作相近。

提示：所有硬地受身动作应在熟练掌握垫上受身动作后再进行演练，以免受伤。

1. 硬地前扑 —— 缓冲式前扑 Fall forward breakfall by eccentric contraction（图5-26a~d）

由站立位开始，突然向前扑倒；双脚向后蹬并且双腿叉开，双臂向下伸展；脚尖和手掌触地，而后屈肘降低身体，直至躯干与大腿触地，脸转向一侧以免鼻子碰到地面。

动作分析：

（1）**双腿叉开：**减小冲击力。

（2）**脚尖触地**：防止膝盖磕到地面；如果脚尖无法支撑身体，要尽量使大腿整个贴地以增大受力面积，减小膝盖损伤。

（3）**手掌触地后屈肘**：防止戳伤手腕。

（4）**脸转向一侧**：防止撞伤鼻子。

图 5-26a

图 5-26b

图 5-26c

图 5-26d

技术点评　本技术利用手臂肌肉离心收缩缓冲进行前扑动作，减小突然向前摔倒时身体的受伤程度，同时着地声音小，不易暴露我方目标。本技术动作需以俯卧撑击掌动作作为基础。

2. 转身前扑受身 Turn and fall forward breakfall

站立位开始，以左脚为轴，身体旋转180度，并双脚叉开以降低重心；向前扑出，双手着地，扑出的同时双腿继续叉开并尽量向外展，以增大缓冲效果；双手着地后仍然退让性发力缓冲，同时脸转向一侧以免撞到鼻子。

3. 硬地后倒——双臂展开飞鸟式缓冲 Flyer rear breakfall

技术目的： 在遭到前方大力猛推或失去平衡向后倒摔时使用，以减轻身体与地面碰撞造成的伤害。

双臂展开飞鸟式缓冲： 后倒后身体向后圆滑滚动，双臂向体侧打开，掌心向下，双手及双臂拍地缓冲，避免后脑接触地面。

动作详解（图 5-27a~c）：

站立位开始，当受到前方大力猛推或失去平衡向后倒摔时，先下蹲，利用腿部肌肉离心收缩进行缓冲；

待到蹲位失去平衡时顺势后倒，臀部着地；

腰部、下背、上背依次圆滑地着地，在上背着地之时，双臂向体侧打开，双手及双臂拍地作为最后缓冲。

动作过程中，收紧下巴，头部前伸，以免后脑着地。

提示： 打开双臂并用双手及双臂拍地的目的在于增大身体与地面的接触面积，减小地面对人体的压强，从而减轻身体与地面碰撞造成的伤害。

图 5-27a

图 5-27b

图 5-27c

技术点评　本技术利用了两个生物力学特性：一个是增大人体与地面的接触面积，减小压强；另一个是增大人体与地面的接触时间，减小撞击力。

4. 侧倒滚身掌拍受身法 Side breakfall position（图 5-28a~d）

以我方右侧身倒地为例，站立位开始。

向前迈右腿并身体左转，接着抬右腿并下蹲到极限，左脚始终着地。

当左脚无法承受身体重量时，先左侧臀部着地向后倒去，接着右侧臀部着地。着地瞬间身体圆滑地向后滚动，同时左臂屈肘横于胸前，以防止受到攻击。当圆滑地向后滚动要达到颈椎时，右掌向下拍地，进行最后缓冲。

图 5-28a

图 5-28b

图 5-28c

图 5-28d

提示：抬哪条腿就向哪个方向倒。例如抬左腿就向左侧倒，抬右腿就向右侧倒。

辅助训练：

（1）专项力量训练：深蹲。

（2）动作训练：街舞式转体。

（3）分部训练：蹲位的侧倒滚身掌拍受身法。

5. 硬地前方肩滚翻（软式前滚翻）Soft forward roll

当对方从背后向前猛推我方或进行背后偷袭时，由于我方不知道对方的来意，也不清楚对方是否持有武器，不要贸然回击而是走为上策。以对方从后方大力猛推为例，我方借势向前滚翻并在滚翻过程中调整体位，滚翻完成后转身面对对方以观察对方动向，为下一步攻击或撤退做好准备。同时我方利用了滚翻受身技术减小了与地面的撞击力，从而更好地保护了自己。实战中，当被对方推倒或撞倒后，可以通过硬地前方肩滚翻进行受身，以减少身体因撞击地面而受到的潜在伤痛；也可作为高处跳下时的缓冲受身动作，以减小着地震荡对腰腿、脊柱和大脑的伤害。同时，硬地前方肩滚翻移动速度快，目标小，亦可在不同低矮掩体间快速转移时使用，以减小被对方发现的概率。

训练详解（图 5-29a~f）：让对方从我方后方进行大力猛推。我方右脚在前，左脚在后成浅前弓步；右手前伸，身体前扑，用右手手掌撑地并顺势接右前臂、右上臂、右肩、右侧上背、左侧下背，依次圆滑地向前滚出，直到左侧臀部和腿部着地；待双脚着地后左手可轻抚地面以增加缓冲效果。站起后仍为右脚在前、左脚在后的浅位前弓步状态。此时可借势转身，面对对方进行攻击，也可顺势逃走。

硬地前方肩滚翻技术的另一种表述方法：

（1）预备姿势：以右脚在前的站立位开始，即两脚平齐，站距与肩同宽，之后向前迈右脚，呈前弓步。

（2）动作过程：身体向前躬，低头，右腿仍呈前弓步的状态，左腿顺势向前弯曲。右臂前伸，屈肘成90度，右前臂挡于头前，掌心向下，护头。然后重心向前，使身体失去平衡，借前扑的惯性完成前滚翻。滚翻时，右手始终挡于头前，防止头部触地；背部和腰部尽量弓成一团，使身体圆滑地向前滚动。

（3）结束动作：身体滚翻后，右腿在前，左腿在后。然后可继续左转身，使左脚在前，右脚在后，呈格斗架势面对对方。

图 5-29a

图5-29b

图5-29c

图5-29d

图5-29e

图5-29f

提示：背部滚过地面的轨迹是一条对角线。如果采用右手先着地的滚翻，那么背部滚过地面的轨迹是从右肩后侧到左侧臀部的对角线。

技术点评　本技术利用增大与地面的接触时间、减小撞击力，以及滚动摩擦分散撞击力的原理，完成硬地滚身受身。除在格斗中应用外，在避免摔倒、滑倒时应用本技术也有很好的防伤效果。

四、地面上位攻击策略

1. 地面骑乘上位：碰头技术 Push head to ground（图5-30a~b）

我方在骑乘上位，使用砸拳或者肘击遭到对方防御时，用右手插击对方颈

245

部，对方会反射性地仰头并收下颌；我方借势左手抓对方后颈（或者耳朵），右手推对方鼻子，猛力将对方后脑撞向地面。

图 5-30a

图 5-30b

技术点评　本技术只适合在硬地场合使用。本技术也是任何竞技格斗的禁用技术。

2. 地面骑乘上位：前臂压颈技术 Forearm press choke（图 5-31）

我方在骑乘上位，使用砸拳或者肘击遭到对方防御时，找机会利用我方尺骨末端快速压住对方一侧颈动脉，另一手抓住对方手臂，防止对方防御。

技术点评　本技术需要一定的人体结构知识和力量基础。本技术在 MMA 竞技中也可以使用。

图 5-31

3. 地面侧位压制位：鼻压式站立技术 Press nose and stand up （图 5-32a~c）

对方仰躺，我方处于侧向压制位，蹲在对方侧位或者跪姿成横四方位上位均可。我方使用肘击攻击后，迅速用右手掌推压对方鼻子左侧，利用鼻压产生的疼痛迫使对方向右扭头，同时我方发力站起。接足球踢或者持械攻击。

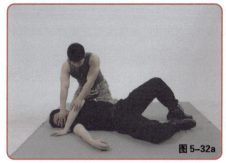

图 5–32a

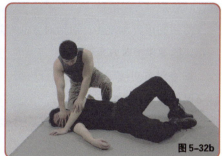

图 5–32b

图 5–32c

技术点评　擅长打击技的 MMA 竞技选手可以利用本技术摆脱地面纠缠，更快地回归站立位。

4. 骑乘上位腿锁控制 Leg lock from the mount（图 5-33）

我方在骑乘上位，双腿由外向内缠住对方双腿，同时用脚腕从内向外缠住对方小腿；

然后双腿快速向下蹬踹伸直，产生对对方膝关节的反关节作用，迫使对方身体靠近我方身体；

然后我方对对方头部进行地面上位摆拳或者肘击攻击。

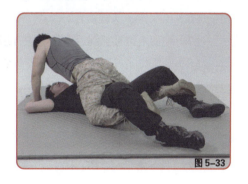

图 5–33

技术点评　本技术是控制性腿部关节技。利用腿锁可以控制对方身体，使对方不易完成单肩起桥及下位到上位的翻转。

5. 骑乘上位拳法与肘法复合攻击 Punches and elbow from the mount

我方在骑乘上位，用力骑在对方腹部，并尽量向前移动臀部，骑到对方胸部，以防止对方起桥翻转；

然后利用直拳攻击，遇到对方抱架防御时，利用直拳攻击对方嘴部，或者利用窝式插掌攻击对方颈部；

如果对方对嘴部和颈部进行防御，我方利用地面上位摆拳攻击对方头侧或者下巴侧面；

如果对方下位利用前臂防御我方摆拳，我方马上转地面直拳攻击对方面部中部，或者用拳锤砸击对方鼻子；

如果对方下位防御，我方左手向左、向下拉右臂，右砸肘攻击对方头左侧。

技术点评　本技术组合用打击技完成对对方的攻击。平时要多加训练，实战中才有效果。本技术组合也可以为后续的地面攻击或抓捕创造条件。

补充——战术格斗地面骑乘上位攻击组合：

（1）连续直拳组合。

（2）右摆拳 ×2 + 右拳锤砸击组合。

（3）右摆拳 ×2 + 右直拳攻击嘴部（下巴正面）组合。

（4）右摆拳 ×2 + 碾压砸肘攻击嘴部（下巴正面）组合。

（5）连续直拳 ×2 + 拉臂肘击组合。

（6）压双臂 + 头槌组合。

（7）地面上位被抓腕后逃脱 + 击打组合。

（8）骑乘位击打 + 举臂位外侧臂锁组合。

（9）骑乘位击打 + 砍击颈部组合。

（10）骑乘位击打 + 前臂压颈部组合。

（11）骑乘位击打 + 上位十字固组合。

6. 骑乘上位击打与十字固技术链 Attack and armbar from the mount

（**图 5-34a~h**）：

我方位于骑乘上位；

我方先对对方进行地面直拳攻击，接摆拳攻击；

当对方用双手护脸或前臂护脸时，我方打出的摆拳在收拳时会勾住对方的肘窝（以左摆拳勾住对方右肘窝为例），勾住后立即用我方左肘窝夹住对方右臂并

图 5-34a

图 5-34b

图 5-34c

图 5-34d

图 5-34e

图 5-34f

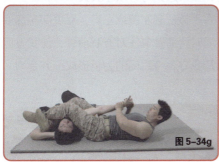

图 5-34g

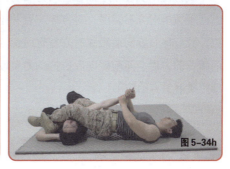

图 5-34h

回拉，使其尽量贴近我方的身体，同时右手握住左手以增大回拉力量，右脚和左脚依次蹬地站起，身体微向右转；

身体跳起并右转，然后向后坐，将左腿覆盖于对方脸上，右腿覆盖于对方胸部；

对方与我方成十字交叉位，我方躺在对方身上，并用双手分别抓住对方右腕和右手，使其右上臂（右手拇指向上）在我方两腿之间穿出，形成十字固；

然后我方腰往上顶，同时双手用力向下扳折对方右肘关节以制服对方，或者别伤对方肘部鹰嘴。

技术点评 本技术链是地面打击技与地面关节技的组合技术链。在防身自卫中可以使用，在 MMA 竞技中也可以迁移使用。

提示：

（1）使对方拉直的手臂拇指向上，完成十字固。

（2）我方用大腿内侧作为十字固杠杆，而不是腹股沟。

（3）我方臀部尽量靠近对方肩部。

（4）尽量把对方手臂向外拉，使对方肘部尽可能地伸出我方大腿。

（5）向下压对方手臂与向上顶髋别折手肘形成上下合力。

（6）我方倒地时可以主动快速舍身，并把挺髋动作合成到舍身后倒动作中，利用舍身的速度和体重加重对对方肘部鹰嘴的伤害。

战术格斗补充：

战术格斗在原有十字固基础上增加了竞技格斗禁用技，以增强攻击效果。

（1）蹬踏式破解十字固防御（图 5–35a~b）

我方使用上位十字固锁住对方右臂时，如果遇到对方双手救援防御，即当我方向下扳折对方右臂时，对方伸左臂并用右手抓住其左腕或左拳，双手向左侧回拉，我方伸右脚向前蹬踩对方左臂肘窝，同时两前臂勾住对方右前臂，使我方向前蹬踩的力量、两前臂向后拉拽的力量以及我方舍身后倒的力量形成三方合力，即可破解对方的防御。

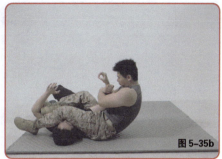

图 5-35a

图 5-35b

（2）推手指破解十字固防御（图 5-36a~b）

我方使用上位十字固锁住对方右臂时，如果遇到对方双手救援防御，即当我方向下扳折对方右臂时，对方伸左臂并用右手抓住其左腕或左手，双手向左侧回拉，我方要用右手握住对方左手的一根手指（最好是小指）并用力前推。当对方因疼痛而松手时，我方要立即回拉、后倒舍身，完成十字固动作，以免被对方再次防御。

图 5-36a

图 5-36b

（3）指关节破坏解除十字固防御（图 5-37a~b）

我方锁住对方右臂，也可以在十字固双臂角力的过程中，突然松手，以单手抓对方一手的手腕，另一手用拇指快速掰对方的小指，以此来破坏对方的握拳和抓握，从而使对方的拳法以及锁技丧失主要威力。

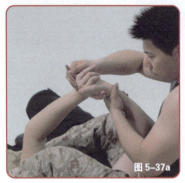

图 5-37a　　　　　　　　　　　图 5-37b

（4）脚跟砸击破解十字固防御（图 5-38a~c）

我方锁住对方右臂，在十字固双臂角力时，用左脚跟直接下砸对方脸部，迫使对方防御松懈，顺利完成十字固。

图 5-38a

图 5-38b

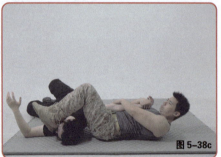

图 5-38c

（5）抖击破解十字固防御（图 5-39a~b）

我方锁住对方右臂，在十字固双臂角力的过程中，我方处于坐姿，直接用右手抖击对方，使对方剧烈疼痛，迫使对方防御松懈，顺利完成十字固。

 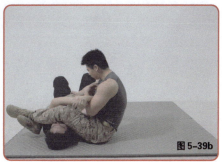

图 5-39a　　　　　　　　　图 5-39b

（6）棍锁在十字固中的运用（图 5-40a~b）

我方锁住对方右臂，在十字固双臂角力的过程中，我方处于坐姿，利用战术棍拉住对方右臂肘窝，战术棍棍体会给对方造成巨大的疼痛感，使对方无法防御，从而完成棍式十字固。

 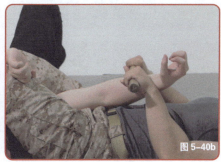

图 5-40a　　　　　　　　　图 5-40b

五、地面骑乘上位控制技术

1. 交叉压臂 + 拉手上臂环锁 + 右拳连击 Cross press arms + arm-loop lock + right punches（图 5-41a~h）

我方位于骑乘上位；

对对方进行窝式插掌和拳击；

待对方双臂护头防御时，我方用右腿顶靠对方左上臂；

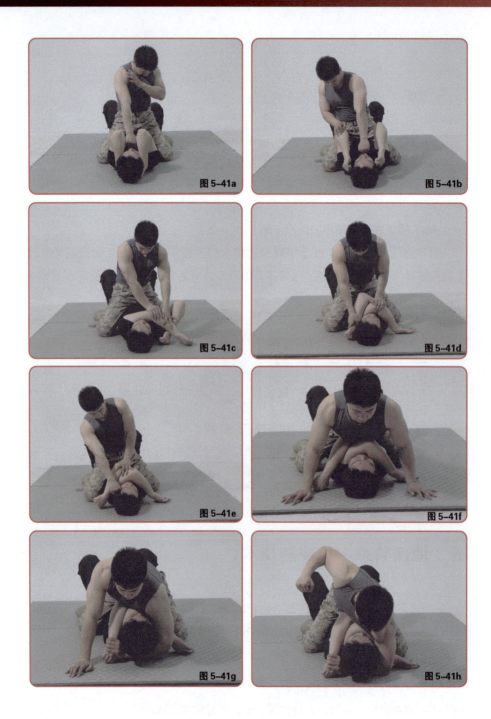

图 5-41a

图 5-41b

图 5-41c

图 5-41d

图 5-41e

图 5-41f

图 5-41g

图 5-41h

我方右手推对方右臂，左手推对方左臂，使对方两臂在其胸前交叉（右臂在上，左臂在下，我方可用左手下推对方的右上臂以向下压制对方左臂，也使对方左臂无法进攻，此时我方可用右拳击对方左部头侧或左软肋分散对方注意力）；

然后我方身体前倾，压住对方交叉的双臂；

左臂从对方脑后穿过，并用左腋夹住对方左臂；

然后左手抓对方右手，最终使我方左臂和对方右臂形成环锁，锁住对方左臂和脖颈。这种利用对方一只手臂可以同时锁住其另一只手臂和脖颈的锁技叫作双臂环锁。

然后我方右拳攻击或右肘攻击。

技术点评 本技术链在实战中完全实现的概率不大，但是部分实现的概率很大。利用推压对方手臂使其内收后无法外展的控制思路，无论在地面还是站立都有很广的应用。本技术链可以作为地面控制的一种训练手段。在战术格斗中有更加丰富的"肩关节超内收压制控制训练"。对于交叉双臂的超内收压制，我们称之为"双臂超内收压制控制"。

2. 由侧卧夹臂压制位反方向转身上位法实现拉手上臂环锁 Achieve arm-loop lock from Belly Scarf Hold

由对方右侧的侧卧夹臂压制位开始。所谓侧卧夹臂压制位（以我方在对方右侧为例）是指：对方仰躺，我方仰躺并背靠在对方右侧身，我方两腿叉开蹬地，左腋夹住对方右臂，右手从对方后颈自右向左绕过。

此时，我方应全力向侧后压制对方，可以将臀部抬起，将整个上半身重压在对方身体上，同时右臂用力锁住对方后颈，左腋和左臂用力夹紧对方右臂；

接着我方撤右腿，由仰卧变俯卧，并双手推对方右臂成水平内收位，形成推臂右侧横四方位压制；

接着我方身体地面上转步，两腿跪于对方头侧，形成南北位肩关节超内收压制（也称反式跪骑位），同时用大腿和右手始终按住对方右臂，使其无法伸展；

然后，左手拉对方左臂，右手向里推对方左臂，把对方左臂尽量挤压在对方右臂之下，使对方左右臂交叉在胸前，我方变成左侧横四方位压制；

接着左腿片腿成骑乘上位，同时用前胸压住对方交叉在胸前的双臂；

身体前压，右手拉对方头；

左手后拉对方右臂，形成环锁。

> **技术点评** 本技术链作为地面上位控制的组合训练很有好处，可以训练在"肩关节超内收压制控制"的基础上进行侧卧夹臂压制位、横四方位、南北四方位、对侧横四方位，到骑乘位的综合体位转换训练。

3. 膝顶夹臂扳头击打 Knee push, clip arm, pull head, and punches（图5-42a~b）

我方位于骑乘上位。我方左脚踩地，右膝跪在对方胸上，左臂夹住对方右臂（左手抓对方右上臂），右手拉对方后脑往怀中带。

接着用右拳或右肘击打对方面部。

提示：为防止对方左拳反击，我方用力将右膝向前顶压对方胸骨处，伸直右臂向后拉对方后脑，同时左臂夹对方右臂并使身体向后，以拉开对方与我方距离，使对方左拳无法攻击到我方。

图5-42a

图5-42b

> **技术点评** 本技术组合属于地面位拉臂击打的一种变化形式，可以作为地面上位控制性打击技的一种实战组合进行训练。

4. 单臂环锁 Arm-loop lock（图5-43a~b）

我方位于骑乘上位；

右手抓对方右腕；

接着左手推对方右肘；

右手前拉对方右腕至对方头左侧；

接着左手由左向右从对方脑后穿过并抓对方右腕，形成单臂环锁。

图 5-43a

图 5-43b

技术点评　单臂环锁只实现了由单臂超内收压制开始的单臂控制，而上文那些技术实现了使对方双臂交叉胸前的双臂超内收压制形成的双臂环锁。双臂环锁实现起来速度较慢，单臂环锁更快。但是单臂环锁容易受到对方另一只手臂地面下位拳法的干扰。无论是单臂环锁还是双臂环锁，都对使用者的力量有很高要求。

5. 单臂环锁 + 环锁颈绞 Arm-loop lock + choke（图 5-44）

我方在骑乘上位。单臂环锁完成时，我方右手可从对方右臂肘环下穿过，抓我方左前臂形成环锁颈绞。

然后我方左手用力拉（用对方前臂卡压对方颈部左侧），同时用我方右前臂尺骨侧用力卡压对方脖颈。

图 5-44

技术点评　本技术是地面关节技与绞技的组合技术，其控制与降服效果优于单纯的单臂环锁。

6. 单臂环锁翻转与击打技术 Reversal from Arm-loop lock and attack（图 5-45a~c）

单臂环锁成功后，用右拳或右肘击打对方脸部；

然后右臂前推对方右肩或右上臂，右膝抵住对方右侧软肋，同时要右拳攻击

图 5-45a

图 5-45b

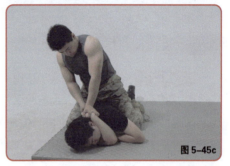

图 5-45c

对方面部，迫使对方由仰卧位翻转成俯卧位。

此时我方左手控制对方右腕，右膝顶住对方右腰后侧，骑在对方背上，完全控制对方。

技术点评　本技术属于地面控制技。在战术格斗——警用抓捕体系中，可以衔接战术上铐。

7. 骑乘位转浮固位：前臂压颈技术 Forearm press neck（图 5-46）

我方由膝顶夹臂扳头击打位置开始；

先右膝顶对方胸部，左臂夹对方右臂，右手用力扳拉对方后脑；然后右手迅速抽回，用右臂尺骨压住对方颈部右侧，同时我方身体右倾，左臂向后拉拽对方右臂，使对方左手地面下位直拳无法攻击到我方。

我方可转为骑乘位，左臂夹对方右臂，右前臂尺骨压对方颈部，直至对方失去反抗能力。

技术点评　本技术是地面特殊绞技，是单臂环锁颈绞中的尺骨压颈动脉和膝顶夹臂扳头击打中的上位拉臂控制的组合技。手臂长的人应用本技术进行攻击的效果更明显。

图 5-46

六、地面横四方位上位攻击策略

地面横四方固压制 Side control：对方仰躺，我方跪在对方头侧并用身体横向压制住对方上半身。

地面横四方固压制的优势：可以直接进行打击、关节技攻击或者转成骑乘位、南北四方固位进行继续攻击。

地面横四方固压制的攻击：地面后顶肘攻击、地面碾压砸肘攻击、地面膝攻击、外侧臂锁攻击、抖击腹股沟攻击等。

1. 横四方位击打腹股沟 Knock groin from side control（图5-47a~b）

对方和我方成横四方固位，我方为上位，以在对方左侧为例。

我方把对方左臂向前推并用身体压住对方上臂外侧；

然后迅速用左手抖击对方腹股沟；

再接其他的攻击。

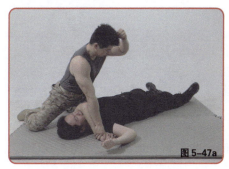

图5-47a　　　　　　　　　　图5-47b

技术点评　本技术是竞技格斗禁用技。由于在地面施展抖击，因此无法形成一击即晕的效果。但是抖击腹股沟产生的剧烈疼痛可以为其他攻击创造条件。

横四方位压制，战术格斗打击技补充：

（1）地面后顶肘攻击 Ground back elbow（图5-48a~b）

我方在横四方位上位，把对方左臂向前推并用身体压住对方上臂外侧；

我方身体越过对方上半身，左手压对方右腕，右肘后顶肘攻击对方头部右侧。

259

图 5-48a

图 5-48b

（2）地面四方位砸肘攻击 Ground vertical elbow（图 5-49a~b）

我方在横四方位上位，把对方左臂向前推并用身体压住对方上臂外侧；

我方身体跪起，右臂屈肘抬起，并用左手下压住对方右臂或者颈部；

接着右肘由上至下砸肘攻击，攻击时加入上半身舍身的体重加成，使肘击威力更大。

图 5-49a

图 5-49b

（3）地面四方位碾压砸肘攻击 Rolling elbow in side control（图 5-50）

我方在横四方位上位，把对方左臂向前推并用身体压住对方上臂外侧；

我方身体微抬起，右臂屈肘抬起，并用左手下压住对方右臂或者颈部；

接着右肘由上至下、由后到前前搓攻击，前搓的主要位置是对方的鼻子和嘴。

图 5-50

（4）**地面四方位地面膝攻击 Ground knee**（图5-51a~b）

我方在横四方位上位，把对方左臂向前推并用身体压住对方上臂外侧；

我方用左手下压住对方右臂或者喉部，用右手压住对方脸部，左膝跪地，右膝抬起；

爆发性屈膝、屈髋，利用膝盖攻击对方左头侧。

图5-51a 图5-51b

2. 举手位外侧臂锁 Bent arm bar（图5-52a~c）

对方与我方成四方位，我方在上位，对方在下位，把对方左臂向前推并用身体压住对方上臂外侧。

该体位下（以对方头部在我方右侧为例），我方双手将对方右手腕用力前推并将其按在地面，并使对方右肘关节成直角，右手掌朝上；

我方左手从对方右肘关节下自左向右掏入，并抓住我方的右手腕，形成锁技。

图5-52a 图5-52b

我方两手用力顺时针旋拧对方右肩，即可将对方制服或扭伤对方右肩关节。

图 5-52c

提示：

（1）贴地要点：本技术要使对方的手背贴紧地面，完成关节技；对方手离地越远，对方手臂逃脱的概率越高。

（2）本技术在柔术中叫作腕缄，还有人称之为美式锁肩，但这两种命名都不能阐释该技术的使用方法。而在战术格斗中，该技术称为举臂位外侧臂锁，即"将对方手臂举过肩部，一只手压住对方手腕，另一只手从对方上臂外侧掏过并抓住我方手腕，便形成了锁。"该命名法便于我们进行技术记忆。

（3）本技术还有对称位的放臂位外侧臂锁控制，也叫作木村锁控制；同时本技术在骑乘上位也可以变形使用。

技术点评　本技术为地面关节技控制，可以在 MMA 竞技中使用。在实战中，建议先用四方位压制时的打击技，为举臂位外侧臂锁创造条件。当对方受有效打击时，再使用本关节技。

七、侧位压制上位的攻击

1. 袈裟固 Belly scarf hold

由侧卧压制夹臂位到袈裟固（图 5-53a~b）

我方在对方右侧侧卧夹臂压制位，对方仰卧，我方两腿分开侧卧压制。我方要用左手抓住对方右臂，使其位于我方左腿上侧，并使对方右臂尽可能伸直。我方用左臂肘弯夹住对方右前臂。右臂从对方颈后自右至左绕过。

图 5-53a

我方可接肘击或拳击对方面部，也可接前臂压颈窒息术。

此外，我方可进行袈裟固控制，即我方右臂回伸，右手拇指朝上，左手扣握，使用我方右胸、右腋下、右肱二头肌、右前臂、两手扣握形成的闭锁区域挤压对方颈部。

图 5-53b

提示：

（1）两腿交叉，用身体侧面向下压对方。做袈裟固时要将腋下贴近对方喉部，整个手臂尽可能深地契合对方脖颈。

（2）夹颈手臂的拇指向上，以增加桡骨对对方颈部的切压攻击效果。

（3）袈裟固绞紧后可加入扭颈动作，同时身体逆时针贴地面转动，扭颈时胸部下压以形成更好的勒绞效果。

（4）袈裟固时臀部要尽量离开地面，有利于把整个身体的体重压在对方身上，加强压制和控制效果，防止对方逃脱。

（5）袈裟固有很多变形和派生技术，本书不做详述。

技术点评　本技术属于地面绞技。体重大者对体重小者使用，成功率更高。

2. 侧卧夹臂压制位手腿联合锁颈 Arms–legs lock neck in the Belly Scarf Hold（图 5-54）

由侧卧夹臂压制位开始，我方左臂夹对方右臂，伸右臂从前向后锁住对方脖颈，并用力回拉。

右手绕过对方颈后抓我方右腿膝内侧，形成手腿联合锁颈。

技术点评　本技术属于地面绞技，综合利用臂、腿完成。

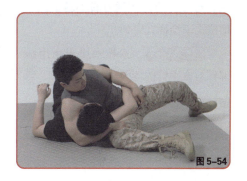

图 5-54

3. 地面侧卧压制位纳尔逊颈锁 Nelson neck lock in the Belly Scarf Hold（图5-55）

由侧卧夹臂压制位开始，我方左臂夹对方右臂，右手自左向右从对方脑后抄过，并从对方左腋窝向下穿出，最终从对方左上臂外侧穿出，锁住对方左臂。

用力回拉对方左臂并下压对方头部即可控制对方。

图5-55

> **技术点评**　本技术属于地面关节技。后面可接铐术，或者在战术格斗中演变成前侧扣握肩颈锁。

4. 侧卧压制位腿压外侧臂锁 Bent armbar with leg press in the Belly Scarf Hold（图5-56）

由侧卧压制夹臂位开始，我方左臂夹对方右臂，然后我方左臂将对方右臂前推，推成屈肘举臂位。

然后我方右小腿外侧面向下别住对方右前臂，形成侧卧压制位外侧臂锁。此时对方上臂在我方右大腿上侧，对方右前臂在我方右小腿下侧，形成上下穿插式臂锁。

图5-56

> **技术点评**　本技术属于利用腿部锁对方手臂的地面关节技。

5. 侧卧压制位腿手双外侧臂锁 Leg-arm lock in the Belly Scarf Hold（图5-57）

先完成侧卧压制位腿压外侧臂锁；

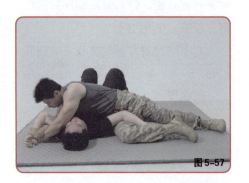
图5-57

然后我方右转身，两手抓对方左腕并前推，用两手对对方左臂实行举手位外侧臂锁，最终将对方彻底控制。

技术点评 本技术属于利用腿部锁和手臂锁联合锁住对方双臂的地面关节技。

6. 侧卧压制夹臂位后的体位转换 Change position from Belly Scarf Hold

（1）侧卧压制夹臂位转换成推臂横四方位 Achieve side control from Belly Scarf Hold

从侧卧压制夹臂位开始，我方把对方右臂前推，使对方右臂横担于对方脖颈前，同时收右腿，转身成横四方上位，此时用我方左腰顶住对方右上臂，使其右臂无法对我方进行攻击。

（2）推臂横四方位转换成反式侧卧压制位 Achieve Reverse Belly Scarf Hold from side control

推臂横四方位后，我方左腿向右伸，从自己的右腿下掏过，成双腿叉开的侧卧压制位，但脸朝向对方脚的位置，动作过程中始终控制住对方右上臂。

（3）反式侧卧压制位转换成骑乘位 Achieve Mount from Reverse Belly Scarf Hold

自反式侧卧压制位开始，我方右腿片腿，且身体逆时针翻转，骑上对方腹部。

技术点评 本技术链训练地面上位在对方身体一侧的体位转换。

第三节 地面下位攻击策略

一、倒地后对站立者反击

1. 勾踹绊摔——外侧勾踹绊摔 Outside hook-kick sweepdown（图5-58）

我方倒于地上，面对对方正面。我方向右侧身，用右脚向内勾住对方左腿脚跟并回拉，同时用左脚向外、向左端击对方左腿胫骨外侧或膝关节外侧，同时两腿加上逆时针旋拧动作，利用对对方膝关节内侧副韧带的压力，即可有一定概率使对方被勾端倒地。

勾端绊摔的变形——内侧勾端绊摔 Inside hook-kick sweepdown（图5-59）

我方倒于地上，面对对方正面。我方向右侧身，用右脚向内勾住对方右腿脚跟并回拉，同时用左脚向外、向左端击对方右腿膝关节内侧，同时两腿加上逆时针旋拧动作，利用对对方膝关节外侧副韧带的压力，即可使对方被勾端倒地。

图 5-58

图 5-59

技术点评　本技术是地面位对站立位的关节技。本技术需要出其不意地使用。充分了解人体膝关节结构，发力迅猛快速，会增大使用本技术的成功率。本技术如果加入抱腿动作，对膝关节攻击效果巨大，须谨慎使用。

2. 剪腿绊摔 Scissors-legs sweepdown——剪右腿（图 5-60a~b）

我方倒于地上，向左侧身，面对对方侧身位（面对对方正面也可）。我方用左脚挡于对方右腿胫骨下端并向前发力，右脚根部挡于对方右腿腘窝处向后发力。左腿前发力，右腿后发力，形成剪腿，将对方剪倒。

图 5-60a

图 5-60b

补充：

（1）也可直接剪腿绊摔对方双腿，以提高致倒概率，即我方左侧倒地，身体在对方的右身侧，左脚从对方前方挡绊对方两腿脚踝前侧，同时用右脚挡绊对方两腿腘窝，两腿交叉发力形成剪腿，即可将对方绊倒。

（2）脚跟可以增加磕击打击，以攻击对方腘窝内腘绳肌肌腱，通过制造打击伤增加成功剪腿绊摔概率。

技术点评 本技术是地面位对站立位的关节技。本技术需要出其不意使用。充分了解人体膝关节结构，发力迅猛快速，会增大使用本技术的成功率。

3. 倒地后防御足球踢——雁形手踝锁技术 Eaglewings-hands anklelock takedown on the ground（图5-61a~f）

该技术为仰卧位对上位防守失利时的补救方法。倒地仰卧后，我方应尽量用双脚对准对方正面，试图用仰躺踹击防守。但若对方抢先绕到我方身侧并使用足球踢攻击我方头部，我方要立刻做出反应，用交叉手位进行防御并使用反向踝锁破解足球踢。

图5-61a

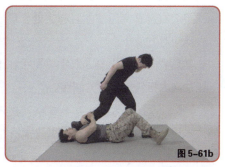
图5-61b

图5-61c

图5-61d

图 5-61e

图 5-61f

我方仰躺于地上，对方呈站姿在我方身体左侧，向我方头部左侧发动右脚足球踢；

我方左臂在下，右臂在上成交叉手位，用交叉手位的夹角——雁形手，阻挡对方的踢击；

然后我方右手抓对方右腿跟腱并下压，使对方右脚脚尖点地，左前臂向上弯，用肘窝夹住对方踝关节前端，同时右手抓住左手腕形成锁技（此时对方右脚脚面在我方左上臂外侧，其小腿胫骨末端处被我方左臂肘窝夹住）；

然后我方抬左腿用小腿横向压住对方右腿腘窝；

接着右腿腘窝压住左腿脚尖处，形成类三角锁的形状，用三角锁用力下压对方右腿使对方前扑；

然后我方腰部上挺，双手（左手在下，右手在上）抱住对方踝关节后侧用力下压并向内扭转，将对方制服。

技术点评 本技术是特殊格挡技术、接腿摔与踝关节的关节技的组合技术链。本技术迁移性很强，在军事战术格斗中也可以运用。

二、地面跪骑下位策略

如果我方和对方双双倒地，我方被迫处于下位，此时我方处于跪骑位下位更有优势，可以进行本书介绍的一系列防御方法；如果我方处于骑乘下位，我方在位置上将更加不利。

1. 护头格挡（下位三角式护头法）+ 左右摇闪 + 膝腿阻挡 + 下位踹蹬 Triangle forearms defense + rock away + knee–leg block + sky kick（图 5–62a~j）

当对方成跪骑位跪在我方的两腿之间且我方在下位时，我方要先将前臂抬起护于脸前，肘关节呈 90 度，双手相扣（就像中国武术中的抱拳礼），使我方两前臂和相扣的双手形成以相扣双手为顶点、两前臂为腰的等腰三角形——这叫作下位三角式护头法；

同时我方上半身在地面左右大幅度摇闪并在地面后退，以伺机抓住对方出拳时的腕子；

然后我方收起双膝，大腿向内靠并用双膝抵住对方胸部或两软肋抑或腋下向后推，使对方直拳无法打到我方脸部；

然后迅速收右腿，用右脚横向抵住对方左肋并向后推，为左脚蹬踹创造合适距离；

腾出左脚向后猛收，身体在地面拱起（就像仰卧举腿提臀那样），左脚蓄力后迅速用左脚跟向上、向前踹击对方下巴，将对方踹翻；

然后我方快速站立或后侧肩滚翻站立。

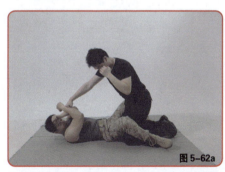
图 5–62a

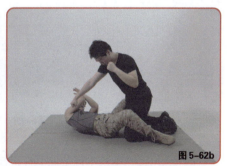
图 5–62b

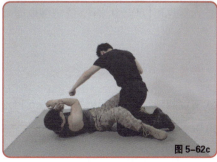
图 5–62c

图 5–62d

图 5-62e

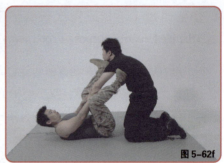

图 5-62f

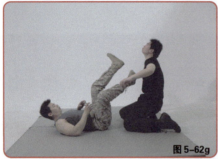

图 5-62g

图 5-62h

图 5-62i

图 5-62j

技术点评　本技术链是地面打击技的组合技术链，简单易学。性子急，横冲猛打型选手，尤其适合使用此技法。本技术链也可以作为地面下位防御地面砸拳类格斗选手的心理素质训练。

2. 拉近翻转法：下位腿固 + 面部攻击推扳头摔式翻身法

腿固抱拳举臂双压臂拉近法 + 扳头摔式下位翻转 + 鼻推碰头法攻击 Leg lock and press arm + neck lock reversal + push head to ground

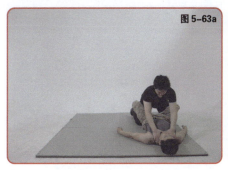

图 5-63a

图 5-63b

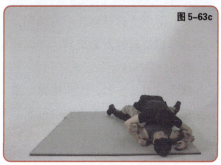

图 5-63c

（1）腿固抱拳举臂双压臂拉近法
（图 5-63a~c）

对方在我方上方成跪骑位；

我方双腿由外向内缠住对方腿，
同时脚腕从内向外缠住对方脚腕；

双手抱拳从下腹处向头的方向举臂
至高举过头顶；

然后双手向外打开，即可从对方
的掐颈状态下解脱；

打开后用我方两前臂外侧把对方两前臂压在地，与此同时，双腿向下蹬踹，
产生对对方腿膝关节的反关节作用，迫使对方身体靠近我方身体，为下一步翻转
做好准备。

提示：利用拉近翻转法的力学原理，改变转动惯量，使旋转更易完成。

（2）扳头摔式下位翻转（图 5-64a~e）

拉近对方后，我方左手绕到对方脑后并抓住对方左侧头，右手推击对方下

图 5-64a

图 5-64b

图 5-64c

图 5-64d

巴左侧，两手逆时针旋转对方颈部，同时腰部也逆时针发力旋转，形成合力，将对方翻转成下位。

图 5-64e

提示： 力量小者，扳头摔时可用右手推对方鼻子右侧等方式进行面部攻击，再两手逆时针旋转以增加翻转效果。

（3）鼻推碰头法攻击（图 5-65 a~d）

翻转后，我方处于对方上位，左腿迅速站起成右膝单膝跪地状态，抬右手，用右手掌跟对对方鼻孔处软骨进行上弦推，使对方头被迫后仰，后脑撞地；

对方鼻软骨和后脑受到双重打击

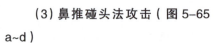

图 5-65a

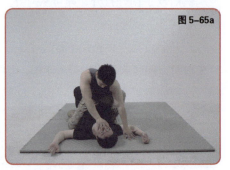

图 5-65b

图 5-65c

后，我方借此机会起身衔接面部攻击，然后逃脱。

技术点评　本技术链可实现翻转控制，同时可以给对方以沉重打击。这是利用地面特殊关节技、打击技、体位转换的技术链。整体使用在 MMA 竞技中有犯规倾向，但在防身自卫的危急关头可以用。

图 5-65d

3. 远离技术（封闭式防守上蹬腿式＋面部攻击）+ 下位踢击脸 + 后侧肩滚翻摆脱 Keep away enemy（close guard and leg push + face attack）+ sky kick + escape by backward rolling breakfall

（1）（封闭式防守上蹬腿式 + 内侧面部攻击）远离技术（图 5-66a~e）

对方在上、我方在下，对方双手掐我方颈部；

我方用封闭式防守技术，双腿缠住对方腰侧浮肋处，双脚向后勾住，然后两腿向中间发力并向上蹬腿，对对方内脏产生挤压，使其被迫直起身远离我方身体；

同时我方右手从对方两臂之间穿入，食指和无名指进行面部攻击，右掌跟推击对方鼻软骨，右手上推，使对方尽可能远离我方上半身。

图 5-66a

图 5-66b

图 5-66c

图 5-66d

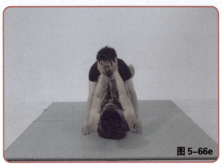

图 5-66e

（2）天踢击脸 + 后侧肩滚翻摆脱（图 5-67a~e ）

当把对方头部推到足够高后，我方迅速将双腿蜷至胸前；

然后左腿奋力向上向前蹬击对方下巴，将对方踹离我方身体；

然后将上踹的腿收回，侧肩滚翻站立，保持格斗架势或逃离。

图 5-67a

图 5-67b

图 5-67c

图 5-67d

图 5-67e

技术点评 这是地面控制技、地面打击技、地面受身技术逃脱法的综合技术链。下位踢击上位者面部在很多格斗比赛中还是禁用技法。

4. 小腿切片机降服 Calf slicer（图5-68a~d）

我方和对方双双倒地，对方在上位，双腿跪于我方两腿之间，出拳对我方面部不停地进行攻击。

我方立即双手握在一起，抬双肘挡于脸前，身体不停地左右摇闪以躲开对方拳头攻击，同时我方左小腿别于对方右腿腘窝处；当对方身体左转出右拳攻击我方时，我方向左摇闪躲开攻击，同时用我方左腕外侧棱处自左向右滚推式格挡对方右拳，并顺势抓住对方手腕；接着我方迅速挺身坐起，伸右手扒住对方后脑或右肩向后猛拉；然后我方双手抱住对方右脚脚踝或脚面，用力向我方肩部方向拉，把对方制服。

提示： 运用小腿切片机技术时，我方的左小腿胫骨起到杠杆的作用，要切住对方的小腿肚，并贴紧对方右腿腘窝。

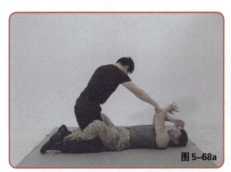
图5-68a

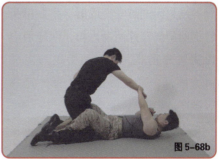
图5-68b

图5-68c

图5-68d

技术点评　本技术为利用关节技进行控制的技术，可以迁移到 MMA 竞技中。

5. 倒地后封闭式防守技术 Close guard（图 5-69）

图 5-69

用该技术可破解对方跪骑位。当对方呈跪骑位时，我方双腿夹住对方腰部并在对方后腰处交叉，之后用力上挺身、上蹬举即可控制对方与我方距离，为进一步防御与反击创造条件。

我方可以双腿用力夹紧，如果大腿内收肌群力量够大，可以产生一定的降服效果。

封闭式防守补充技术：腰部绞（图 5-70）

图 5-70

当封闭式防守完成时，我方用两臂抱两腿腘窝并两手内扣，两腿用力内夹对方腰部，同时两手用力内夹对方腰部，形成腰部绞。有一定降服概率。

技术点评　封闭式防守是跪骑位下位的防守起始动作。要想摆脱对方的上位压制，后面还要与其他技术配合。腰部绞只对腰围细的人有降服效果，腰围过粗的人成功率会大大下降。

封闭式防守功能性辅助训练：

仰卧双腿交叉上蹬举 Cross-legs raise（图 5-71）：身体仰卧，两腿交叉缠在一起；腰腹发力，使腿向上蹬端，同时将臀部抬离地面；然后缓慢放下，回归仰卧位。

图 5-71

仰卧双腿交叉上蹬举——意外的

收获：该训练可以有效训练腹部肌肉，尤其对下腹肌刺激更强。

提示与补充：

（1）可双手拉住对方双臂下拉，使对方双手扶地，以加强发力效果。

（2）此方法对腰粗的对手效力会减小。

（3）封闭式防守技术的破解：肘搓技术（图5-72a~d）。

当对方对我方使用封闭式防守技术时，要等对方双腿没有缠住我方腰时，双腿迅速向外叉开，且双手先向下猛拍对方小腹（或腹股沟），同时用双肘肘部向后推击对方大腿前侧或内侧；

此时对方大腿后侧正担在我方叉开的大腿上，我方以自己的大腿为杠杆，用手肘下压对方大腿，使对方大腿无法上抬并使对方髋关节产生疼痛感；之后可接踝锁攻击（图5-73a~b）。

图5-72a

图5-72b

图5-72c

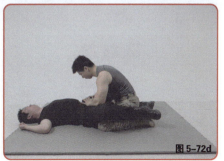
图5-72d

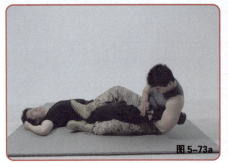
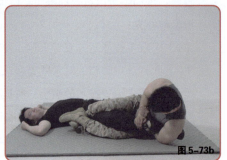

图 5–73a

图 5–73b

6. 下位断头台技术 Guillotine choke

预备知识——站立断头台技术 Standing guillotine choke（图 5–74a~b）

当对方下潜抱摔或被我方将肩膝撞击中后，我方都有机会施展站立断头台技术。

我方右臂从对方脖颈后侧绕过并缠住其脖颈，用右肘关节内侧贴住对方下颌并钩住其脖子；

将左手从对方右臂前端掏入并抓住自身的右手腕；

然后胯向前挺，并用手臂将对方脖子拉向我方的身体；

此时我方可以继续挺胯并踮脚尖，将身体向上抬，即可将对方制服。

图 5–74a

图 5–74b

提示：

（1）此技术并不是把对方的头向上拔，而是用肱二头肌、躯干和前臂围成的区域使对方颈部被夹起来，阻塞其血液循环并使其窒息。

（2）也可在成功施展站立断头台后，将自己身体后倒（两腿可缠住对方腰部），使后倒的力量通过手臂施加给对方脖颈——形成舍身断头台，以给对方脖颈造成更大的伤害。

（3）站立断头台，个子高者对个子矮者使用，成功率会更高。

跪骑位下位，下位断头台技术（图 5-75a~b）

当对方成跪骑位，我方正好在下位时，我方迅速用左手扶地形成支点，并伸右手从对方脖颈后侧钩住其脖子；

前推对方身体使我方的臀胯部从对方身下逃出，尽量使我方成地面坐位；

然后我方左手从对方右臂前侧掏入并抓住自身右手腕，形成断头台技术；

我方手臂用力向内夹紧，然后后倒，同时双腿呈封闭式防守位，缠住对方腰部，之后向前顶胯并且两腿向前蹬，即可将对方制服。

图 5-75a　　　图 5-75b

技术点评　本技术属于地面绞技，可以迁移到 MMA 竞技中使用。

7. 下位防守型舍身十字固 Under armbar（图 5-76a~f）

当对方跪骑位对我方进攻时，我方先找机会双手拉住对方左臂；

我方逆时针在地上转动 90 度，同时左腿屈膝并向外伸，以使左腿与对方上身异面垂直，我方右腿此时上抬至对方左肋部；

我方右手向左推对方左脸；

我方左手抓对方右手并用力按在我方胸前；

两腿用力上抬，用左腿勾住对方左颈；

用右腿压住对方左肋并用力下压对方身体，使对方躺倒；

我方伸左前臂勾住对方右肘肘窝，最终完成十字固动作。

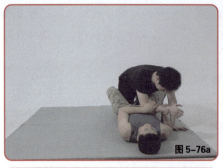

图 5-76a

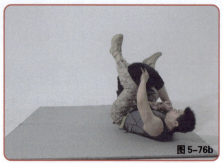

图 5-76b

图 5-76c

图 5-76d

图 5-76e

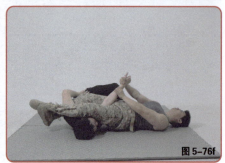

图 5-76f

提示：

（1）当已完成十字固动作，而对方未躺倒时，向上挺髋和双手下压同时发力，即可对对方右肘关节造成伤害。

（2）如果对方力量很大，我方两腿下压对方颈部时无法压下对方身体，利用下位反身十字固实施攻击。

技术点评　本技术属于地面关节技，可以在 MMA 竞技中迁移使用。

8. 下位三角绞 Triangle choke

此技术是地面位（对方上位、我方下位）时我方的一种反击方式。利用腿部三角绞可以窒息制服对方或致晕对方。

动作讲解（图 5-77a~d）：

当对方在地面上位，我方在地面下位的封闭式防守态势时，我方可迅速用双手拉对方右臂并挺腰、抬腿，使我方双腿位于对方肩部；

右腿横担过对方后脖颈，左腿用腘窝向下夹紧我方的右脚踝——形成三角绞；

同时我方双腿内收夹紧，两臂向下并向右拉对方右臂，使对方右肩和脖颈尽量靠近，且夹紧对方颈肩后，我方可双手抱住对方后脑向左侧拉以增加扭颈效果；

也可身体向右扭转使对方与我方身体相互垂直，左手向右侧拉对方后脑，右手穿过对方左腋下向上抱并夹紧，或是右手穿过对方左腿腘窝，向上抱并夹紧；

成型后，两腿内收夹紧，向前顶腰，手抱对方后脑向一侧扭颈，即可将对方制服或绞晕。

图 5-77a

图 5-77b

图 5-77c

图 5-77d

提示： 拉对方右臂，我方右腿横担过对方后颈；拉对方左臂，我方左腿横担过对方后颈。

技术点评 本技术属于地面绞技，在竞技格斗（例如 MMA 竞技中）也可以迁移使用。

技术补充 1：三角绞与十字固的转换（图 5-78a~c）。

对方处于跪骑位上位，我方使用三角绞欲攻击对方。以我方拉对方右臂为例。

当我方两腿上抬，欲在对方右颈搭扣时，对方逃脱，使得我方两腿的搭扣失败。就在这一刹那，我方由左腿腘窝扣锁右脚脚踝，迅速变成左腿从对方颈前用腘窝回勾对方颈部且两腿向下压发力，完成对对方右臂的十字固。动作过程中，我方两手始终牢牢抓住对方右臂并尽量向我方身体侧拉。

图 5-78a

图 5-78b

图 5-78c

技术补充 2：下位十字固与三角绞的转换（图 5-79a~c）。

对方处于跪骑位上位，我方使用下位十字固欲攻击对方。以我方拉对方右臂为例。

我方左腿回勾对方左颈，出现了僵持而使我方十字固无法得逞。

我方迅速伸右腿，并从对方颈后

图 5-79a

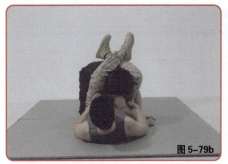

图 5-79b

图 5-79c

横担过，同时左腿由回勾对方左颈迅速越过对方头，在对方右颈侧腘窝压住我方左脚脚踝前侧，我方两腿夹紧，形成三角绞。动作过程中，我方两手始终牢牢抓住对方右臂并尽量向我方身体侧拉。

三角绞与十字固动作转换口诀：双腿同侧，腘窝勾对方头为十字固；双腿环颈，腘窝勾自身脚踝为三角绞。

9. 下位腕锁的运用：下位夺刀锁上翻法 Wrist lock and reversal（图 5-80a~f）

对方在我方上方成跪骑位，且欲用右直拳攻击我方脸部；

我方出左手，用左腕外侧棱处顺时针滚推格挡对方右手腕，并将其手腕向右侧推；

我方右手抓住对方右手背侧；

接着我方左直拳攻击对方面部；

接着我方收回左手由上至下穿过对方右肘肘窝，并抓住自身右手腕形成锁技——下位夺刀锁；

我方两手臂一同发力逆时针旋转，同时腰部也逆时针在地面翻转。对方因为手腕过屈并扭转疼痛而不得不被我方向左翻转。我方翻转成骑乘上位后迅速接上位攻击。

提示：

（1）该技法因为可以迁移到地面位防御上位直线捅刺的反击，所以被命名为下位夺刀锁。在下文中地面下位夺刀时会详细介绍。

（2）使用下位夺刀锁时，右手抓对方手背的动作也可以变成右手抓对方一根手指，形成下位夺刀锁的指关节技，其攻击效果会更强。

（3）本技术可以迁移到骑乘位下位的翻转技术。

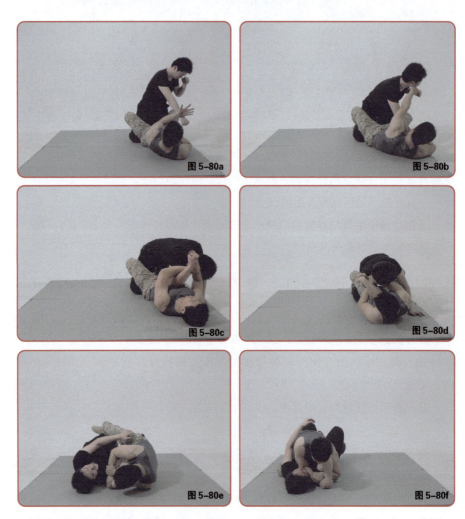

图 5-80a

图 5-80b

图 5-80c

图 5-80d

图 5-80e

图 5-80f

技术点评　该方法是利用地面腕关节技进行翻转的技术。在对方持械或徒手时使用成功率皆较高；如果对方带分指手套，由于不易抓握对方手背，在 MMA 竞技中使用成功率略低。

三、对裸裟固的反击：侧位三角绞肘击法
Side triangle choke and elbow attack

技术链：推脸侧位三角锁＋锁肘＋右砸肘（图 5–81a~h）

对方对我方进行侧卧压制位（裸裟固）锁颈技术；

我方用左手拇指上推对方右眼，同时用右手拇指上推对方鼻孔，且用右手食指攻击对方面部，两手运动轨迹为向上向前推，使对方头后仰；

我方迅速用左腿腘窝勾住对方脖颈并用力下压，同时身体扭转，使对方尽量向左翻身；

我方右腿立刻压住自身左脚脚背与胫骨下端夹角处，形成三角锁；

同时我方用左臂夹住对方右前臂，以我方左大腿为杠杆用力下压，造成对对方右肩关节的施压，从而制服对方；

此时也可在控制对方后，用右肘下砸对方胸部右侧。

图 5–81a

图 5–81b

图 5–81c

图 5–81d

图 5-81e

图 5-81f

图 5-81g

图 5-81h

技术点评　　本技术是一种地面绞技和地面关节技的组合技术。作为对于袈裟固或者侧卧压制位的反击技术，其既可以帮助我方摆脱对方控制，又可以帮助我方控制对方，甚至可以使对方窒息。

第四节　地面技术的其他问题

一、地面拿背位策略

地面拿背位 Back control：对方成俯卧位，我方双腿跨骑在对方腰部进行压制。

地面拿背位的优势：可以进行控制或者打击。

地面拿背位后续攻击：砸拳、肘击、头槌、肩关节关节技等。

1. 拿背位碰头 Head smash（图 5-82a~b）

对方趴于地面，我方骑在对方身上，左膝单膝跪地，右脚着地；
左手抓对方下巴左下侧，右手抓对方头右上侧（可抓右上侧头发）；
左手向上拉对方下巴，然后右手猛推对方头右上侧以进行攻击。

提示： 攻击过程是，将头先拉上来到极限，然后用力下推撞地，再拉、再推，以此往复。

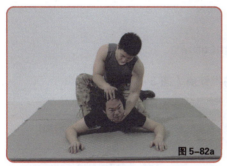
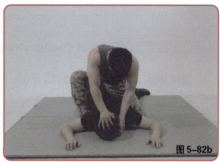

图 5-82a　图 5-82b

技术点评　在以色列格斗术中，很多利用地面墙面作为武器的攻击，在竞技格斗中均为禁用技术。

2. 脊椎锁 Spine lock（图 5-83a~c）

对方趴于地面，我方骑在对方身上，然后双手抓对方下巴向上向后拉，使对方颈椎、胸椎、腰椎都受到强大反关节作用。我方可利用自己的体重，重重坐在对方腰部，然后身体后仰以增加牵拉对方脊椎的力度。

图 5-83a　图 5-83b

提示：以左手拉对方下巴，右手可换位到小指掌侧拉对方鼻软骨（也可右手指抠入对方鼻孔然后后拉），制服效果更明显。

图 5-83c

技术点评　本技术是一种特殊的地面降服技。第一种常规技术对于脊柱柔韧性较好者降服效果有限。两个加强版为竞技格斗禁用技。

3. 双直臂控制 Control double straight arm

插手抓腕 + 直肘背折（拉转合）+ 前推锁肩（图 5-84a~c）：

对方趴于地面，我方骑在对方身上，左膝单膝跪地，右脚着地；

若对方成前趴举手投降位，我方下潜两手掌心向下，从对方两上臂下掏过，抓对方两手腕背侧；

图 5-84a

向后拉并转腕从外侧抓对方双腕，使对方两臂伸直（背后直肘定势）；

我方两手抓住对方腕向内合，然后前推，即可控制对方。

图 5-84b

图 5-84c

技术点评　本技术可以作为抓捕技的前导技术，后面可以接铐术。

4. 双屈臂控制 Control double bent arms

插手抓腕 + 前倾开臂拉腕背转（先分拉再合拉）（图 5–85a~c）

对方趴于地面，我方骑在对方身上，左膝单膝跪地，右脚着地；

若对方成前趴举手投降位，我方下潜两手掌心向下，从对方两上臂下掏过，抓对方两手腕背侧，身体前倾并贴住对方后背，且两臂向外打开，同时后拉对方双腕；

当拉到使对方处于地面侧平举位时，我方右侧直起身并将对方右腕向左。向上拉，对方右臂形成屈臂背折姿势；

图 5–85a

换另一侧，直起身并将对方左腕向右向上拉，对方左臂形成屈臂背折姿势。

图 5–85b

图 5–85c

技术点评 本技术是另一种抓捕技的前导技术，后面可以接铐术。

5. 地面鼻拉拿背位裸绞 Naked choke with nose–pull in the back control
（图 5–86a~c）

对方已俯卧于地面，我方骑到对方背上并转换成俯卧位；

我方欲使用裸绞，对方收下颌防御，我方无法将右前臂插入对方颈前；

我方先用左手食指侧面回勾对方鼻子，并用力后拉，迫使对方因疼痛而仰头，从而打开前颈；

然后伸右臂从对方颈前掏过，同时上抬左臂，使右手握于左臂肱二头肌，形

图 5-86a

图 5-86b

图 5-86c

成对颈部的锁技——裸绞；

　　我方右臂向后拉并回收，左臂向内收，左手前伸，按住对方后脑向前推，同时用我方额头顶住我方左手背持续向前施压。

　　技术点评　臂拉式裸绞是一般裸绞的升级版，在战术格斗中是平常的技术，但在 MMA 竞技中一般被认为是禁用技术。

6. 三角锁压制 + 脊椎锁 Leg pretzel + spine lock（图 5-87a~c）

　　对方趴于地面，我先将对方左小腿横向担在对方右腿背侧，左腿脚腕正好在右腿腘窝处；

　　再将对方右小腿弯曲压在其左脚腕上，就像对方完成了一个三角锁的腿式；

　　我方双手下推对方右脚踝，使对方双腿收紧，继而坐在对方右脚踝处，用力下压对方右脚腕；

图 5-87a

图 5-87b

双手抓对方下巴（或进行鼻拉技术）并后拉，使对方仰头且脊椎向后超伸，完成脊椎锁，最终控制对方。

图 5-87c

技术点评　本技术属于地面关节技，可以部分迁移到抓捕技中。

二、对十字固的防御

1. 拳拉法争夺控手权 Fist-pull（图 5-88）

当对方对我方进行十字固时（以我方右臂被十字固为例），我方右手迅速握拳并向内旋腕右手腕，使掌心向前以减少对方双手与我方右手腕的接触面积，伸左手从内侧（手背侧）抓住右拳拳捶处，两手一同用力向左拉，直到右臂逃出对方双手的纠缠。

补充：也可以用双手扣握法进行防御。

补充：拳拉法的破解。

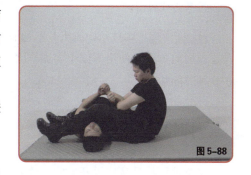

图 5-88

如果遇到对方双手救援防御，即当我方向下扳折对方右臂时，对方伸左臂抓住其右腕或右拳，双手向我方扳折并反方向回拉时，我方要先用左臂肘弯出勾住对方右肘窝，再用右手掌跟推对方左手一根或几根手指的手指尖，迫使对方松开救援手。当对方左手因疼痛而松手时，我方要立即双手回拉，完成十字固动作，以免被对方再次防御。

技术点评　本技术作为应对十字固的一般防御方法，可以看作站立式应对对方双手抓单手时的拳法摆脱技术的地面应用。

2. 推腿起坐法 Push leg and sit up（图 5-89a~c）

对方使用十字固锁握右臂，当我方的拳拉法被对方推开后，我方要迅速使被

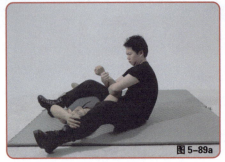

图 5-89a

图 5-89b

推开的左手上抬，向上、向后推开对方压在我方脖颈或脸部的左腿；

同时借助双脚踏地产生的反作用力，使用辅助训练中的胸部障碍仰卧起坐转体 90 度跪起技术，使我方跪骑于对方两腿之间。

接拳击或肘击。

图 5-89c

技术点评　本技术如能出其不意地使用，效果更好。要防止形成我方跪骑位上位时对方继续使用下位十字固。因此我方回归跪骑位后要马上施以拳拉援护，并进行打击。

三、摔投 + 地面控制法

通常地面技是从摔投开始的，该内容是对摔投技和地面控制技的一种整合表述。从该内容开始，读者可以把所有特殊摔投法和地面攻击法相整合，以达到摔投 + 地面攻击模式的综合运用。以下两种方法在军警格斗中均有应用。

1. 后方抱腿顶肩投 + 拉腿踢裆 + 直肘背折双臂（下推卷腕推臂）

Back shoulder-hit takedown + pull leg and kick groin + hold double straight arms in the back control（图 5-90a~f）：

我方从后方悄然接近对方；

伸右腿至对方两腿之间（裆下），两手抱对方小腿胫骨向下向后向上（半圆式回拉）并用右肩前顶对方臀部，将对方推撞倒地；

双手抓住对方双腿上拉，右脚踢击腹股沟；上步抓对方双腕后拉，使对方直肘双臂背折，前推对方臂并向下卷折对方双腕，即可将对方控制。

提示： 双手向下卷折对方双腕时，用双腿向前推对方双臂。

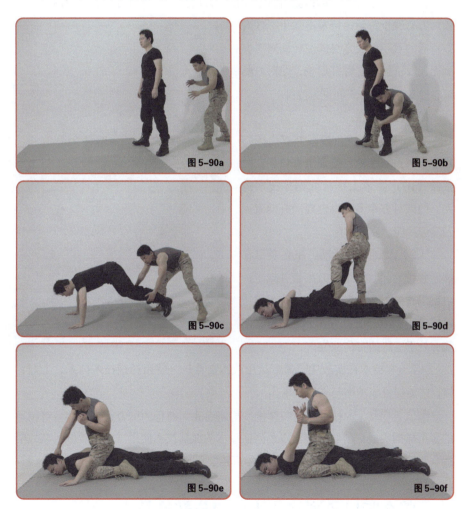

图 5-90a
图 5-90b
图 5-90c
图 5-90d
图 5-90e
图 5-90f

技术点评 本技术是偷袭摔投技，在竞技格斗中由于双方面对面对战，所以使用出现率不高，但在警用抓捕中应用较多。

2. 后位偷袭 + 搜身 Rear sneak attack + body–searched（图 5–91a~b）

对方在前方站立，背对我方；我方偷偷摸于对方后，呈右脚在前的箭步蹲状（我方的右腿正好在对方两腿之间的位置）；伸双手抓对方脚腕前侧，猛力后拉并上提，可以利用我方肩部顶住对方臀部以起到杠杆支点作用，增加摔投效果；接上步，双膝跪于对方腰部；左右直拳攻击对方后脑；扭锁对方左臂于背后，再扭锁对方右臂于背后；接着用双手抓住对方背后的双手；我方身体左转面对对方侧面；双手抓其右臂并后拉，使对方侧躺；伸右手对对方正面进行搜身。

图 5–91a

战术格斗补充：

（1）搜身部位：搜索外衣内兜防止对方有刀或手枪；搜索上衣口袋；搜索腰带防止腰带上别有武器；搜索裤兜。如果对方穿多袋裤也要一并搜索。若发现武器，立即解除。

（2）限制对方运动：主要是可在搜索腰带的同时解下对方腰带并抽走；也可以脱掉对方的鞋子。此方法可防止对方逃跑，或者在对方强力攻击时，使我方处于逃脱的有利地位。

图 5–91b

（3）本技术在实战中，最好运用战术格斗——警用抓捕技术体系，上好背铐，才能保证成功率与实战效果。

技术点评　本技术是偷袭摔投技与地面战术搜身的结合运用。笔者曾指导的警用抓捕实战，证明了这套以色列格斗术的抓捕技术使用成功率较低。实战中在拿背后最好进行背侧战术上铐，才能真正实现有效抓捕。

四、整合版以色列格斗术地面位转换技术

地面技基础——体位变换训练 Change position

1.侧向跪位，转推臂四方位，转骑乘位，转侧卧压制位，转推臂四方位，转南北四方位，转推臂四方位，转骑乘位组合转换训练。

提示：也可在转换到骑乘位的过程中，加入单臂环锁技术。

2.侧卧压制位，推臂四方位，反向侧卧压制位，骑乘位组合转换训练。

3.腹部趴在对方胸腹部的旋转体位训练：以胸腹为支点，双脚离地，靠双手不停拍击地面的反作用力使身体在对方身体上旋转。

训练点评：本训练可以综合地面上位的各种体位变换，为实现各种体位间的连续攻击打下地面体能模式的位置转换基础。

4.战术格斗地面上位体位转换训练举例：

提示：顺时针转换和逆时针转换两个方向练。

（1）跪骑位鼻推，肘挫大腿内侧，大腿翻转，到横四方位上位。

（2）横四方位上位到骑乘上位。

（3）骑乘上位到上位十字固位。

（4）上位十字固位到下位十字固位。

（5）下位十字固位到下位三角绞位。

五、整合版以色列格斗术地面寝技对练组合举例

1.对方打出右直拳，我方搪打结合防御右直拳；

2.我方拉臂抱腰臀投；

3.地面位我方使用十字固；

4.对方拳拉防守；

5.我方推手破防继续十字固；

6.对方推腿防御转跪骑位；

7.我方封闭式防守；

8.对方肘推法破解封闭式防守；

9.对方对我方右腿使用踝锁；

10.我方对对方左腿使用踝锁。

技术点评　利用对练组合把多种技术融合在一起，可以极大地增加技术动作的复习效率。但是过多的训练后也要注意随机应变，避免技术僵化。

第六章

整合版以色列格斗术
徒手对武器策略与技术

本章主要讲解了徒手控棍夺棍技术、徒手控刀夺刀技术、徒手控手枪与夺手枪技术。这些技术都是徒手遇到对方持械时，应急性防御采取的措施。这些方法可以减小对方持械攻击的伤害，增加我方逃脱攻击的机会，并有一定概率缴械对方的武器，使我方处于优势。本章内容可帮助警务人员在必须近身面对有持械可能的犯罪嫌疑人时，减少受伤率并增加抓捕成功率，同时个人在自卫防身应激时，也可以采用本章技术，增加自身逃脱机会。

第一节　整合版以色列格斗术应对棍击的方法

棍子是常见的钝器攻击武器，在暴力犯罪中经常被采用。棍子的长度使其具有远距离攻击的特点，所以有很大的攻击力。鉴于此，如果距离持棍对手 5 米以外，可以选择转身逃跑；如果距持棍对手 2 米以内，转身逃跑则可能被持棍追击，这样危险程度甚至高于面对对手，因为后脑有可能遭到攻击。本节内容重点讲述在 2 米以内的范围内如何对付持棍对手。

棍击的原理分析：

棍子属于钝器，需要有效的攻击距离和攻击蓄力才能击伤对方。挥棍的动作以肩关节或肘关节为旋转轴，距离旋转轴越远，其线速度越大，动量也就越大，造成打击的冲量也就越大，从而使打击力越大。通俗说就是越靠近棍梢，挥棍的打击力越大，而在棍子中部打击力减小，在棍子靠近手腕处打击力更小。根据这一原理分析，得出我方徒手对棍原则。

徒手对棍思路：

闪避近身，让棍子失去打击力。然后综合运用关节技与打击技，最终夺下棍子。

本节徒手对棍技术可在遇到持棍歹徒或敌方时使用。本书在《以色列防身术》徒手对棍基础上，偏重关节技夺棍、反击和反控制，其技法有一定难度。

一、徒手对棍的原则

1. 时机
夺棍的时机有两个：举棍蓄力和攻击落空。

2. 距离
安全距离有两个：棍梢以外和近身内围。

3. 发力点
棍子攻击时，棍梢威力最大，靠近手持处威力最小。

4. 具体原则
（1）远离棍袭；

（2）内围安全；

（3）控制场面；

（4）攻击发生前上步近身；

（5）攻击落空出现硬直时反击；

（6）牢记棍子的攻击发力点。

注意：以下所有的徒手对棍或夺棍方法都要遵循以上原则，以使自己处于安全的地位。

本节所需器材

护裆、橡胶棍。

注意事项

训练时采用橡胶棍。

二、整合版以色列格斗术的徒手对棍技术

1. 应对棍抵喉攻击：双格挡 + 拉棍攻击 + 推臂夺棍 Double parry + pull stick and attack + push arm and get stick（图 6-1a~f）

当对方双手持棍用棍中部试图压我方咽喉时，我方迅速伸两前臂截击对方握棍的两个拳头；

图 6-1a

图 6-1b

图 6-1c

图 6-1d

图 6-1e

图 6-1f

然后顺势双手抓住棍中部；

踢击对方腹股沟；

右拳（或右手插掌）攻击对方面部；

右手拍击对方握棍的右手，迫使其右手松开；

然后双手握棍中部顺时针旋拧，将棍从对方左手拇指开口处向下夺下。

技术点评 本技术链是打击技与特殊攻击技术的组合技术链。前段的格挡、踢击腹股沟以及拉棍拳击只有较强的攻击性，但是下推对方持棍手，没有从拇指和四指开口处下掉棍子，成功下棍的概率并不高。应该改用"挑臂法下棍"，或者直接下推棍子法下棍。

2. 正向劈棍的反击：插手冲拳 + 捋肩膝撞 + 夹棍夺棍 Forearm insert-block and punch + pull shoulder and knee attack + draw stick with oxter lock（图 6-2a~d）

当对方右手持棍劈击时（竖劈斜劈均可），我方迅速左上步，左手向斜上方插手（头贴于左上臂内侧），用左前臂外侧格挡对方右前臂内侧，同时借上步的惯性右手直拳攻击对方颈部；

然后左手从对方右手臂外侧抓其手臂，右手抓对方肩部；

左手拉对方右上臂外侧，右手拉对方右肩后侧将对方向我方拉带，同时抬右膝击对方腹股沟；

然后左臂肘部（或左腋下）自然夹住对方棍；

迅速向右转身，利用压制对方的左腕关节，使棍从对方左手拇指与四指开口处脱出。

图 6-2a

图 6-2b

图 6-2c

图 6-2d

技术点评　本技术链是格挡技术、打击技及关节技的组合技术链，易学有效，但是没有使夺棍效能最大化，因为单靠腋下夹棍转身的力量在应对大力量者时，成功率有限。改良型的夺棍方式是在腋下夹棍转身的基础上加入右手握棍梢的拔棍动作，在战术格斗中，叫作"腋下夹棍拔刀术"。多种力量的加成夺棍效果更好，同时"拔刀术"下棍后正好接一次持棍劈砍反击。

3. 防御双手持棍的劈击：双前臂上步挡拆夺棍 Double forearms parry and rob stick（图 6-3a~h）

对方双手持棍自我方左上方劈棍打来，我方迅速上步抬双臂，用前臂尺骨外侧（或双手）前推，格挡对方持棍的双臂。

（1）若我方力量较小，用左手抓对方棍子根部并用力下压，右拳攻击对方面部（不超过 2 拳）；右腿踢击对方腹股沟；转身撤步双手夺棍，即右手和左手

图 6-3a

图 6-3b

都握住棍子，以左脚为轴向后转身180度；右上步左转体劈击或左撤步右转体劈击；用棍梢戳击对方面部。

（2）若我方力量较大，用左手抓对方棍子根部，右拳攻击对方面部（不超过2拳）；左踢裆腿，左手将棍子从对方双手中抽出；双脚后撤；接棍交右手，左转体劈击（图6-4a~d）。

提示：上步一定要快，上步的步伐要大，这样才能保证我方前臂格挡的是对方的手臂而非棍子。即使我方用双臂格挡到棍子也不会受很重的伤，因为根据力矩原理，打来的棍子力量最大的部位是棍梢而非棍子中部或手持的根部。所以我方要果断上步，才能降低棍子造成的伤害。后退会造成对方的棍子连击，这样反而很危险。

图 6–4a

图 6–4b

图 6–4c

图 6–4d

技术点评　本技术是对棍格挡、打击技和抢夺技的组合技术。防棍的要领是迎着棍子上，有反击作用的踢击腹股沟或拉臂拳击要及时，为夺棍创造良好条件。

4. 对付单手持棍斜劈

　　方法一：上步鼻推格挡 + 夹臂绊摔 + 背后夺棍 Step up and parry with nose–push + sweep with holding arm + get stick from back（图 6–5a~h）

　　当对方右手持棍斜劈时，在对方扬棍蓄力的同时，我方上步，左前臂外侧棱处格挡对方持棍前臂内侧，同时右手成掌以掌跟搓推对方鼻软骨；

近身后我方顺势左臂下滑，左手抓住对方右臂，右脚别于对方两腿之后；

身体左转，右手继续鼻推，左手向下拉拽对方右臂，右脚向后绊摔，四个力合并使对方被投摔躺倒；

然后我方右手从自己背后伸过抓棍子，左臂夹住对方右腕，身体右转。

图 6-5a

图 6-5b

图 6-5c

图 6-5d

图 6-5e

图 6-5f

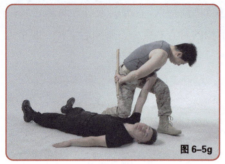
图 6-5g

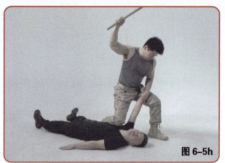
图 6-5h

综合利用我方的右转发力、左臂夹对方右腕、我方体后的棍子三者产生对对方右腕的反关节效果。因手腕疼痛，对方不得不放弃棍子。

夺下棍子后，用棍击倒对方。

技术点评　本技术链为格挡技术、摔投技、关节技在夺棍时的一种综合应用。本技术链也可使对方被绊摔倒地后，用左腋下夹住棍子通过向右转腰夺棍。腋夹转腰夺棍法也有反关节效果。绊摔时，也可以使用窝式插掌绊摔技术，我方要灵活掌握。前臂外侧格挡时，由于对方腕关节的屈曲，棍子仍然可能击中我方头部，所以建议使用插手搓挡技术。

方法二：上转步外侧躲闪 + 双手抓棍（翘起）转身夺棍法 Maneuver outside and pivot release + pivot release（图 6-6a~h）

对方右手持棍斜劈，我方左上转步闪躲；

伸双手抓对方右腕并向下按，让棍子落空；

然后我方右手顺棍子向下滑动，同时左手抓棍位置靠近对方手持处，右手抓棍位置尽量靠近棍梢；

图 6-6a

图 6-6b

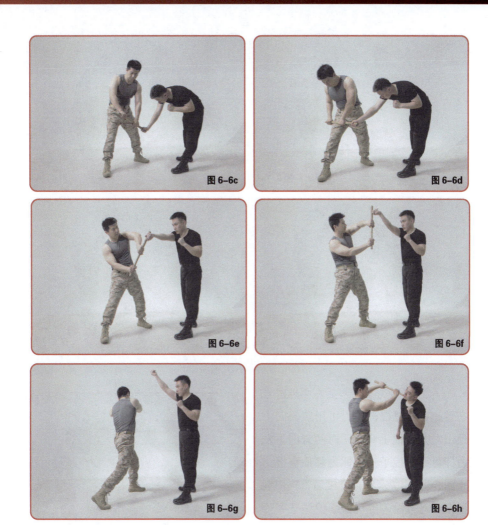

图 6-6c　　图 6-6d

图 6-6e　　图 6-6f

图 6-6g　　图 6-6h

　　然后我方身体突然迅速扭转，同时双臂逆时针大范围挥动，即可夺下棍子（转体的发力就像打出一记大范围右摆肘时转体的发力）；

　　夺棍的同时可顺势用棍梢或右肘摆击对方面部。

　　提示：

　　（1）为了加强夺棍效果，可双手抓棍后向上撬动棍子，即利用杠杆原理，右手抓棍梢顺时针转动，左手抓棍处被抬高，再逆时针转身摆击（图 6-7a~d）。

图 6-7a

图 6-7b

图 6-7c

图 6-7d

（2）若我方上转步后左手抓对方右臂，右手抓棍，此时可用膝盖向上顶击对方持棍手背，同时两臂向下发力即可夺下棍子——此为膝撞夺棍法（图 6-8a~d）。膝撞夺棍后，再用棍子摆击对方脸，也可换手位调整姿势再继续进攻。

图 6-8a

图 6-8b

图 6-8c

技术点评 本技术链是躲闪技术、抓握技术、关节技的综合运用技术链。躲闪法对于应对棍击者应激体能素质中躲闪对抗应激素质有很高要求，适合灵敏型格斗者使用，力量型格斗者使用格挡法近身夺棍的思路更有效果。

图 6-8d

5. 应对棒球棍攻击的反击：对双手持棒球棍 Two-handed baseball bat

（1）上步时机

a. 挥棍蓄力时上步；

b. 躲闪使第一击落空后上步；

c. 通过脚步移动，宁肯让手持处打到也不让棍梢打到。

（2）挥棍蓄力时抢夺——鼻推棍抱旋转投 Turn-throw with stick around neck and nose-push（图 6-9a~h）

当对方左侧面朝向我方，双手持棒球棒向后挥棒蓄力时（棍子接近横向，在对方身体的另一面处），我方快速上步，以前手（左手）掌指推对方鼻左侧并顺势左手按牢对方鼻，迫使对方向右转头（左手拇指可顺势攻击面部），右手同时抓棍中，身体紧贴对方左身侧，将其牢牢抱死。看上去就像用棍子把对方抱住一样。

接着身体顺时针旋转 90 度，然后双手分别握住棍子两端并用力下压。

最后腰身和手臂再顺时针快速旋转大于 90 度，将对方摔投出去，同时夺下棍子。

用棍击倒对方。

提示：

a. 第二次旋转时，左手配合搓推对方鼻左侧，右手顺时针拉棍子，同时用腰身扭转的离心力将对方甩出去。

b. 动作熟练后，要将两次旋转合并为一次旋转，一气呵成。

图 6-9a

图 6-9b

图 6-9c

图 6-9d

图 6-9e

图 6-9f

图 6-9g

图 6-9h

技术点评　本技术为特殊摔投技在夺棍上的应用。其方法只适合双手持棍大角度蓄力的情况，适合应对举棍虚张声势的对手，对于会使用棍术的对手适用性不强。

（3）斜劈（或竖劈）落空时夺棍——转身撤步双手抓棍＋前划桨式（上步转腰）夺棍法（交叉手位反关节）Two-handed redirect, cross hand release（图6-10a~g）

当对方双手持棍斜劈（或竖劈）时，我方以左脚为轴，右脚后撤步并身体右转——转身撤步（与上转步相对）躲闪开对方棍击。

我方顺势双手抓棍并尽量将棍向下压，左手抓棍尾，右手抓棍梢。

然后利用杠杆原理，右手持棍梢向下向后画圆，同时左手持棍尾向前向上画圆，就像划船桨的感觉。左右手位置相对，棍子扫过的空间轨迹是两个顶点重合方向相反的圆锥面。当我方左手持棍尾旋转到经过12点钟位置并向前时，即对对方手腕产生反关节效果（此时对方双手被迫交叉，也称为交叉手位反关节），此时我方右手用力向下压，左手用力向上提即可夺下棍子。

夺下后立即棍击对方。

图6-10a

图6-10b

图6-10c

图6-10d

图 6-10e

图 6-10f

图 6-10g

提示：

a.如果对方很强壮，我方在左手画圆过 12 点钟位置时，左脚上步并用左侧腰抵住对方双手腕，同时腰部右转，利用上步转腰的外力加上右手下压并前推、左手上提的合力，即可轻易夺下棍子。

b.转身撤步也可换位转身撤跳步。

> **技术点评**　本技术是躲闪技术、站立关节技在夺棍时的运用。本技术将双手抓棍的夺棍法在战术格斗中加入了上步转腰动作，叫作"摇橹式"夺棍法。摇橹式夺棍法可以迁移到夺取步枪的技术中。

6. 水平扫棍的反击：护脸肩撞上步 + 抱臂肘击 + 抱臂膝击 + 上肘夹锁腕夺棍 + 挑棍攻击 Hit with the shoulder + elbow attack with holding arm + knee attack + get stick from holding wrist + swing up（图 6-11a~g）

对方右手持棍横向对我方进行扫击。

我方背对棍挥过来的一侧（即我方身体右转用左侧脸对对方），左手自然下垂于体侧，右手成掌护住左脸（以防止对方左拳的攻击）；

我方迅速上前一大步，尽可能用

图 6-11a

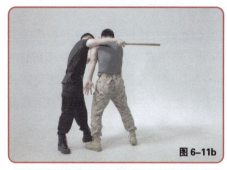

图 6-11b

图 6-11c

图 6-11d

图 6-11e

图 6-11f

图 6-11g

左侧身位靠近对方正面，尽量用左肩冲撞对方；

然后抬左臂从对方持棍的右臂下侧绕过，用左臂缠抱住对方右臂（或用左臂夹住对方右臂）；

同时身体左转，右脚上一小步，用右肘攻击对方面部；

右手抓对方右肩后侧，右膝攻击对方腹部；

然后左手依然抱缠住（或夹住）对方右臂或右腕，身体左转，右手从对方右臂下掏过，向上伸抓住对方棍并向外撬，即可从对方手中夺下棍子；

身体右转，收回右手，用棍梢挑打对方下颌；

接踢裆腿（或前蹬腿）拉开双方距离，用棍子劈击对方。

技术点评 本技术链是格挡防御、控制性打击技与关节技在夺棍中的运用。其中我方左手自然下垂于体侧，右掌向外，右手成掌护住左脸的状态在战术格斗中叫作天地防。这种天地防可以形成一种防御性突进技术，叫作天地防冲撞。天为：右手护脸防御对方上段手部攻击；地为：左手向下防御对方下段腿击。然后用左肩撞击对方。

7. 侧位劈棍的反击

方法一：转身侧向插手＋上转步抓腕＋膝撞夺棍法 Turn, side insert hand ＋ forward-turn hold wrist ＋ rob stick from knee attack（图 6-12a~f）

当对方从我方右侧打来下劈棍时，我方迅速右转身，右臂向斜前插（右脸右侧头贴于右上臂内侧）；

左脚上转步 180 度，左手抓对方右腕；

右手抓棍中段或近对方手，左右手一同向下猛压，抬左膝向上猛撞对方右手背；

图 6-12a

图 6-12b

图 6-12c

图 6-12d

图6-12e

图6-12f

撞到的一刹那，右手将对方棍抽出；

抓对方右臂的左手向上猛抬对方右臂，左臂回拉，同时左脚侧踹对方右腋窝；

然后后退转身，同时调整握棍姿态，斜劈棍击对方头部，或夺棍后直接接右手持棍扫击对方面部。

提示：侧身右直拳，即在不转身的情况下，出右拳攻击我方身体左侧的对方，我方的手臂要通过我方的整个身体。此种拳法更多用来骚扰和为其他技击创造条件，不常作为直接打击技。

技术点评　本技术链为格挡技、打击技与关节技在夺棍中的运用，简单易学，要求速度快而精准。

方法二：外格挡转身锁颈投＋夺棍 Outside parry, turn and necklock + rob stick（图6-13a~h）

以我方右侧对对方正面为例。

对方右手持棍从我方右侧面向我方斜劈，我方右脚迅速向右斜前迈一步，同时右手向斜上插手，用右前臂外侧格挡对方的右前臂；

同时我方以右脚为轴向右旋转，左脚顺时针划大圆向对方跨步；

伸左臂从对方颈左侧绕过锁喉，右手顺势抓对方前臂；

然后左腿逆时针后撤步，同时身体逆时针旋转180度将对方摔倒；

左手抓对方右手腕，右手抓棍，抬右膝攻击对方右手腕，右手顺时针旋拧并抽拔夺下棍子；

用棍击打对方。

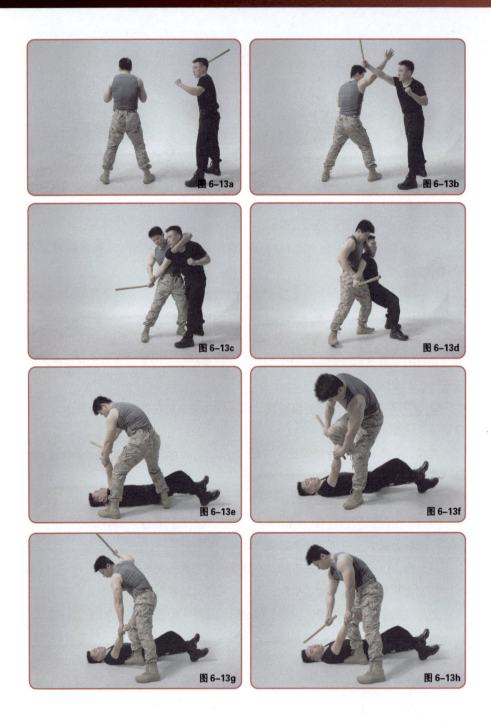

图 6-13a

图 6-13b

图 6-13c

图 6-13d

图 6-13e

图 6-13f

图 6-13g

图 6-13h

补充：

（1）可以把锁颈撤步转身投动作变成鼻拉撤步转身投（注意鼻拉时，用拇指掌根处钩拉或四指钩拉）（图6-14）。

（2）可以把锁颈撤步转身投动作变成鼻推撤步转身投（注意鼻推时，可以用左脚踩击对方腘窝或用左膝顶撞对方后腰，以造成更多加成伤害）（图6-15）。

图6-14

图6-15

技术点评　本技术链是格挡技、摔投技与关节技在夺棍中的运用，可以加入勾踢摔的勾踢动作，增加对方摔倒的概率。

方法三：防御侧向棍子劈击——外格挡转身锁颈投 + 踩踏 Outside parry, turn, necklock and takedown + tread（图6-16a~i）

以我方右侧对对方正面为例。

对方右手持棍从我方右侧面向我方斜劈，我方先外格挡转身锁颈投；

左拳攻击对方面部（不超过2拳），右手向上滑动抓紧对方棍子并向上拉，使对方持棍手高高举起，起左脚踩踏对方脸；

踩住对方脸同时，右手向上抽拔，夺下棍子，棍击对方。

图6-16a

图6-16b

图 6-16c

图 6-16d

图 6-16e

图 6-16f

图 6-16g

图 6-16h

图 6-16i

技术点评　该方法属于踩踏抽棍夺棍法，在夺棍的同时对对方头面部有打击力攻击加成，也可以增加夺棍的成功率。

8. 腋下技夺棍 Oxter wrist lock（图 6–17a~g）

当对方持棍斜劈时，我方双臂尺骨向上格挡对方持棍前臂，并上步进对方内围；

然后顺势左手抓对方持棍侧上臂并抬右膝，膝击对方腹部；

我方双手下滑抓住对方右臂（左手掌心向下，右手掌心向上）；

然后我方右脚向对方右脚外侧迈步，同时身体逆时针旋转，双手高举对方右臂并从对方右腋下钻过；

我方左脚和右脚先后向右迈步，同时身体逆时针旋转至对方背后，并把对方右臂拧转成背侧直角肘控制状态；

图 6–17a

图 6–17b

图 6–17c

图 6–17d

图 6–17e

图 6–17f

319

我方在对方右臂处于背侧关节技状态时，用右手下掉对方的棍子。

技术点评 本技术链是格挡技术、拉臂打击技与关节技的组合技术链。夺棍后，可以接战术棍中的棍锁或者棍绞制服对方。

图 6-17g

9. 肩上直角锁夺棍 Right angle lock-throw on the shoulder（图 6-18a~f）

当对方右手持棍举臂下刺时，我方迅速左上步，用左前臂外侧棱处向外搪架对方右前臂下侧，接着出右拳击打对方面部；

左手顺势抓住对方右臂并向上、向右推对方右臂，使其右臂肘关节尽量成侧位肩上直角定势，右手从对方右上臂上侧掠过并抓住对方右手腕；

图 6-18a

图 6-18b

图 6-18c

图 6-18d

图6-18e

图6-18f

我方身体左转，右脚上步，别在对方右脚外侧（或者我方左脚绊于对方右脚后 / 右脚从两腿之间掏入，绊于对方左脚右侧），双臂用力将对方右臂锁住并用力前推并下压，迫使对方后仰失去平衡，同时右脚向后绊摔——形成直角锁绊摔。

我方可前冲舍身将对方摔倒。

技术点评　本技术是格挡技术与关节技摔法的组合技术。本技术只适合防御较短的棍子；对于长棍，由于对方持棍手臂被格挡后腕关节仍能屈曲，即使格挡，棍子仍有很大概率打到我方头部。

第二节　整合版以色列格斗术徒手控刀技术

本书中徒手对刀的技术主要包括控刀和夺刀，而控刀和夺刀主要用站立关节技达成。其难度比《以色列防身术》中的技术难度略大，很多关节技要求和特殊摔投技进行合并施用，专业术语叫作关节投（即利用关节技进行摔投的技术）。本节尽量把可能遇到的所有匕首攻击和威胁都加以分析，并结合多种版本以色列防身术的特点，总结出一套完整的防刀体系。

一、预备知识

1. 本节所需器材

护裆、护齿、橡胶匕首、白色 T 恤。

2. 匕首的握法

正手握刀 Forehand（Holding–knife point–up）（图 6–19）：手握匕首握把，刀刃从虎口侧伸出。

反手握刀 Backhand（Holding–knife point–down）（图 6–20）：手握匕首握把，刀刃从拳锤侧伸出。

图 6-19

图 6-20

3. 针对匕首的防御原则

（1）控制距离，徒手尽量远离持刀者。

（2）两手对一手。用我方两只手死死抓住对方持刀手腕，伺机夺刀。

（3）使用关节技夺刀。

4. 徒手对刀的基础训练——全方位格挡训练 All–parry

对匕首的格挡技术是一切对刀逃脱和夺刀技术的基础，其基本原理是 360 度全方位格挡技术，主要是通过 7 个不同位置的格挡手位训练，应对可能出现的匕首攻击。另外对于匕首直线捅刺，要加入一个上转步滚推抓腕技术。

各种匕首攻击的应激格挡反应体能训练（以下均以对方右手持刀攻击为例）：

（1）**举臂下刺的格挡 Parry to stab down**（图 6-21）——左前臂抬过头顶，用左腕外侧棱处格挡对方的持刀手腕，同时出右拳击打对方面部。

图 6-21

（2）**斜劈式划刀的格挡 Parry to oblique slash**（图 6-22）——我方左手掌心向前，左前臂举过头顶，肘关节呈 45 度角，用前臂外侧棱处防斜上方的斜劈攻击，同时出右拳击打对方面部。

（3）**横向正手划刀的格挡 Parry to infeed slash**（图 6-23）——掌心向前，做举手投降状，肘关节呈 90 度角，用前臂外侧格挡横向攻击，同时出右拳击打对方面部。

图 6-22

图 6-23

（4）**横向反手划刀的格挡 Parry to reverse infeed slash**（图 6-24a~b）——双臂前臂外侧格挡对方持刀侧前臂外侧，或者一手推肘，一手推腕。可接左手抓对

图 6-24a

图 6-24b

方腕，右手直拳。

（5）斜上划刀的格挡 Parry to oblique swing up（图6-25）——左手向下，左手掌心向后，肘关节约呈110度角。用左前臂外侧棱处搪击斜下位的斜上划刀，同时出右拳击打对方面部。

图6-25

（6）下位捅刺的格挡 Parry to under stab（图6-26）——前躬身，双脚向后搓跳并向后拱臀，用左前臂外侧棱处向下搪击对方的下位捅刺或下勾拳，同时出右拳击打对方面部。

图6-26

（7）直线捅刺的格挡 Parry to stab（图6-27a~c）——左上转步，用左前臂外侧棱处滚推式格挡对方持刀右前臂腕部外侧，顺势抓住对方右腕，接右直拳击对方面部。

图6-27a

图6-27b

图6-27c

提示：

（1）以上的格挡都不是被动格挡（摆好手型去等待对方攻击手的到来），而是主动格挡，即主动用我方前臂外侧棱处去撞击对方攻击手的手腕。

（2）格挡硬度训练。对对方手部攻击的手臂格挡，在中国功夫中也称搂手。由于激战时情况多变，我方前臂外侧很可能会撞到对方手臂外侧，双方都会感到剧痛，所以我方要有意训练前臂外侧棱处硬度。

训练如下：

a. 双臂对砸（图6-28a~b）。对方用左臂前臂外侧棱处砸我方右臂上最坚硬的部分。由于训练水平和遗传因素，每个人前臂上坚硬部分不同，对方可砸我方右手臂内侧棱处，也可用右手拳击我方左前臂外侧棱处。

图6-28a　　图6-28b

b. 砸胫骨（图6-29）。我方用右臂前臂外侧棱处砸自身小腿胫骨坚硬处。在训练前臂尺骨硬度的同时，也训练了扫腿胫骨的硬度。

c. 撞树，撞墙角。

（3）以上所有格挡训练熟练后，要随机进行左右手不定攻击及不定搂打训练。

图6-29

补充：

还有一类特殊的徒手格挡对方持械的格挡技术，整合版的以色列格斗术略有涉及，但是没有被统一总结并找出规律性的训练方法。主要有以下几种：转身撤步下搂手——对抗低位捅刺时使用；上搂手接兜底搂手（也叫连续搂手）——对抗举臂下刺时使用；后来被战术格斗重新提炼出的雁形手（又分下位正雁形手、下位反雁形手、左雁形手和右雁形手）——可对抗低位的各种捅刺，及正反手的各种水平划刀。本书只介绍下位反雁形手。

提示：以上三种对匕首格挡方式均可承接相应的关节技夺刀，但由于本书的篇幅关系，尚不做详细介绍。

技术点评　以上这七种针对对方持刀的格挡技术是在无路可退，对方持刀袭击时的应急防御技术，可以减轻对方持刀造成的伤害，并为自身的逃脱或者关节技控刀夺刀创造条件，也是后面各种复杂对刀技术的基础练习。

5. 全方位防刀格挡训练 All-parry defense against knife

对方持橡胶刀随机进行顶胸匕首威胁、中路匕首威胁、举臂下刺、下位捅刺、直线捅刺、横向划刀等威胁或攻击。我方则随机而动，进行恰当的格挡、拍击或躲闪训练。我方和对方可穿白色衣服，并在匕首上涂有红色标记，以观察匕首攻击与防御的效果。

技术点评　此训练为徒手对刀七种基础训练的综合使用，需要熟练掌握七种基础训练后才能进行。

二、徒手对刀基础格挡、反击与逃脱训练

1. 正面持刀威胁的反击

方法一：斜打技术 + 双抓臂 + 踢击腹股沟 Oblique attack + hold arm + kick groin（图 6-30a~g）

对方右手持匕首顶住我方胸部对我方进行威胁；

我方迅速侧转上步，伸左手掌自对方外侧斜上 45 度方向拍击对方持刀手的手背；

待对方持刀手闪出空档，我方右手迅速抓紧对方持刀手的手背，左手抓紧对方持刀手的手腕或者前臂，左肘向下沉，使其低于对方肘关节，右手向前、向上推对方持刀手的手腕，使对方肘关节折叠，并用力向后推对方；

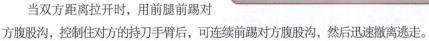

图 6-30a

当双方距离拉开时，用前腿前踢对方腹股沟，控制住对方的持刀手臂后，可连续前踢对方腹股沟，然后迅速撤离逃走。

图 6–30b

图 6–30c

图 6–30d

图 6–30e

图 6–30f

图 6–30g

技术点评 本技术链是特殊格挡技、控制技和打击技的组合技术链。在实战中，如果我方有后路可逃，可以斜上拍打，让开对方持刀路径后直接踢击对方腹股沟，待对方腹股沟剧烈疼痛时转身逃离。如果选择了中间的双手抓腕、抓臂动作，后面可以用外侧腕锁关节技摔投对方并夺下匕首。

方法二：飞行物伴攻 + 踢击腹股沟 Missile + kick groin（图 6–31a~c）

对方右手持匕首顶住我方胸部对我方进行威胁；

如果我方手中有随手物品，顺手向对方面部抖掷；

待对方躲闪或者防御时，我方"指上打下"，迅速起前腿踢击腹股沟，然后转身逃离。

图 6-31a

图 6-31b

图 6-31c

技术点评　本方法是利用广义武器和打击技的组合技术链。如果手中有打火机、纸团、烟头等物品，迅速向对方面部抖掷，可以为我方争取1秒的时间。因为争取的时间短，所以后续的踢击腹股沟一定要快。

2. 持刀下位捅刺的反击：躬身下挡反击 + 挺身踢击腹股沟 Arch and parry down + kick groin（图 6-32a~b）

当对方右手正握持刀从下位捅刺我方左下小腹时，我方迅速前躬身，用左手下位搏手阻截对方持刀手的手腕，同时收腹向后顶臀，双腿向后小跳以增大刀尖与小腹的距离，同时出右拳攻击对方下巴。

图 6-32a

图 6-32b

接着伸髋，挺身，前腿前踢对方腹股沟，成功后转身逃开。

技术点评 本技术是格挡技术与打击技的组合技术。使用者一定要注意下位搏手使用尺骨阻截对方手腕，而不是用手下推。

3. 持刀水平划刀的反击：外挡反击 + 踢击腹股沟 Outside parry and counterattack + kick groin

对方右手正握持刀，内收肩关节进行水平划刀攻击。

我方右手掌心向前，做举手投降状，肘关节成 90 度角，用前臂外侧格挡横向攻击，同时出右拳击打对方面部。

我方迅速用前腿踢击对方腹股沟，成功后转身逃开。

技术点评 本技术是格挡技术与打击技的组合技术。如果冲得过近，可以格挡反击后接揽肩膝撞。

4. 对付反手横向划刀：推挡直拳 + 踢击腹股沟 Push-parry and punch + kick groin（图 6-33a~c）

当对方右手正握持刀从我方右方到左方进行反向水平划刀攻击时，我方迅速上步，用前臂外侧格挡；

我方左手抓对方右腕并下压，右手出直拳；

图 6-33a

图 6-33b

图 6-33c

接着前腿前踢对方腹股沟，成功后转身逃开。

技术点评 本技术是格挡技术与打击技的组合技术。可以省略中间的推臂拳击，直接用前踢腹股沟技术。

5. 持刀举臂下刺的反击：外上挡反击 + 踢击腹股沟 Outside parry up and counterattack + kick groin（图 6-34a~c）

当对方反手持刀举臂下刺时，我方迅速上步，举左臂（肘关节呈 90 度左右），用横向的前臂外侧坚硬处搪击对方举刀手的腕部，同时右手向前击打对方面部（或将其推开）。

接着右腿前踢对方腹股沟，成功后转身逃开。

图 6-34a

图 6-34b

图 6-34c

技术点评 本技术是格挡技术与打击技的组合技术。如果冲得过近，可以格挡反击后接捋肩膝撞。

三、整合版以色列格斗术徒手控刀训练组一

1. 持刀下位捅刺的反击：交叉手锁腕技术格挡 + 侧位关节控制
Cross wrist-lock and parry + side wrist-elbow control（图 6-35a~f）

我方成左脚和左手都在前的格斗势站立，当对方右手持刀向我方左下腹捅刺

时，我方迅速右脚后撤步同时前躬身，用左手下搪手格挡对方右手腕脉搏处及手腕外侧，同时右手从我方左手上面交叉穿过，从对方手腕外侧牢牢抓住对方右手腕（我方右手四指扣住对方右手腕外侧，拇指按住对方拳背），我方也可用交叉后的两手夹角处向下推，转控腕；

图 6-35a

然后两手一同用力顺时针旋转（腰腿也一同用力），迫使对方右掌心向上，在旋转到我方左前臂还未碰到对方刀刃时，我方左手由格挡手位换作掌心向上的抓握手位，左手顺时针推，右手顺时针拉，使对方手臂在其体侧被高高举起；

图 6-35b

我方左手按住对方右手背侧掌指向前、向下推折，迫使对方前躬身被控制；

右脚踢击对方面部；

左手向前推卷对方右手腕和刀，同时右手抓对方腕部将其向后拉，夺下匕首；

图 6-35c

我方脚向右滑步，双手在推折对方手腕的同时向后向右拉拽对方右手臂，迫使对方前扑，之后接踩踏动作。

图 6-35d

图 6-35e

技术点评 本技术是特殊格挡技、站立关节技、打击技在控刀时的组合运用。力量大者使用该方法效果更佳。同时在电光石火的战斗中，需要平时的应激体能素质作为基础，以提高控刀成功率。本交叉手锁腕技术在战术格斗中叫作反雁形手，和正雁形手构成对称的特殊格挡与腕关节

图 6-35f

技。正雁形手在实战中，控刀成功率低于反雁形手。

控制对方手腕后，用力按压对方掌背迫使对方刀子落地，用脚迅速踢开匕首，同时进行关节技控制。

2. 持刀直线捅刺的反击：眼镜蛇控制 Cobra control（图 6-36a~d）

该技术主要用来对付直线偏下位捅刺。

我方成左脚和左手都在前的格斗势站立，当对方右手持刀向我方左胸捅刺时，我方迅速左上转步站于对方右臂外侧（双方成 L 型站位），我方伸左臂从对方右臂下侧格挡并由下至上抱住对方右上臂向上拉（用我方的左上臂将对方右上臂向上挑起，双方两上臂相互垂直，且肘关节均呈直角）。

我方迅速伸右手，掌心向上抓住对方持刀手（四指在其拳背侧，拇指在其右手掌心侧），将对方持刀的前臂向前、向左推，使对方右肘关节成直角，右前臂竖直向上。

然后我方右手向下卷折对方右手掌指，同时我方左手按在自身的右手上，两手一同用力卷折对方右手掌指，迫使对方刀落地。我方继续用力卷折将对方彻底

图 6-36a

图 6-36b

图 6-36c

图 6-36d

控制——此时对方被控制的右手臂就像一只昂起头的眼镜蛇，所以该控刀技术叫作眼镜蛇控制法。

提示： 对方也可将右肘关节顶在我方的胸前，我方双手向下卷折对方右腕的同时，用力向上向前顶胸，以增加对对方右腕的压力，提高落刀的成功率。

技术点评　本技术是躲闪技术、站立关节技在控武器中的运用。本技术在实际对战中，在对方出刀时的反击成功率有限，但在偷袭式控武器中成功率很高。

3. 持刀直线捅刺的反击：十字手控刀法 Cross defense to wrist break

（1）预备动作

十字手交叉防御（图 6-37）： 以左手在前、左脚在前的左势为例。我方左手在前，左肘端起，左肘关节小于 90 度，左手成掌护于右脸侧；右肘呈 90 度，右前臂与地面平行，右掌心向下。右手目的在于抓腕，左手目的在于掏入对方手臂形成锁。

图 6-37

（2）L 型站位外侧臂锁卷腕法（十字控制）（图 6-38a~c）

我方以十字手交叉防御姿势开始。

当对方右手持匕首直线捅刺时，我方迅速左上转步，伸右手抓对方右腕；我方左手从对方右臂上掏入并从对方右腕下经过，抓住自身右腕，形成 L 型

图 6-38a

图 6-38b

图 6-38c

站位外侧臂锁。

　　此时，我方迅速把对方右臂向我方怀中带，左臂下压对方肘窝，使对方肘关节向上呈90度，右手抓对方右掌背用力下压并向内卷腕，同时我方左前臂用力将对方右手臂向上拉，右手向下压卷对方腕形成合力，即可夺下刀子。

　　完成动作时，我方右前臂竖直，左前臂水平，由于我方左右前臂垂直形似十字，所以叫十字控制，也叫十字架控制。

　　提示：本技术的要点是使左腕成为向上挑起的杠杆，右手压对方手背形成内卷腕。有了上挑的杠杆，本技术的成功率会进一步提高。

　　（3）变形——夹臂十字控制

　　我方以十字手交叉防御姿势开始。当对方右手持匕首直线捅刺时，我方迅速左上转步，伸右手抓对方右腕，用左腋下夹住对方右上臂，并用左肘从对方右肘内侧向下压，迫使对方屈肘；

　　右手同时向左推对方右腕掌侧，使对方右前臂垂直地面，然后右手向下卷折对方右腕；左腕上挑对方右手腕内侧，右手下压与左腕上挑形成两手合力卷折对方腕部，夺下刀子。

　　技术点评　本技术链是躲闪技术与关节技控制的组合技术。躲闪应激体能素质和关节把位能力强者，使用该技术成功率更高。

4. 持刀举臂下刺的反击：闪身双抓腕 + L 型站位外侧臂锁绊摔控制 Evade and grab wrist + L-position outside arm lock（图 6-39a~h）

当对方持刀举臂下刺打来，我方迅速左上转步，双手从外侧抓对方持刀侧前臂和手腕（也可左手滚推抓前臂，右手再抓腕）。

然后，我方以左脚为轴，右脚撤步，身体顺时针旋转，并用右手抓对方右腕背侧（免于我方右手被划伤），左肘掠过对方右臂到达对方右臂内侧并下砸，同时左手抓对方右前臂背侧，右手向后拉。整个过程发力迅猛，以达到迫使对方右肘伸直并产生一定锁右肩效果的目的，同时也为下一步的 L 位外侧臂锁做好准备。

图 6-39a

我方右手抓对方右手腕掌背侧，左手从对方右前臂下方穿出并抓住自身的右前臂，形成 L 位外侧臂锁。

然后我方右手向左推，使对方右肘弯曲约 90 度，同时右脚上转步约 90 度。我方双臂必须有意上提对方右臂，使对方右臂高于对方右肩并成举手直角定势，这样 L 型外侧臂锁撤步旋转投才有效。

图 6-39b

我方右脚上转步约 180 度，再左脚后撤步转身约 90 度并降低重心，即可将对方摔倒。

整个步伐过程中，我方双臂逆时针旋转，以左臂为杠杆，右手内推对方持刀手腕，形成内卷腕效果。

提示：上步撤步过程中，也可右脚上步后跪地，左脚再撤步后也跪地，使身体重心下降，以增加摔投成功率。

图 6-39c

335

对方摔倒后，我方成半蹲位，手
位正好是右手内卷腕，左手成为杠杆
的抱臂提锁状态。此时我方右手继续
发力内卷腕，即可夺下刀。

图 6-39d

图 6-39e

图 6-39f

图 6-39g

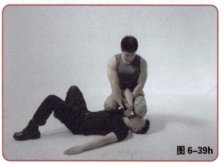

图 6-39h

补充 1：转身拧肘式抱臂提锁夺刀法 Turn and hold-arm wristlock（图 6-40a~e）

若抱臂提锁法夺不下对方的刀，
我方先用右大腿内侧别住对方右上臂，
然后以右脚为轴，左脚上步左转身，
使对方面部在我方裆部下方，接着我
方两臂顺时针旋转配合右手内卷腕，
即可夺下刀。

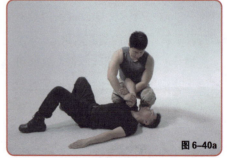

图 6-40a

图 6-40b

图 6-40c

图 6-40d

图 6-40e

提示：

（1）此时可利用我方右大腿内侧对对方右上臂的别挡杠杆作用增加我方旋肘卷腕的发力。

（2）锁肘的真正目标受力点是对方的肩关节。若发力得当可使对方肩关节脱臼。

（3）采用转身拧肘式抱臂提锁夺刀法时也可左腿跪在对方左肩上。

补充 2：大腿夹臂压头夺刀法 Elbow & wrist control with clamp legs and kneel head（图 6-41a~b）

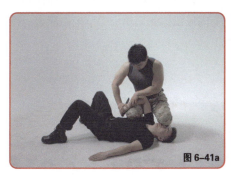

图 6-41a

图 6-41b

我方也可双腿夹住对方右上臂并用左膝压对方面部，右膝轻压对方胸部右侧，同时我方两大腿对对方右肩和右上臂产生一定的夹击效果。我方抽出左手，用右手抓紧对方持刀腕掌背侧顺时针旋转，并用我方右大腿作为杠杆对对方右臂进行别挡，我方用力下压对方右手即可夺下刀（整个过程中要求对方右肘始终呈直角，也可用左手按住对方右肘肘窝以增强控制效果）。

投摔原理分析：

举臂直角肘定势：如右手举起，右肘关节呈直角，此时向后拉右手并向前推右肘（逆时针旋转发力）皆可产生投摔效果。

提示：

（1）夺刀法包括抱臂提锁夺刀法、转身拧肘式抱臂提锁夺刀法、大腿夹臂压头夺刀法。

（2）新的命名：L位外侧臂锁（升臂降臂）上步撤步转身投。

（3）可以在L型外侧臂锁后先顺时针旋转蓄力，再上步撤步投。

（4）在上步撤步转身投时，可主动两腿跪地以增加摔投成功率。

（5）格挡举臂下刺时，也可用右前臂外侧棱处进行格挡，再接左上转步外侧抓双腕。

（6）顺时针转身推臂蓄力的另一目的是防止对方左手接过右手的刀。

（7）在上步撤步转身投时，尽量抬高对方手肘，使其成举手直角曲臂位，更容易增强效果；而低位的锁肘上步撤步转身投有可能造成对方跟步绕转而破解我方关节技的情况。

（8）上步撤步转身投也可变形为上步180度不变，后撤步后直接向左侧移步，亦可产生摔投效果。

技术点评　本技术链是躲闪技术、站立关节技、站立关节投、地面控制在控刀时的综合运用。使用者需要有很好的躲闪应激体能素质、关节把位能力，使用起来才有良好效果。

5. 对付前方持刀正手贴颈威胁：滚拉式压腕转身＋面部攻击＋双手外侧腕锁 Hold wrist + face attack + both hands outside wrist lock（图6-42a~f）

对方右手持刀，当对方从前方用刀贴我方左颈威胁我方时，我方要迅速伸左手用左腕外挂、向下砸对方右腕，同时拖拉对方右腕向下滚动，顺势用左手抓住对方右腕内侧；

同时向左转身以躲开刀的攻击路径，起右掌推击对方鼻子并用食指和无名指攻击对方面部其他部位；

右手握对方持刀手手腕内侧，左手抓持刀手手背，用力下卷折其手腕并向外侧扭转，同时右手配合上拉形成双手内卷腕技术；

两手合力卷折对方手腕并向左扭转对方前臂，即可有一定概率夺过刀；

夺刀后立刻后退防御。

补充：两手合力卷腕且身体左转时可配合左脚撤步的步伐。

辅助训练：拉腕转身推脸训练。

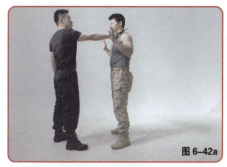
图6-42a

图6-42b

图6-42c

图6-42d

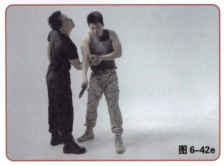

图 6–42e

图 6–42f

技术点评 本技术链是勾挂式格挡、特殊攻击、站立关节技、战术刀法的组合技术链。前段技术是建立在防御对方前方掐颈的勾挂式格挡反击基础上的。本技术链对于力量大者更有效。

6. 顶在墙上被匕首抵腹威胁：双切腕卷腕下刀法 Double cut wrist（图 6–43a~e）

对方左手抓我方脖领，将我方顶在墙上并用右手持匕首抵我方腹部进行威胁；我方背靠墙壁无路可逃。

我方左手掌心向后，用砍掌向左向下击打对方右腕脉搏处，同时右手掌心向后以砍掌向下滚推对方右掌背，左右手形成合力，以左掌为杠杆，右掌滚推对方右掌产生内卷腕效果，左右手一上一下就像剪刀一样剪下匕首。

图 6–43a

图 6–43b

图 6–43c

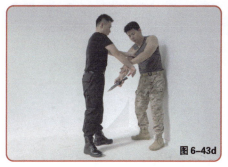

图6-43d

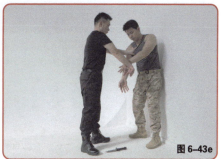

图6-43e

动作要快准狠。

提示：

（1）我方右手砍掌滚推时，即使滚推到刀刃也没关系，因为控制好方向的情况下，我方右掌只能滚推到刀刃侧面。滚推刀刃侧面的下刀效果反而更好，因为我方左手相对对方持刀手正处于省力杠杆位置，发力力臂大于对方持握手的力臂。

（2）剪刀手的变形——抓腕滚压法（图6-44a~e）：我方左手不用砍掌，而是直接抓对方右腕脉搏处，再用右掌背滚推对方右掌背并借上步顶臂的力量持续对对方右腕内卷施压，我方也可顺势旋转右腕，抓对方右掌背前推下压内卷腕——形成外侧腕锁，即可夺下匕首。

图6-44a

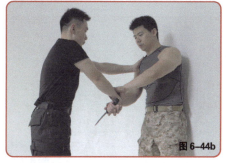

图6-44b

图6-44c

> **技术点评**　本技术是精细关节技在控刀中的运用。在战术格斗中，本技术的升级版叫作剪刀手下刀法。本技术只对于单刃刀有效，对于双刃刀需要读者利用本技术的拓展升级技术进行应对。

7. 背侧匕首割喉威胁：（顺势推臂）腋下逃脱＋背折手臂前推投摔 Escape from armpits + hold arm and takedown from pressing shoulder（图6-45a~f）

当对方右手持匕首从我方后侧欲进行割喉时，我方迅速左手向上抓对方右腕掌背侧，右手抓对方右上臂；

左手向右拉，右手向右推对方右臂，同时我方身体向左侧倾，双手逆时针旋拧对方右前臂；

由于双手旋拧的反关节作用，我方顺势向后将头从对方右腋下退出；

双手继续向上旋拧对方右前臂，使其右前臂背折在后背；

我方左手向上、向前推折对方右腕掌背侧，并用右手向上、向前扳折对方右肘，同时我方向前上步，即可使对方前扑；

图 6-45c

图 6-45d

图 6-45e

图 6-45f

也可伸左腿挡绊于对方两腿之前，左手向上、向前推折对方右腕掌背侧，并用右手向上、向前扳折对方右肘，同时左腿向后绊摔，加强投摔效果；

对方前扑后，我方左膝压住对方腰部，左手抓对方右腕掌背侧，继续旋拧并内卷腕，即有一定概率夺下匕首。

提示： 背折对方手臂时严禁对方手臂紧贴后背，要用一只手抓对方肘部向上扳折，另一只手控制对方手部（或手指），使对方肘部尽量远离其后背，以造成对对方肩关节的进一步施压。

补充——头侧背折：当背折对方右臂且对方仍为站立位时，我方可左手按住对方右腕，右上转步，使我方在对方头前方。然后，我方右手用力向下推压对方后脑，同时左手抓对方右腕向后拉，推拉动作合力发出，即可对对方肩关节造成伤害，同时迫使对方前扑倒地。

技术点评　本技术是摆脱技与关节技的组合技术。从腋下逃脱后，也可以接外侧臂锁进行控制，效果更好。

四、整合版以色列格斗术徒手控刀训练组二

1. 持刀下位捅刺的反击：单侧格挡 + 内侧腕锁 + 侧位关节控制
Parry + inside wrist lock + side joints control（图 6–46a~f）：

当对方从前方下位捅刺我方时，我方迅速用左前臂外侧向左下方格挡对方的持刀手腕内侧，同时出右拳击打对方下巴；

我方用左前臂从下至上挽起并抱住对方右前臂，右手顺势抓对方右肩；

接抱臂右膝撞击腹部动作；

然后我方左转身伸右手抓对方持刀手的手背，向内卷折对方手腕，再突然右转身 90 度撤右步，使对方手心向上（此时我方的左手腕在夺刀的锁腕关节技中起到杠杆的作用）；

抬右腿踢击对方面部；

图 6–46a

图 6–46b

图 6–46c

图 6–46d

图 6-46e

图 6-46f

同时我方用力向内卷折对方手腕，有一定概率夺下刀子。

辅助训练：

（1）对下位搪打结合接抱臂抓肩训练。

（2）抱臂转身卷腕训练。

提示： 缠腕抱臂转身锁腕法在战术格斗中叫作腕里锁。

技术点评 本技术链是格挡技术、站立关节技、打击技在控刀中的综合运用。本技术链熟练后在抓捕中有很好的迁移效果。

2. 持刀直线捅刺的反击：上转步外侧格挡 + 拉臂拳击 + 踢击腹股沟 + 外侧腕锁投摔 + 地面内侧腕锁夺刀 Outside parry + pull arm and punch + kick groin + outside wrist lock and takedown + get knife from inside wrist lock （图 6-47a~h）

当对方从前方用刀捅刺我方胸部时（以对方右手持刀为例）时，我方迅速左上转步，用左前臂外侧棱处滚推式格挡对方右前臂；格挡完成后，迅速使我方左

图 6-47a

图 6-47b

图 6-47c

图 6-47d

图 6-47e

图 6-47f

图 6-47g

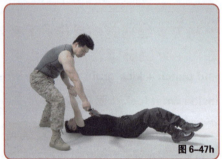

图 6-47h

前臂外侧沿对方右前臂向前滑动并翻手抓对方右腕；

此时由于上转步作用，我方和对方呈 L 型站位，接着用右直拳击打对方面部；

右手抓对方右手手背向内滚推卷折；

右腿踢击对方腹股沟；

身体左转，左脚后撤步，左手逆时针旋拉对方右腕内侧，右手逆时针旋推对方右手背，用外侧腕锁将对方扭倒；

右腿后撤步，身体右转，同时向右旋拧对方右手腕；

右手下压对方右手背并向内卷折对方右手腕，将刀夺下。

其他夺刀方法（图 6-48a~c）

在外侧腕锁成功后控制对方手腕，接着我方身体向左转并迈过对方头部；

向后退并回拉对方右手腕，迫使对方由仰卧位变为俯卧位；

通过卷折对方手腕把刀夺下；

双膝压住对方背部，将其制服。

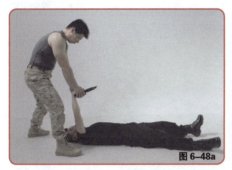

图 6-48a

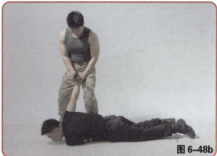

图 6-48b

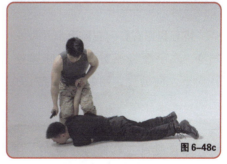

图 6-48c

提示：

（1）中间直拳与踢击腹股沟动作可以省略，直接接后面的攻击。

（2）外侧腕锁的发生条件中站位条件最好是双方 L 型站位。

技术点评 本技术链是躲闪技术、格挡技术、站立关节技的综合运用。开始的躲闪与抓腕是本技术链的难点，造成应对对方刺来的刀时成功率有限。

3. 持刀水平划刀的反击：外挡出拳 + 拉臂肘击 + 拉臂膝击 + 外侧臂锁转身投下刀 Outside parry + pull arm and elbow attack + knee attack + get knife from outside armlock and takedown（图 6-49a~e）

当对方持刀自外向内水平攻击（以对方右手持刀为例）时，我方迅速用左前臂外侧棱处由内向外搪击对方持刀手腕，同时出右直拳击打对方面部；

图 6-49a

图 6-49b

图 6-49c

图 6-49d

图 6-49e

　　接着我方右脚向右前上步并微左转身，左手顺势抓对方右腕脉搏处并向下、向后拉，用右肘击打对方面部；

　　左手将对方右臂向前、向外推折，尽量使对方右臂向外伸直，右手扶对方右肩下拉，同时我方身体向左侧滑步移动，右膝撞对方腹股沟（前面的直拳和肘击可省略，直接接挎肩膝撞动作）；

　　我方右臂从对方背后伸出，并掏入对方右臂肘窝处，再用右手抓自身左前臂，形成外侧臂锁；

　　我方迅速以右脚为轴，身体顺时针旋转且左脚不停跟步，将对方投摔倒地（我方也可直接以左脚为轴，右撤步顺时针旋转完成投摔技术）；

　　继续向右旋拧对方右臂即可夺下刀；

　　最后我方右手握住对方的刀，左手抓住对方右手腕。

348

辅助训练：

（1）对搪打结合接抓臂抓肩训练。

（2）站立外侧臂锁训练。

`技术点评` 本技术是格挡技术、站立打击技、站立关节技与站立关节投的组合技术。需要熟练掌握，也可以向某些徒手搏击技术进行迁移。

4. 背侧持刀威胁的反击：转身下格挡内侧腕锁 + 抱臂膝击 + 侧位关节控制下刀 Turn, parry down and inside wrist lock+ hold arm and knee attack + side joints control（图 6–50a~f）

当对方从我方背后用刀子抵住我方腰部，对我方进行威胁时（以对方右手持刀为例），我方迅速左转身进入对方内围，用左前臂外侧棱处下侧搪击对方右手腕，将其持刀手崩开（搪击的发力要借助左转身的蓄力）；

此时我方已面对对方，顺势用我方左臂从下至上挽住对方右前臂并向前推对方右前臂，右手顺势抓对方右肩；

用右膝撞击对方腹股沟；

然后我方左转身并用右手抓对方持刀手的手背，向内卷折对方手腕，再突然右转身右撤步，使对方手心向下（此时我方应面对对方右侧面）。

抬右腿踢击对方面部；

同时我方用力向内卷折对方手腕，夺下刀子；

控制对方，或接左脚绊摔使对方倒地后加强控制。

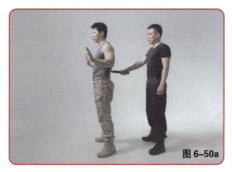

图 6–50a

图 6–50b

图 6–50c

图 6–50d

图 6–50e

图 6–50f

辅助训练：转身内围搪击、抱臂抓肩训练。

提示：对付侧面威胁与对付背面威胁中进内围法应对方法相同，需活学活用。

技术点评 本技术链是格挡技术、站立关节技、打击技在控刀中的综合运用。本技术是应对下位捅刺内侧腕锁法的拓展技术，使用前注意分散对方注意力，然后突然使用。

5. 对付自内向外的反水平划刀：上步双推手抓腕＋连环外侧腕锁下刀 Double push elbow and grab wrist + double outside wrist lock （图 6–51a~f）

当对方右手正握持刀从我方右方到左方进行反向水平划刀攻击时，我方迅速上步，双手向右推对方前臂外侧；

左手顺势抓对方右腕并向右、向下拉，右手直拳击打对方下颌；

左腿前踢对方腹股沟；

右手顺势抓对方右手背，左后撤步并左转身，左手环形逆时针回拉，右手环

图6-51a

图6-51b

图6-51c

图6-51d

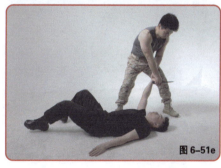

图6-51e

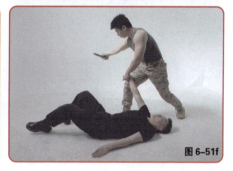

图6-51f

形逆时针前推——形成外侧腕锁；

快速右转身不撤步，右手下压对方右手背，同时顺时针旋拧并向内卷折对方右手腕，将刀夺下。

技术点评　本技术链是格挡技术、打击技和站立关节技的组合技术链，也是上步双推法与连环外侧腕锁的组合技术链。

6. 持刀举臂下刺的反击：上挡出拳 + 拉臂膝击 + 外侧臂锁转身投下刀 Parry up and punch + pull arm and knee attack + outside arm lock（图6-52a~d）

当对方举刀自上至下刺我方时（以对方右手持刀为例），我方迅速举左臂用前臂外侧棱处向上、向外搪击对方持刀手腕，并向左微转身以使对方持刀手向左上崩开，同时出右直拳击打对方面部；

我方左手顺势抓对方右臂并向前、向外推折，尽量使对方右臂向外伸直，右手下拉对方右肩，同时我方身体向左侧滑步移动，用右膝撞其腹部（前面的直拳可省略掉，直接接找肩膝撞动作）；

我方右臂从对方背后伸出，掏入对方右臂肘窝处，并用右手抓自身左前臂，形成外侧臂锁；

我方迅速以右脚为轴，身体顺时针旋转且左脚不停跟步，将对方投摔倒地（我方也可直接以左脚为轴，右撤步顺时针旋转，完成投摔技术）；

图6-52a

图6-52b

图6-52c

图6-52d

继续向右旋拧对方右臂，即可夺下刀；

最后我方右手握住对方的刀，左手抓住对方右手腕，控制对方。

辅助训练：

（1）对上位搪打结合接抓臂抓肩训练。

（2）站立外侧臂锁训练。

技术点评　本技术是格挡技术、站立打击技、站立关节技与站立关节投的组合技术。本技术与持刀水平划刀的反击技术相比除格挡技术不同外，基本控刀关节技相同。

五、整合版以色列格斗术徒手控刀补充训练组

1. 对付举臂下刺：上位内侧格挡 + 抓腕旋拧夺刀 Inside parry + grab wrist and rotate（图 6–53a~d）

当对方右手举臂下刺袭来，我方用左前臂外侧搪击；

接着左前臂贴靠住对方右前臂，顺势抓对方右腕，然后逆时针旋拧；

最后接外侧腕锁动作，即可夺下刀或使对方的刀掉落。

提示： 旋拧对方手腕时需收腹，以防被刀尖划伤。

图 6–53a

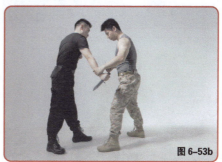

图 6–53b

图6–53c

图6–53d

技术点评 本技术是格挡技术与关节技的组合技术。本技术对使用者的控腕技术要求很高，通用性不强。

2．对付下位捅刺

方法一：外侧抓腕，四方投法 Square throw（图6–54a~d）

图6–54a

图6–54b

图6–54c

图6–54d

对方右手持刀下位捅刺；

我方左上转步，双手抓对方右前臂；

我方向左前方上右步，180 度转身，逆时针旋对方手臂并上举（使对方形成上位卷肘卷腕定势），钻腋下，甩臂投摔。

技术点评　本技术链是格挡技术、抓腕技术、关节技、关节技摔投的组合技术链。难点在于抓腕的精准度，这需要很好的应激体能素质。对对方肩、肘关节把位的了解是完成技术链的后半部分的关键。

方法二：内侧抓腕，腋下技 Oxter wrist lock（图 6-55a~e）

对方右手持刀下位捅刺；

我方双手抓对方右腕（左手抓对方腕背侧，右手抓对方腕内侧），向左前方上右步，从对方右腋下钻过并向左转身，使对方处于反手卷肘卷腕状态；继续旋拧对方手臂并逐渐加大力度，将对方手臂抱于我方胸前；用左手控制对方手臂，右手夺走刀具。

图 6-55a

图 6-55b

图 6-55c

图 6-55d

图 6-55e

技术点评　本技术链是躲闪技术、抓腕技术、站立关节技的组合技术链。对于对方的直线捅刺和下位捅刺，内侧躲闪并抓腕的成功概率很低，很容易被刺到。但本技术链在我方在对方持刀手内侧进行偷袭或者偷袭式抓捕的情况下，有一定操作意义。

3. 对方直线或下位捅刺：上步外推掌背收腹抓腕 + 压肘抓臂后拉摔 Outside push wrist + takedown from pressing elbow and pulling arm（图 6-56a~f）

对方右手持刀下位捅刺（或直线捅刺）；

我方左上转步，左手抓对方右前臂外侧，右手抓对方右手背；

左手下推对方右臂，右手抓对方右手背并向内卷折；

接着以左脚为轴，撤右步，身体顺时针旋转约 80 度，同时向后拖拽对方手臂——左手拉对方右前臂，右手拉对方右手并连带一定内卷腕效果；

然后两臂拉对方右臂顺时针旋转，直至对方摔倒；

最后用左膝压住对方背部，右手继续卷折对方右腕，直至夺下刀。

图 6-56a

图 6-56b

图 6-56c

图 6-56d

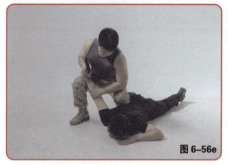

图 6-56e

图 6-56f

技术点评 本技术是躲闪技术、抓臂技术、站立关节技与关节技投摔的组合技术。本技术需要一定的力量和关节把位熟练度。

4. 持刀水平划刀：内侧抓腕腋下技下刀 Rob knife from inside oxter wrist lock

当对方持刀自外向内水平划刀时（以对方右手持刀为例），我方迅速举左前臂外侧棱处由内向外搪击对方持刀手腕，左手顺势抓腕；

双手抓对方腕部（左手抓对方腕背侧，右手抓对方腕内侧）；

向左前方上右步，从对方右腋下钻过，并转身180度，使对方处于反手卷肘卷腕状态。我方右手顺势拉对方右肘窝内侧，同时左手抓对方右腕，即可将对方控制。

技术点评 本技术链是躲闪技术、抓腕技术、站立关节技的组合技术链。本技术链如果在格挡的同时结合打击，效果会更好。

六、地面位防御匕首攻击

本节将详述地面下位遭到地面上位持刀攻击时的反击与应对方法，包括地面上位的捅刺、举臂下刺和反手举臂下刺的防御。

1. 被对方跪骑位后的搪打训练

（1）直接格挡应对砸拳——格挡同时直拳反击 Parry and punch on the ground（图 6-57）

对方在我方上方呈跪骑位并出右砸拳攻击我方面部，我方用左前臂外侧棱处向上直接进行搪架，并用右拳攻击对方面部。然后换对方左拳攻击的格挡训练。

图6-57

（2）滚推格挡应对直拳——格挡同时直拳反击 Rolling-push parry and punch on the ground（图6-58a~c）

对方在我方上方呈跪骑位并出右直拳攻击我方面部，我方用左前臂外侧棱处向右滚推式格挡并顺势抓住对方右腕，接着右拳攻击对方面部。然后换对方左直拳攻击的格挡训练。

图6-58a

图6-58b

技术点评　本技术是格挡技术与打击技的组合技术。作为基本功练习，其主要目标是训练应对对方上位第一击的正确反应。本技术只起到骚扰作用，目的是为后面的关节技控制创造条件。

图6-58c

2. 格挡后接外侧臂锁 Outside arm bar on the ground （图6-59a~e）

对方在我方上方呈跪骑位并出右砸拳攻击我方面部，我方用左前臂外侧棱处进行搪架，并用右拳攻击对方面部；

我方左手格挡后迅速抓住对方右前臂背侧，并向上推举对方右臂，右手击打后抓对方后脑或右肩后侧并向下拉拽；

我方右手从对方右臂下掏入，抓住自身的左腕，形成外侧臂锁；

我方迅速顺时针扭转双臂并向右侧转身，使对方向我右侧前扑，此时我方左腿缠住对方右腿，右腿缠住对方左腿，以加强锁技效果；

图6-59a

最终我方通过对对方右肩和下肢施压将对方制服。

图6-59b

图6-59c

图6-59d

图6-59e

技术点评　本技术是格挡技术、打击技与关节技的组合技术，是地面下位被动防刀的基础训练。

3. 被跪骑位，防御对方的举臂下刺：格挡后接外侧臂锁 Outside arm bar after parry on the ground （图6-60a~f）

与对付对方的上位砸拳类似。

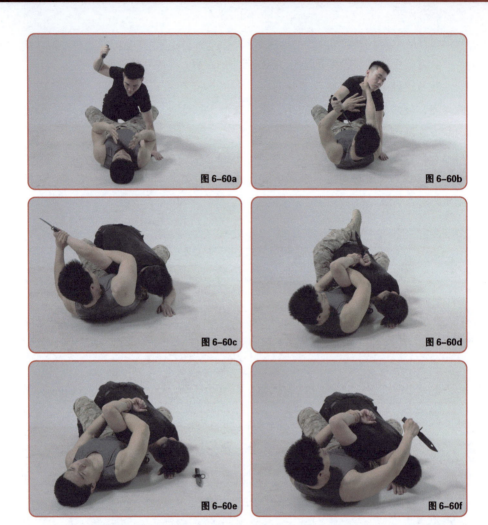

图 6-60a

图 6-60b

图 6-60c

图 6-60d

图 6-60e

图 6-60f

　　对方在我方上方呈跪骑位并用右手反握持刀举臂下刺，我方用左前臂外侧棱处搪架对方右腕下侧，并用右拳攻击对方头部；

　　我方左手格挡后迅速抓住对方右腕背侧并向上推举对方右臂，右手击打后抓对方后脑或右肩后侧向后拉拽；

　　我方右手从对方右臂下掏入，抓住自身的左腕，形成外侧臂锁；

　　我方迅速顺时针扭转双臂并向右侧转身，使对方向我方右侧前扑，此时我方左腿下压对方臀部，右腿用力缠住对方左腿以加强锁技效果；

　　我方加大力度对对方右肩施压以夺过刀具，最终将对方制服（此时我方左腿缠住对方右腿，右腿缠住对方左腿）。

我方也可在夺过刀具后使用刀具控制技术（例如刃控）。

技术点评　本技术是格挡技术、打击技与关节技的组合技术，可作为地面下位被动防刀的一种方法。

4. 被跪骑位，防御反手举臂下刺：双手搪架 + 下位夺刀锁 Double parry + wrist lock for robbing knife（图 6-61a~h）

对方在我方上方呈跪骑位并用右手反握持刀从我方右侧向左进行反手举臂下刺；

我方迅速用双臂进行格挡；

右手顺势抓对方右腕背侧，左手出直拳击对方面部；

左手自上至下经对方右肘窝从对方右腕内侧掏入，并抓住自身右手腕，形成下位夺刀锁；

我方两手臂同时逆时针旋拧对方右臂并左转身增加旋拧效果，以控制对方持刀手臂，也可接下位夺刀锁上翻技术使我方变成骑乘上位；

最后接美式锁肩夺刀。

图 6-61a

图 6-61b

图 6-61c

图 6-61d

图 6-61e

图 6-61f

图 6-61g

图 6-61h

技术点评 本技术是格挡技术、打击技、腕关节技、地面控制技、肩关节技的综合使用。

5. 被跪骑位，防御对方持刀捅刺：搪打结合 + 下位夺刀锁 Parry and counterattack + wrist lock for robbing knife（图 6-62a~e）

对方在我方上方呈跪骑位并用右手正握持刀捅刺我方胸部或脸部。

我方出左手，用左前臂外侧棱处顺时针旋转滚推式格挡对方右手腕，并将其手腕向右侧推；

我方右手抓住对方右手背侧，左直拳攻击对方面部进行骚扰；

左手收回，并由上至下穿过对方右肘肘窝并抓住自身右手腕，形成锁技；

我方两手臂一同发力逆时针旋转。

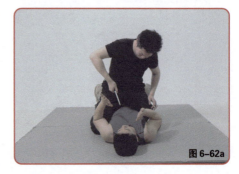
图 6-62a

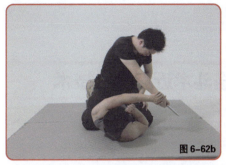

图 6-62b

图 6-62c

图 6-62d

图 6-62e

技术点评 本技术是格挡技术、打击技、腕关节技的综合使用。

地面防刀综合点评： 地面位防刀是下策。我方遇到对方持刀，首选的是使用高于匕首攻击威力的武器进行防御；其次是用防御性武器进行防御，例如盾牌、战术棍；再次是摆脱与逃脱；之后是站立解决；最后才是进入地面缠斗。切记以上几个以色列格斗术的技术链仅供在我方极度被动的情况下使用。以上几个技术链，要灵活掌握，灵活应对实战情况。

第三节　整合版以色列格斗术近身控枪技术

了解和掌握应对手枪威胁的方法，可以增大危机状态下求生的可能。

应对手枪威胁的一般原则有以下几点。

1. 说服对方

真正强大的永远是心灵和精神力量，所以当遇到持械歹徒时，要试图平复对方的情绪并说服对方放下武器。可以把一部分钱财交予对方换来逃生的机会。即使对方不听我方的意见，也要尽量用语言拖住他，用钱财迷惑他，为之后的逃脱技术和武器控制技术的施展创造条件。

（1）首先我方要心理强大，自身情绪稳定，切不可表露恐惧或愤怒情绪。情绪具有传染性。我方的恐惧会进一步激发对方施暴的自信和施虐心理；我方的愤怒会使歹徒不安，歹徒的愤怒也可能被点燃；我方的大惊失色和大声叫喊会使歹徒不知所措，有可能歹徒被吓跑，也有可能歹徒生出马上灭口的邪念。总之，面对歹徒，保持镇定。

（2）用法律做武器。告诉歹徒这样做可能给他带来的犯罪后果。

（3）利用心理共情。告诉歹徒，他这样做会失去与父母、妻子、孩子等亲人的联系；建议他做点堂堂正正的营生；劝告他为了一些小事，犯不着动武器等。

以上说服方法只是浅显的原则。说服术与预防暴力侵害内容还有很多。

提示：说服技术需要强大的精神力量和丰富的社会阅历，有深厚阅历的人只看对方的眼神和表情就能马上推断出这个人可以说服，还是完全听不进任何话。对于那种欺软怕硬的歹徒，你的说服会被认为是软弱，从而激发他施虐和暴力侵害的冲动。所以，如果我方在与歹徒的心理和眼神较量中占据下风，说服对方这一条则需慎用。

2. 逃脱技术

对付持武器者要格外小心，尤其是持枪者，一旦被武器打到，轻者致伤，重者丧命。所以逃脱应为上策，应尽量避免与对方近身和纠缠，采用一般竞技格斗的打击技和摔投技与对方纠缠更是将自己置于危险境地。只要你的拳脚击打力不能达到一记击晕的效果，你用拳头踢腿攻击，对方用枪射击，你将身处危险之中。即使你将对方击倒，只要对方没有晕眩，倒地后的射击仍然可以对你造成严重伤害。

但逃脱也不是简单地跑，因为情况复杂，你转身逃跑也可能遭到歹徒的射击，这同样使你身处危险之中。所以逃跑有如下前提：在非危急时刻或场面可以把控的情况下，可以自己示弱，先放松对方的警惕，再趁其不备逃脱，或者利用谎言骗取对方信任，然后伺机逃脱。

3. 武器控制

这也是几种以色列格斗术所提供的主要技术。当在狭窄区域（例如在胡同里、交通工具上、酒吧里等）与持枪歹徒遭遇，短时间找不到逃跑路径，且对方执意要对你进行攻击时，你就要奋力一搏控制武器。这便是以色列格斗术的应对方式。

这里是控制或夺取武器而非与对方搏斗，空手者要趁其不备，快速夺取武器。夺下武器后，歹徒无论从实际破坏力还是心理上都将处于劣势，那时你可将歹徒制服，或成功逃脱。

控制与抢夺手枪的技术主要是站立关节技、站立打击技和技击步伐的综合运用。下面给出整合版的以色列格斗术应对近身手枪威胁的方法。

一、正面近身持枪威胁的控制

1. 外围闪身控制法

（1）抓枪筒的下撬下枪法：前方手枪威胁——上转步抓枪筒上撬夺枪法 Grab gun–barrel and pull up（图 6–63a~c）

当对方从前方用手枪威胁我方时，我方迅速左上转步并侧身躲开手枪攻击路径，伸左手从外侧抓住手枪的枪筒并下压对方持枪手臂，使我方进一步远离手枪攻击路径，同时我方抓枪筒的左手进一步向内发力，以产生对对方持枪手的内卷腕效果；

右直拳击对方面部；

我方身体下蹲，伸右手从手枪下方掏入，并用右手四指抠住手枪击锤处，右手用力向外拉，将手枪从对方手中撬出；

撬下后迅速后撤步到三米以外。

图 6-63a

图 6-63b

图 6-63c

技术点评　本技术链是站立躲闪技术、抓握技术和腕关节技在控枪中的综合运用。上转步抓枪有两种可能性，这是其中之一。

（2）抓腕的下枪法：**前方手枪威胁——上转步抓腕内推夺枪法** Grab wrist, grab gun-barrel and bend wrist（图 6-64a~f）

当对方右手或双手持枪从我方正面用手枪威胁时，我方迅速左上转步躲过枪口，并伸左手抓对方右手腕，将对方右臂前推并下压，以使我方进一步远离手枪攻击路径；

图 6-64a

图 6-64b

图 6-64c

图 6-64d

图 6-64e

图 6-64f

　　同时我方右手掌心向上从手枪下方抓住手枪枪筒侧面，左手下拉，右手向前推并逆时针扭转对方手腕，即可将手枪夺下。可身体左转，猛力向对方左臂外侧推出，以增加夺枪效果。

　　夺下手枪后可前踢对方腹股沟。

　　迅速后退到三米以外。

　　技术点评　本技术链是站立躲闪技术、抓握技术和腕关节技在控手枪中的运用。上转步抓枪有两种可能性，这是另一种可能性。

2. 其他控制法

（1）上锁腕下枪法 Lock up（图 6-65a~d）

　　对方用手枪指我方额头（以右手持枪为例）。

　　我方先佯装举手投降，再迅速下蹲并伸左手从下至上托抓对方右腕，右手从下至上托手枪枪筒，用力将枪和对方右腕向上举。下蹲和上举动作的同时向下缩头，以使我方躲过对方射击路径。

　　然后我方左手向左、向后拉对方右腕，右手向前并逆时针旋转对方右腕，同

图 6-65a

图 6-65b

图 6-65c

图 6-65d

时我方可右上转步并逆时针向前送肘（我方右肘关节可试图掠过对方右手臂），最终利用我方腰腿和送肘力量加强掰下手枪的效果。

掰下手枪后可接左脚踢击对方腹股沟。

然后后撤步到三米以外。

技术点评　本技术链为站立躲闪技术、抓握技术和腕关节技在控枪中的综合运用。本技术更适合应对持枪在我方中轴线矢状面，且高位持枪的对方。

（2）三角抓枪法 Triangle-grab（图 6-66）

我方一只手四指在上，拇指在下，手心抓握对方拇指根部和腕部连接处。外侧抓握时，我方拇指按在对方无名指和小指的连接指缝处。我方另一只手抓住对方手枪击锤处，即四指向下抓枪筒后部，拇指向内按住击锤。完成时将枪侧和两手紧贴于自身

图 6-66

胸前、我方双手最舒服的位置。

三角式抓枪法夺枪举例（由三角式抓枪法开始）：

a. 推转枪，内卷腕下撬法 Bend wrist and lever down（图 6–67a~e）。

图 6–67a

图 6–67b

图 6–67c

图 6–67d

图 6–67e

当对方从前方用手枪威胁我方时，我方迅速左上转步并侧身躲开手枪攻击路径，左手拉对方腕部，右手向前转枪，使枪击锤面到达握拳开口处。然后左手向左拉对方腕部，右手三角式抓枪向右内卷对方腕部，并向下撬，即可夺枪。

夺下枪后的处理：夺下枪后要将枪向后拉至腰际后侧，同时可后撤步或后跳步，防止对方夺回手枪。

技术点评 本技术链是站立躲闪技术、抓握技术和腕关节技在控枪中的综合运用。这是三角抓枪法中，动作最直接的一种夺抢技术。

369

b. 推转枪，撤步摆肘卷腕法 Backward–turn and infeed elbow（图 6–68a~e）。

当对方从前方用手枪威胁我方时，我方迅速左上转步并侧身躲开手枪攻击路径，左手拉对方腕部，右手向前转枪，使枪击锤面到达握拳开口处。然后以右脚为轴，左脚后撤步转身，借转身之力，右手抓枪，挥起右平击肘把枪夺走。夺枪时可顺势用枪身撞击或肘击对方。

图 6–68a

图 6–68b

图 6–68c

图 6–68d

技术点评　本技术链是站立躲闪技术、抓握技术和腕关节技在控枪中的综合运用。本技术是加入了摆肘和腰腿发力的三角抓枪法。

图 6–68e

二、侧位近身持手枪威胁的控制

1. 转身架腕抱臂卷腕夺枪法 Turn, lift up and lock wrist（图 6-69a~d）

当对方用手枪侧向指背威胁（以对方右手持枪指我方右侧后背为例），我方先举手佯装投降；

然后右转身用右上臂架开枪管右侧（始终用右上臂紧贴枪筒右侧）；

右手顺势从对方右腕下掏过，并用肘弯夹住对方右腕桡骨侧，同时折对方右腕脉搏侧，并用前臂将对方右腕压在我方右胸上；

逆时针旋拧对方右腕，使其腕产生内卷腕效果；

此时，枪筒应指向我方右侧，我方身体可适当前倾以增加卷腕效果；

架腕同时，我方伸左手从枪筒上部抓枪；

右臂肘弯夹住对方右腕，左手向前撬并逆时针扭转，即可夺下手枪。

图 6-69a

图 6-69b

图 6-69c

图 6-69d

技术点评 本技术是站立格挡技术、缠控技术和腕关节技在控枪中的综合运用。

2. 侧跳步锁腕法 Side jump and lock wrist（图6-70a~c）

对方左手或双手持枪在我方侧前方，用枪指着我方的太阳穴，我方先假装举手投降，上抬右手架开对方持枪手同时下蹲；

双手向我方左侧拉住对方前臂；

交叉用力，左手向左拉，右手从下抓住对方枪管，将枪从对方手中撬出；

向右撬开手枪的同时，向右侧滑步或侧向跳一步以加强夺抢力度；

夺下手枪后，我方已在对方的左后方，此时我方要向对方正后方移动。

图6-70a

提示：对方右手持枪在我方侧前方，用枪指着我方的太阳穴时，夺抢方法与左手持枪类似。

图6-70b

图6-70c

技术点评 本技术是站立格挡技术、缠控技术和腕关节技在控枪中的综合运用。本技术更适合应对侧方上位的手枪威胁。

3. 架腕侧位锁腕法 Lift up and side lock wrist（图6-71a~c）

对方左手或双手持枪，在我方侧前方用枪指着我方的肋部或腹部（以对方在我方右前方，我方右臂在枪后侧为例），我方左转身用右臂自然架开对方的枪；

然后右臂顺势由下至上画圆，拨开对方持枪手；

同时从枪管的下部抓住枪管，伸左手，反抓（即从对方腕的近我方侧）对方持枪手的手腕并向左拉，同时抓对方手枪的右手利用杠杆原理把手枪从对方的手中向右撬出来，最终夺下对方手枪；

为加强夺枪力度，我方需在向右撬开手枪的同时，向右侧滑步或侧向跳一步；

夺下手枪后，我方已在对方的左后方，此时我方要向对方正后方移动。

图 6-71a

图 6-71b

图 6-71c

技术点评 本技术是站立格挡技术、缠控技术和腕关节技在控枪中的综合运用。本技术的使用建立在熟练掌握侧跳步锁腕法的基础上。

三、后位近身持手枪威胁的控制

1. 外侧转身法 Outside turn

当对方用手枪指背威胁（以对方右手持枪指我方后背为例）时，我方先举手佯装投降；

然后右转身用右上臂架开枪管右侧（始终用右上臂紧贴枪筒右侧）；

右手顺势从对方右腕下掏过，并用肘弯夹住对方右腕桡骨侧，同时折对方右腕脉搏侧，并用前臂将对方右腕压在我方右胸上，之后逆时针旋拧对方右腕，使其腕产生内卷腕效果（此时，枪筒应指向我方右侧，我方身体可适当前倾以增加卷腕效果）；

架腕同时，我方伸左手从枪筒上部抓枪；

右臂肘弯夹住对方右腕，左手向前撬并逆时针扭转，即可夺下手枪。

技术点评　本技术是站立格挡技术、缠控技术和腕关节技在控枪中的综合运用。本技术的使用建立在熟练掌转身架腕抱臂卷腕夺枪法的基础上。

2. 应对后方持枪指后脑：举手内侧转身外卷腕法 Lift up, inside turn and bend out（图 6-72a~e）

对方左手持枪从我方后面用手枪指我方后脑，我方先举手投降，投降时双手向脑后伸；

右手向手枪枪筒靠近，以便接下来做转身动作时可以用手指支开枪筒；

图 6-72a

图 6-72b

图 6-72c

图 6-72d

图 6-72e

然后迅速后转身，并用我方的右手手指支开枪筒，同时右腕粘贴式拨挡对方持枪左腕以躲开射击路径；

借转身 180 度之际顺势左手抓对方左腕，右手抓枪筒右侧面；

然后我方左手左后拉，右手右前推，并逆时针旋转 180（可加右上转步增加腰腿的助力），最终从外侧掰下手枪。

技术点评　本技术是站立格挡技术、缠控技术和腕关节技在控枪中的综合运用。本技术属于外卷腕夺枪。

3. 对付手枪背后顶背威胁：转身架腕抱臂卷腕夺枪法 Turn, lift up and bend wrist（图 6-73a~e）

对方右手持枪在背侧顶背威胁。

起始动作： 转身。

a. 与对方幽默交谈，双手抖动着佯装投降；

b. 以右脚为轴，身体旋转 270 度，右手向上举并掌心外翻，左手过脸颊，快速转身。

夺枪动作： 内侧转身和外侧转身都可以运用架腕抱臂卷腕法。

原理分析： 架腕抱臂卷腕法是利用我方的腋下、前臂和胸部形成的三角区夹住对方持枪手腕，然后握住枪筒，利用我方的握枪筒省力杠杆对对方握枪把的费

图 6-73a

图 6-73b

图 6-73c

图 6-73d

图 6-73e

力杠杆，对对方手腕关节造成伤害，以达到夺去对方手枪的目的。

提示：

a. 内侧转身架腕抱臂卷腕法时，使用的是外卷腕，可以利用我方转身撤步增加腰腿的力量加成，增加成功夺枪的概率。

b. 外侧转身架腕抱臂卷腕法时，使用的是内卷腕，可以利用我方肩部贴靠和躬身上步增加腰腿的力量加成，增加成功夺枪的概率。

技术点评　本技术是站立格挡技术、缠控技术和腕关节技在控枪中的综合运用。

4. 对付手枪顶后腰威胁：外侧转身 + 架腕三角抓枪法下枪 Outside turn + triangle-grab（图 6-74a~e）

当对方持手枪顶住我方后腰时，我方先佯装投降，然后转上步（以右脚为轴，左脚上步，身体旋转），右手腕外侧撞击对方右腕外侧，同时左手横过脸前；

右腕与对方腕撞击后顺势粘转对方腕，用掌背侧腕部挑起对方手腕，并继续顺势转腕，用拇指根部和腕侧部挑起对方手腕；

图 6-74a

图 6-74b

图 6-74c

图 6-74d

图 6-74e

同时伸左手三角抓枪法抓枪，并用右腕把对方腕贴在我方右胸上，形成（腋下、胸、前臂）三角区控制；

我方用右腕拇指棱侧压住对方腕内侧，上右步并使我方右肩向对方右肩后侧运动，下撬手枪，即产生强力腕关节技，从而夺下手枪。

技术点评 本技术是格挡技术、腕关节技和三角抓枪法的综合运用。其对对方持枪手腕的控制效果要高于普通的抓枪筒。

四、防御抓领枪顶下颌

综合控制法 Integrated control（图 6-75a~f）

对方左手抓住我方衣领，右手用手枪自下至上顶住我方的下颌左侧；

我方伸左手从对方右前臂外侧抓腕，从左向右推对方持枪手，使我方躲过对方射击路径，同时我方后仰头；

我方伸右手，用三角抓枪法抓枪；

左手拉对方右腕内侧，右手抓枪逆时针旋拧并大范围摆击右肘，有一定概率可以夺枪，同时又可肘击到对方左下颌；

用枪托反打对方右下颌；

左手推对方面部，右手成功夺枪。

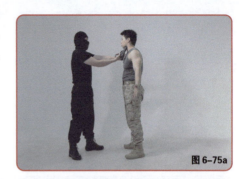

图 6-75a

图 6-75b

图 6-75c

图 6-75d

图 6-75e

图 6-75f

技术点评 本技术是抓腕技术、腕关节技、三角抓枪法和打击技的综合运用，是根据以上给出的控枪技术拓展出的控枪方法。

附录：部分格斗技术中英文对照表

一、基础术语

1.站立格斗架势左势　Standing stance for combat（left）

2.站立格斗架势右势　Standing stance for combat（right）

3.前滑步　Step in front

4.后滑步　Step back

5.侧滑步　Step side

6.90 度上转步　Forward-turn dodge

7.T 型站位攻击　T-position attack

8.L 型站位攻击　L-position attack

9.背后攻击　Back-position attack

10.背后侧位攻击　Back-side-position attack

11.半圆式攻击　Semi-circle attack

12.同侧单手抓腕　Sameside grab wrist

13.异侧单手抓腕　Crossside grab wrist

14.双手抓双腕　Double hands grab double wrists

15.双手抓单手腕　Double hands grab single wrist

16.后方双手抓双肘　Rear double hands grab double elbows

17.双手掐颈　Strangle neck

18.熊抱　Bear hug

19.抓衣领　Grab collar

20.正手握刀　Forehand（Holding-knife point-up）

21.反手握刀　Backhand（Holding-knife point-down）

二、站立打击技　Striking Skills

1.裸拳直拳　Straight punches without gloves

2.前手直拳　Jab

3.后手直拳　Cross

4.摆拳　Hook

5. 平勾拳　Flat hook

6. 勾拳　Uppercut

7. 裸拳下位拳　Ribs punch

8. 正蹬攻击　Push kick

9. 侧踹攻击　Side kick

10. 低扫腿　Low round kick

11. 中段扫腿　Middle round kick

12. 高扫腿　High round kick

13. 后蹬攻击　Back kick

14. 军靴尖踢　Tactical boot kick

15. 平击肘　Elbow

16. 外顶肘　Side elbow

17. 后摆肘　Back-round elbow

18. 后顶肘　Back elbow

19. 箍颈膝击　Grab neck and knee attack

20. 摆膝攻击　L-position knee attack

21. 拉臂直拳　Grab arm and blow

22. 躬身后顶肘　Arch elbow up

23. 后跟磕击　Heel attack

24. 截腿攻击　Block kick

25. 转身后摆肘　Pivot back-round elbow

26. 拉臂膝击　Grab arm and knee attack

27. 翻背摆拳　Back-palm hook

28. 上挑肘　Elbow up

29. 下砸肘　Elbow down

30. 夹臂拳击　Clip arm and punches

31. 挑肘冲击拳　Elbow guard and crash

32. 前垫步冲拳　Thrust cross

三、防御、格挡与摆脱技术

1. 直拳的外侧格挡技术　Outside rolling-push parry

2. 360 度防御手法　360° all-direction blocks

3. 对摆拳的挡打结合　Parry and punch for hook

4. 对勾拳的挡打结合　Parry and punch for uppercut

5. 反雁形手格挡　Reverse eaglewings-hands parry

6. 地面雁形手格挡　Eaglewings-hands on the ground parry

7. 甩腕摆脱技术　Escape by opening fingers

8. 剪刀式劈击技术　Scissors chop

9. 水平摆脱法　Infeed escape

10. 外切深蹲法摆脱　Outside-cut squat escape

11. 双甩腕技术　Double throw off grabbing

12. 鱼翅手摆脱法　Shark fin release

13. 拳拉技术　Fist-pull

14. 前弓步弯举法摆脱　Escape by bow step and arm curl

15. 后跳步压制防摔　Sprawl

16. 内侧格挡　Inside parry

17. 提膝防御　Knee defense

18. 躬身接腿　Inch hold leg

19. 外勾手式接腿　Down-lateral parry and hold leg

20. 双手扬举接腿　Heel lift

21. 地面防守架势　Ground guard

22. 下位三角式护头法　Triangle forearms defense

23. 封闭式防守技术　Close guard

24. 插手格挡　Forearm insert-block

25. 全方位格挡训练　All-parry

26. 举臂下刺的格挡　Parry to stab down

27. 斜劈式划刀的格挡　Parry to oblique slash

28. 横向正手划刀的格挡　Parry to infeed slash

29. 横向反手划刀的格挡　Parry to reverse infeed slash

30. 斜上划刀的格挡　Parry to oblique swing up

31. 下位捅刺的格挡　Parry to under stab

32. 直线捅刺的格挡　Parry to stab

四、摔投技

1. 肩胛背负投　Hold-scapula hip throw

2. 铲斗投　Scooping throw

3. 前锁颈舍身滚地投　Guillotine, back roll and takedown

4. 山谷砸摔　Valley thrower falls

5. 背人后跳砸摔　Rear breakfall with loading person

6. 外侧腕锁投摔　Outside wrist lock and throw

7. 入身投　Close and throw

8. 夹颈臀投　Hold-neck hip throw

9. 拉臂臀投　Double-grab hip throw

10. 大腰臀投　Hold-waist hip throw

11. 外侧臂锁转身投　Turn and takedown with outside arm lock

12. 接腿绊摔　Hold-leg sweepdown

13. 腋下技控制与摔投　Takedown with oxter lock

14. 肩上直角锁摔投　Right angle lock-throw on the shoulder

15. 夹肘翻转撤步投　Takedown with holding elbow and rolling-over

16. 鼻推式绊摔　Sweepdown with pushing nose

17. 后方抱腿顶肩投　Back Shoulder-hit takedown

五、地面打击技

1. 对地攻击砸肘　Ground elbow

2. 对地攻击的平击肘　Ground parallel elbow

3. 对地攻击的碾压砸肘　Rolling elbow

4. 膝顶地面控制　Ground knee push and control

5. 天踢　Sky kick

6. 地面直拳　Ground punch

7. 地面侧踹　Ground side kick

8. 下位直拳　Ground punch up

9. 下位摆拳　Ground hook up

10. 下位肘击　Ground elbow up

11. 下位踹击　Ground kick

12. 地面膝攻击　Ground knee

六、特殊攻击技（包括竞技格斗禁用技）

1. 捋肩膝击腹股沟　Grab shoulder-arm and knee to groin

2. 踢击腹股沟　Kick groin

3. 搓推鼻软骨　Nasal septum push & rub

4. 抖击　Knock

5. 前抖击　Front knock

6. 侧抖击　Side knock

7. 后抖击　Back knock

8. 推击面部　Push & rub face

9. 站立拳锤攻击　Hammer punch

10. 踩踏　Tread

11. 足球踢　Soccer kick

12. 点压攻击　Thumb press attack

13. 指节拳　Knuckle fist

14. 砍掌攻击　Hand chop

15. 掌跟肾击　Chop kidney

16. 颈椎锁绊摔　Takedown with wrench neck lock

17. 肘击腹股沟　Elbow to groin

18. 压鼻站立技术　Push nose and stand

19. 地面颈椎锁　Wrench neck lock

20. 正向头槌　Headbutt to nose

21. 甩头头槌　Side headbutt

22. T 型站位头槌　T-position headbutt

23. 抓肩头槌　Grab shoulder and headbutt

24. 半拳攻击　Half fist

25. 桡骨击喉　Radius attack to throat

26. 窝式插掌绊摔　Sweepdown with insert throat-down

27. 分腿踢裆　Split legs and sky kick

28. 掐喉攻击　Clamp throat

29. 后踢腹股沟　Kick back groin

30. 抖击腹股沟　Knock groin

31. 碰头技术　Push head to ground

七、受身技术

1. 硬地前扑——缓冲式前扑　Fall forward breakfall by eccentric contraction

2.转身前扑受身　Turn and fall forward breakfall

3.硬地后倒——双臂展开飞鸟式缓冲　Flyer rear breakfall

4.侧倒滚身掌拍受身法　Side breakfall position

5.硬地前方肩滚翻（软式前滚翻）　Soft forward roll

八、站立关节技

1.纳尔逊肩颈锁　Nelson hold

2.眼镜蛇控制　Cobra lock control

3.以色列式警察锁　Israel shoulder-neck lock

4.外侧臂锁　Outside arm lock

5.站立肘固警察锁　Straight elbow policeman lock

6.外侧臂锁　Outside arm lock

7.腋下技　Oxter lock

8.肩上直角锁　Right angle lock on the shoulder

9.Z锁　Z-lock

10.侧位直肘卷腕关节技控制　Straight-elbow-bent-wrist control

11.腋下锁腕　Oxter wrist lock

12.上转步压肘关节技　Press elbow lock

13.肘外锁　Outside elbow lock

14.反缠肘　Cross-wrap lock

15.压手转身锁肘窝　Wrist-elbow lock

16.抱臂提锁　Hold-arm wristlock

17.肘里锁　Inside elbow lock

18.扭踝摔投　Takedown with ankle lock

19.上翻掌指关节技　Downturning palm knuckle lock

20.碎肘转身投　Elbow lock throw

21.勾踹绊摔　Outside hook-kick sweepdown

22.剪腿绊摔　Scissors-legs sweepdown

23.鼻推棍抱旋转投　Turn-throw with stick around neck and nose-push

24.转身锁颈投　Takedown by turning and necklock

九、地面关节技

1.腿锁　Legs lock

2. 小腿切片机　Calf slice

3. 上位十字固　Upper armbar

4. 下位十字固　Under armbar

5. 骑乘上位腿锁　Legs hold from the mount

6. 膝锁　Kneebar

7. 双直臂控制　Control double straight arm

8. 双屈臂控制　Control double bent arms

9. 脊椎锁　Spine lock

10. 下位夺刀锁上翻法　Wrist lock and reversal

11. 举手位外侧臂锁　Bent arm bar

12. 单臂环锁　Arm-loop lock

13. 地面侧卧压制位纳尔逊颈锁　Nelson neck lock in the Belly Scarf Hold

14. 侧卧压制位腿压外侧臂锁　Bent armbar with leg press in the Belly Scarf Hold

15. 三角锁压制 + 脊椎锁　Leg pretzel + spine lock

十、绞技

1. 下位三角绞　Triangle choke

2. 颈式裸绞警察锁　Standing naked choke with grabbing arm

3. 断头台　Guillotine choke

4. 裸绞　Naked choke

5. 前臂压颈技术　Forearm press choke

6. 侧位三角绞　Side triangle choke

7. 环锁颈绞　Arm-loop lock + choke

8. 袈裟固　Belly Scarf Hold

十一、控武器与夺武器技术

1. 腋下夹棍夺棍　Draw stick with oxter lock

2. 背后夺棍　Get stick from back

3. 双手抓棍（翘起）转身夺棍法　Pivot release

4. 上肘夹锁腕夺棍　Get stick from holding wrist

5. 膝撞夺棍法　Rob stick from knee attack

6. 斜打技术　Oblique attack

7. 交叉手锁腕技术格挡　Cross wrist-lock

8. 十字手控刀法　Cross defense to wrist break

9. 眼镜蛇控制　Cobra control

10. L型站位外侧臂锁控制　L-position outside arm lock

11. 转身拧肘式抱臂提锁夺刀法　Turn and hold-arm wristlock

12. 大腿夹臂压头夺刀法　Elbow & wrist control with clamp legs and kneel head

13. 双手外侧腕锁　Both hands outside wrist lock

14. 双切腕卷腕下刀法　Double cut wrist

15. 内侧腕锁　Inside wrist lock

16. 地面内侧腕锁夺刀　Get knife from inside wrist lock

17. 外侧臂锁转身投下刀　Get knife from outside armlock and takedown

18. 侧位关节控制下刀　Side joints control

19. 连环外侧腕锁下刀　Double outside wrist lock

20. 抓腕旋拧夺刀　Grab wrist and rotate

21. 四方投法　Square throw

22. 腋下技反刺击技术　Oxter wrist lock and stab

23. 压肘抓臂后拉摔　Takedown from pressing elbow and pulling arm

24. 格挡后接外侧臂锁　Outside arm bar after parry on the ground

25. 下位夺刀锁　Wrist lock for robbing knife

26. 上转步抓枪筒上撬夺枪法　Grab gun-barrel and pull up

27. 上转步抓腕内推夺枪法　Grab wrist, grab gun-barrel and bend wrist

28. 上锁腕下枪法　Lock up

29. 三角抓枪法　Triangle-grab

30. 侧跳步锁腕法　Side jump and lock wrist

31. 架腕侧位锁腕法　Lift up and side lock wrist

32. 外卷腕法　Bend out

33. 转身架腕抱臂卷腕夺枪法　Turn, lift up and bend wrist